Fons Trompenaars

Handbuch Globales Managen

Fons Trompenaars

Handbuch Globales Managen

Wie man kulturelle Unterschiede im Geschäftsleben versteht

Deutsch von Werner Grau

ECON Verlag
Düsseldorf · Wien · New York · Moskau

Meinen Eltern gewidmet

Inhalt

Kultur und Management

1

Dieses Buch handelt von kulturellen Unterschieden und wie sie die Praxis des Wirtschaftslebens und des Managements beeinflussen. Sein Thema ist nicht das bessere Verständnis einzelner Nationen, etwa der Franzosen (ein Ding der Unmöglichkeit) oder der Briten (jeder Versuch würde bald in Resignation enden). Ich bin überzeugt, daß man niemals andere Kulturen ganz verstehen kann. Wer verheiratet ist, weiß, daß das selbst bei einem nahestehenden Menschen unmöglich ist. Noch bevor dieses Thema allgemein populär wurde, war ich schon an ihm interessiert, denn mein Vater ist Holländer und meine Mutter Französin. So habe ich hautnah die Wahrheit erfahren, daß nur selten das, was in einer Kultur funktioniert, in einer anderen den gleichen Erfolg hat. Keine der holländischen »Managementtechniken« meines Vaters war in meiner französischen Familie sehr erfolgreich.

Vor diesem Hintergrund begann ich mich zu fragen, ob irgendeine der amerikanischen Managementtechniken und -philosophien, die mir in den acht Jahren meines Studiums der Wirtschaftswissenschaften an den besten und teuersten Institutionen eingetrichtert worden waren, in den Niederlanden, woher ich stamme, oder sonstwo in der Welt ebenso praktikabel seien.

Ich habe viele Jahre den Einfluß der Kultur auf das Managementverhalten studiert. Dieses Buch beschreibt die dabei gewonnenen Einsichten. Aus fünfzehn Jahren akademischer und beruflicher Forschung stammen die hier berichteten Beispiele unterschiedlicher kultureller Orientierung. Viele der im Text verwandten Anekdoten und Fälle habe ich direkt im Verlauf von etwa 900 *Cross-cultural-Training*-Programmen, Seminaren zum Training für kulturelle Grenzüberschreitungen, erfahren, die ich in achtzehn Ländern geleitet habe.

Dabei habe ich die Namen der erwähnten Firmen in den meisten Fällen verschlüsselt.

Zu dem aus den Trainingsprogrammen und Untersuchungen gewonnenen Material haben dreißig Unternehmen mit Niederlassungen in fünfzig verschiedenen Ländern beigetragen. Zu ihnen gehören, um einige Namen zu nennen, AKZO, AT&T, BSN, Eastman Kodak, Elf Aquitaine, Glaxo, Heineken, ICI, Lotus, Mars, Motorola, Philips, Royal Dutch Airlines KLM, Royal Dutch Shell, TRW, Van Leer, Volvo und Wellcome. Um vergleichbare Bezugsgrößen zu erreichen, wurden in jedem Land, in welchem die Firmen arbeiteten, mindestens hundert Personen mit ähnlichem Hintergrund einbezogen. Fast 75 Prozent der Teilnehmer gehören zum Management (Fertigungs-, Marketing-, Verkaufsmanager usw.), die restlichen 25 Prozent sind Verwaltungsangestellte (z. B. Sekretärinnen). Die Datenbasis beruht zur Zeit auf 15 000 Teilnehmern. Die empirischen Ergebnisse erwiesen sich dabei als Illustration dessen, was ich zu sagen versuche.

Mit meinem Buch möchte ich drei Dinge bewirken: mit dem Vorurteil aufräumen, es gäbe *eine* Idealmethode des Managens und Organisierens; den Lesern zu einem besseren Verständnis ihrer eigenen Kultur und genereller kultureller Unterschiede verhelfen, indem sie lernen, sich im Bereich des Geschäftslebens ihrer bewußt zu werden und mit ihnen umzugehen; und schließlich die Vermittlung einiger kultureller Einsichten in bezug auf den Konflikt zwischen »globaler« und »lokaler« Perspektive, dem internationale Organisationen immer gegenüberstehen. Vielleicht ist der zweite der wichtigste Aspekt dieses Buches. Nach meiner Meinung ist das Verständnis der eigenen Kultur und unserer eigenen Vorstellungen und Erwartungen, wie Menschen denken und handeln *sollten*, die Grundlage für den Erfolg.

Die prägende Kraft der Kultur

Man werfe einen Blick auf die neue Generation internationaler Manager, die im Sinne der modernsten Managementphilosophien ausgebildet worden ist. Sie alle wissen, daß in einer SBU mit TQM gesteuert werden muß, die Produkte JIT geliefert werden müssen, wobei die CFTS die Waren nach den Regeln des MBO vermarkten. (SBU = Strategic Business Unit; TQM = Total Quality Management; JIT = Just in time; CFT = Customer First Team; MBO = Management by Objectives.)

Doch wie universal sind diese Managementlösungen? Sind es Grundwahrheiten darüber, wie effektives Management beschaffen sein muß, Wahrheiten, die *überall* und *unter allen Umständen* gelten?

Selbst bei international erfahrenen Unternehmen sind viele wohlgemeinte »universelle«, allgemeingültige Anwendungen von Managementtheorien böse gescheitert. So war beispielsweise in vielen Fällen die Einführung von »Pay for Performance«, leistungs- bzw. erfolgsbezogener Bezahlung, auf dem afrikanischen Kontinent ein Fehlschlag, denn dort gibt es besondere, wenn auch ungeschriebene Regeln über die Kausalität und den Zeitpunkt von Belohnung und Aufstieg. Im südlichen Europa wiederum haben bei den Niederlassungen multinationaler Firmen die Management-by-Objectives-Methoden stets versagt, denn die dortigen Manager verweigerten sich der abstrakten Natur vorgeplanter Geschäftspolitik.

Selbst der Begriff der Personalpolitik als Human-Resource-Management läßt sich schwer in andere Kulturen übertragen, denn er geht von einer typisch angelsächsischen Doktrin aus. Er leitet aus der Ökonomie die Vorstellung ab, daß Menschen »Ressourcen« seien wie Bodenschätze oder Finanzkapital, und neigt zu der Annahme nahezu unbegrenzter Möglichkeiten individueller Entwicklung. In Ländern mit anderen Grundsätzen ist dieses Konzept schwer zu begreifen und unpopulär auch dann, wenn es begriffen wurde.

Internationale Manager haben es schwer. Sie müssen gleichzeitig mit vielen verschiedenen Prämissen umgehen. Diese Prämissen werden gesetzt von ihrer eigenen Ursprungskultur, dem kulturellen Umkreis, in dem sie arbeiten, und der Kultur der Organisation, für die sie arbeiten.

In jeder Kultur, Zivilisation, Gesellschaft der Welt werden solche Erscheinungen wie Autorität, Bürokratie, Kreativität, Kumpanei, Bestätigung und Zuverlässigkeit auf verschiedene Weise erfahren. Daß wir sie mit den gleichen Wörtern beschreiben, läßt uns leicht vergessen, daß unser jeweiliger kultureller Kontext und unser Verhaltensmuster nicht immer ähnlich oder gar identisch sind.

Es gibt eine Theorie, daß der Trend zur Internationalisierung zu einer allumfassenden gemeinsamen Weltkultur führen, ja sie hervorbringen werde. Gerade das würde das Leben internationaler Manager viel leichtermachen.

Als Beispiele dafür, daß sich Geschmack, Märkte und letztlich Kultur überall mehr und mehr angleichen, verweisen manche auf McDonald's oder Coca-Cola. In der Tat gibt es manche Produkte und Dienstleistungen, die überall auf den Weltmärkten gleich sind. Was aber wichtig wäre zu reflektieren, ist nicht ihre Beschaffenheit oder die Häufigkeit ihrer Verbreitung, sondern *ihre Bedeutung für Menschen in ihrer jeweiligen Kultur*. Wie ich später beschreiben werde, ist das Wesen einer Kultur nicht das, was an der Oberfläche sichtbar ist. Es ist die gemeinsame Art, wie Gruppen von Menschen die Welt verstehen und interpretieren. Der Umstand, daß man überall Walkmen benutzt und Hamburger ißt, bedeutet, daß es einige neue Produkte gibt, die weltweit verkauft werden können, aber er sagt nichts darüber aus, was Hamburger essen und Walkman hören in verschiedenen Kulturen bedeutet. Essen bei McDonald's ist in Moskau zur Zeit ein Statussymbol, während es für New Yorker ein preiswerter Schnellimbiß ist. Wenn Geschäftsleute überall dort, wo sie tätig sind, Verständnis für und Treue zu den Zielen, Produkten und Dienstleistungen ihrer Firma erreichen möchten, dann müssen sie begreifen, was diese und andere Aspekte des Managements in unterschiedlichen Kulturen bedeuten.

Ergänzend zu der Untersuchung, warum die universelle Anwendung westlich-amerikanischer Managementtheorien nicht gelingen kann, beschäftige ich mich mit dem wachsenden Dilemma, vor dem internationale Manager stehen und das unter dem Begriff *Glokalisation* bekannt ist.

In dem Maße, wie Märkte global werden, wächst die Notwendigkeit zur Standardisierung von Organisationsstrukturen, -systemen und -abläufen. Dennoch bleiben Manager genötigt, ihre Organisation an die lokalen Charakteristiken des Marktes, die Gesetzgebung, das Steuersystem sowie die soziopolitischen und kulturellen Gegebenheiten anzupassen. Die Balance zu finden zwischen Konsistenz und Adaptation, Eigenständigkeit und Anpassung, ist wesentliche Voraussetzung für den Erfolg eines Unternehmens.

Paralyse durch Analyse oder Das Elixier des Managerberufes

In ihrem Weltbestseller *In Search of Excellence* (dt. *Auf der Suche nach Spitzenleistungen*) trafen Peters und Waterman mit ihrer Kritik des »rationalen Modells« als »Paralyse durch Analyse« den Nagel auf den Kopf. Das westliche analytische Denken (ein Phänomen in einzelne Bestandteile zu zergliedern) und westliche Rationalität (vor jedem Handeln die Konsequenzen zu bedenken) haben zu vielen internationalen Erfolgen im Bereich der Technologie geführt. Allerdings: Technologien funktionieren überall nach den gleichen universalen Regeln – selbst auf dem Mond. Doch nun droht der außerordentliche Erfolg universalistischen Denkens zu einem Handicap zu werden, wenn es auf die Interaktionen zwischen Menschen verschiedener Kulturen angewandt wird.

Der Mensch selber verkörpert ein ganz besonderes Stück Technologie, und die Ergebnisse unserer Studien, die in diesem Buch noch ausführlich dargestellt werden, deuten darauf hin, daß die soziale Welt internationaler Organisationen eine Vielzahl von Dimensionen umfaßt.

Besonders in Japan sind sich manche Manager des multidimensionalen Charakters ihres Unternehmens bewußt. Sie scheinen fähig zu sein, je nach Notwendigkeit zwischen einer technikbezogenen Logik (analytisch-rational) und einer mehr an den Sozialbeziehungen orientierten Logik (synthetisch-intuitiv) zu wechseln.

Im Verlauf der Internationalisierung ihrer Wirtschaft haben die Japaner dem Funktionszusammenhang lokaler Gesellschaften zunehmend mehr Beachtung geschenkt. Sie waren nicht die ersten, die die Spielregel erkannten: »Wenn du in Rom bist, dann verhalte dich wie ein Römer.« Aber sie scheinen sich mehr als westliche Wirtschaftsführer an dieser Leitregel zu orientieren, ja haben ihr eine ganz neue Dimension hinzugefügt: »Wenn du in Rom bist, dann verstehe die Sitten der Römer, denn dadurch wirst du zu einem besseren Japaner.«

Dazu im Gegensatz steht unsere westliche Einstellung, basierend auf der amerikanischen Wirtschaftslehre, die Management als einen Beruf betrachtet und emotionsfreie Rationalität als »wissenschaftlich« unabdingbar. Das numerische, rein verstandesmäßige Herangehen an die Dinge dominiert alle amerikanischen Wirtschaftsfachschulen und Fakultäten. Solche Schulen erziehen ihre Studenten, indem sie ihnen die richtigen Antworten auf die falschen Fragen geben. Statistische Analysen, Voraussagetechniken und Verfahrensstudien sind nicht »falsch«. Es sind wichtige technische Fertigkeiten. Der Fehler liegt in der Annahme, technische Rationalität sei charakteristisch für das menschliche Element in der Organisation.

Niemand bezweifelt das Vorhandensein universell anwendbarer wissenschaftlicher Gesetze mit objektiven Auswirkungen. Diese sind in der Tat überkulturell. Aber der Glaube, menschliche Kulturen sollten am Arbeitsplatz die Gesetze der Physik und Technik widerspiegeln, ist eine kulturell geprägte, keine wissenschaftliche Überzeugung. Es ist eine universale Anmaßung, die niemals auch nur annähernd universelle Zustimmung finden wird.

Die Internationalisierung des Geschäftslebens erfordert mehr Wissen um kulturelle Eigenarten. Pay for Performance zum Beispiel kann sich positiv auswirken in Kulturen, wo der Autor dieses Buches am häufigsten gearbeitet hat: den USA, den Niederlanden und Großbritannien. In mehr kollektivistischen Kulturen wie Frankreich, Deutschland und großen Teilen Asiens wird es nicht so erfolgreich sein, vor allem nicht in der angelsächsischen Version der Bezahlung nach Erfolg. Angestellte werden nicht bereit sein zu akzeptieren, daß einzelne Mitglieder einer Gruppe auf eine solche Weise für herausragenden Erfolg honoriert werden, wenn das zum Nachteil anderer Gruppenmitglieder gerät. Ihre Vorstellung von einem »hervorragenden Menschen« ist die eines Mannes oder einer Frau, die zum Wohle ihrer Mitmenschen wirken. Auch Kunden in mehr gemeinschaftsorientierten Kulturen zeigen eine Abneigung gegen die »Schnelle-Mark«-Mentalität von Verkaufskanonen und ziehen es vor, sorgfältig Beziehungen aufzubauen und zu pflegen.

Erprobte Rezepte – falsche Resultate

Was ist der Grund, warum viele Managementvorgänge ihre Effektivität verlieren, wenn kulturelle Grenzen überschritten werden?

Viele multinationale Gesellschaften arbeiten auf ausländischen Märkten mit Methoden, die ihrem eigenen kulturellen Umfeld entstammen und dort erfolgreich sind. Internationale Management-Consulting-Firmen angelsächsischer Herkunft und Prägung etwa arbeiten überall mit ähnlichen Methoden, ohne kulturelle Unterschiede zu berücksichtigen. So wurde einem italienischen Computerunternehmen geraten, sich in eine »Matrixorganisation« umzustrukturieren. Man folgte dem Rat – und geriet in große Schwierigkeiten. Der aufgabenorientierte Charakter der Matrixstruktur forderte Loyalität auch zum funktionalen Vorgesetzten. In Italien aber sind Vorgesetzte eine Art Vaterfigur, und niemand kann zwei Väter haben.

Kultur ist wie die Schwerkraft: Man erfährt sie erst, wenn man zwei Meter in die Luft springt. Es kann sein, daß lokale Manager ein zentral entwickeltes Bewertungssystem nicht offen kritisieren oder die Matrixorganisation nicht ablehnen, vor allem wenn Konfrontation oder offener Widerstand ihrer kulturellen Prägung widersprechen. In der Praxis aber, unter der Oberfläche, bewirken die verborgenen Kräfte der Kultur einen destruktiven Prozeß und nagen an den Wurzeln einer in der Zentrale entwickelten Methode, die an Ort und Stelle nicht »paßt«.

Flache Hierarchien, strategische Geschäftseinheiten, MBO, Matrixorganisation, Assessment Centre, TQM und Pay for Performance sind nicht nur in der westlichen Welt Gegenstand fast jeden Bestsellers über Management. Das Lesen dieser Bücher (wofür Manager glücklicherweise nicht viel Zeit übrig haben) versetzt in einen Zustand der Euphorie. »Wenn ich diese zehn Regeln beherzige, dann bin ich der *moderne Führer*, der *Trendsetter,* der *Champion.*« Der Trugschluß vom »Patentrezept« aber ist ein Selbstbetrug des Managements, der nur zu langsam abgebaut wird.

Obwohl die in den siebziger Jahren entwickelte Organisationswissenschaft die gesellschaftliche Umwelt als wichtig in ihre Überlegungen einbezog, war es doch unmöglich, den Traum vom Patentrezept zu begraben. Sie berücksichtigte nicht die Auswirkungen der nationalen Kulturen, sondern bezog sich systematisch auf die Bedeutung des Marktes, die Technologie und das Produkt als bestimmende Elemente für die Wahl der effektivsten Managementmethoden und Organisationsformen.

Untersucht man ähnliche Organisationen in verschiedenen Kulturumgebungen, dann erscheinen sie nach ihren Hauptkriterien bemerkenswert uniform: Zahl der Funktionen, Ebenen der Hierarchie, Grad der Spezialisierung usw. Doch das beweist wenig. Es bedeutet nicht mehr, als daß globale Tätigkeiten uniform gestaltet werden, daß die Praxis führender Unternehmen sorgfältig kopiert wurde oder daß manche Technologien ihre eigenen Gesetze haben. Forschung dieser Art hat oft behauptet, dies »beweise«, daß die Organisation ein kulturfreies Gebilde sei. Aber so wurden die falschen Fragen gestellt. Die eigentliche Frage ist nicht, *ob* eine Hierarchie in den Niederlanden ebenso wie bei einem vergleichbaren Unternehmen in Singapur sechs Stufen hat, sondern *was* diese Hierarchie und diese Stufen für die Niederländer und für die Singapurer eigentlich bedeuten. Wo die Bedeutung total verschieden ist (hier beispielsweise eine »Kommandokette« contra »eine Familie«), da wird die Personalpolitik, die das erstere als Ziel hat, in dem völlig anderen Kontext scheitern.

In diesem Buch untersuche ich die sichtbaren und unsichtbaren Wege, auf denen Kultur auf Organisationen einwirkt. Mögen auch die mehr grundsätzlichen Unterschiede zwischen den Kulturen und ihre Auswirkungen mit objektiven Kriterien nicht direkt meßbar sein, so ist doch sicher, daß sie einen wichtigen Anteil haben am Erfolg einer internationalen Organisation.

Kultur: Der Weg menschlicher Problemlösung

Nützlich ist es, beim Nachdenken über die Ursprünge der Kultur über folgendes zu reflektieren: *»Kultur ist der Weg, auf dem menschliche Gesellschaften zur Lösung von Problemen finden.«*[1] Die besonderen Probleme, die jede Kultur lösen muß, werde ich später behandeln. Wenn wir uns zunächst darauf konzentrieren wollen, *was* Kultur ist, hilft uns vielleicht folgendes Beispiel:

Stellen Sie sich vor, Sie befänden sich auf einem Flug nach Südafrika und der Pilot sagt: »Wir haben einige technische Probleme an Bord und werden deshalb in Burundi zwischenlanden.« (Burundi ist ein Nachbarstaat von Ruanda.) Was wird Ihr erster Eindruck von burundischer Kultur sein, wenn Sie das Flughafengebäude betreten? Ist es »Was für ein tolles Wertesystem diese Menschen haben« oder »Was für ein hochinteressantes System gemeinsamer Überzeugungen sie haben«? Nein, konkrete, überschaubare Dinge wie Sprache, Nahrung oder Kleidung werden Ihren ersten Eindruck prägen. Kultur erfährt man *in Schichten*. Um sie zu verstehen, muß man wie bei einer Zwiebel Schale um Schale entfernen.

Auf der Außenschicht findet man die Hervorbringungen einer Kultur wie etwa die hochragenden Wolkenkratzer von Manhattan, Säulen privater Macht, und in ihren Schluchten die menschenwimmelnden Straßen. In diesem Bild drücken sich tiefer gründende Werte und Normen einer Gesellschaft aus, die nicht unmittelbar erfahrbar sind (wie aufstiegsorientierte Mobilität, »Je mehr, desto besser«, Status, materieller Erfolg). Die Schichten der Werte und Normen befinden sich tiefer in der »Zwiebel« und sind schwerer zu identifizieren.

Aber warum sinken Werte und Normen ab in das Halbbewußtsein und in den Bereich des unreflektierten Glaubens? Warum sind sie so verschieden in verschiedenen Teilen der Welt?

Eine einmal grundsätzlich gefundene Problemlösung verschwindet aus dem Bewußtsein und wird zu einer Grunderfahrung, einer Grundvoraussetzung. Erst wenn man wegen eines Schluckaufs versucht, den Atem so lange wie möglich anzuhalten, wird man sich der Notwendigkeit des Atmens bewußt. Ähnlich muß man sich die Grundvoraussetzungen vorstellen, die die Gemeinsamkeit einer Gruppe definieren. Sie verstehen sich von selber.

Folgen wir einmal der Unterhaltung zwischen einem Arzt und einem Patienten. Der Patient fragt den Arzt: »Was fehlt mir?« Der Arzt: »Sie haben Lungenentzündung.« – »Was verursacht Lungenentzündung?« – »Ein Virus.« – »Interessant«, sagt der Patient, »was verursacht einen Virus?« Der Arzt zeigt sich äußerst irritiert, und das Gespräch ist schnell zu Ende. Sehr oft ist das ein Zeichen dafür, daß der Fragesteller etwas Grundsätzliches berührt hat, wie Collingwood[2] sagt, eine verabsolutierte Grundannahme über das Leben. Was für gegeben gehalten wird, für nichthinterfragte Realität – das ist das Herz der Zwiebel.

Nationale unternehmens- und berufsspezifische Kultur

Auch Kultur selber hat ihre unterschiedlichen Ebenen. Auf dem höchsten Niveau finden wir die Kultur einer nationalen oder regionalen Gesellschaft, der französischen und westeuropäischen oder der singapurischen oder orientalischen. Die Art, wie sich grundsätzliche Einstellungen innerhalb eines bestimmten Unternehmens äußern, nennt man Unternehmens- oder Organisationskultur. Schließlich kann man noch von der Kultur bestimmter besonderer Funktionsbereiche innerhalb von Unternehmen sprechen: Marketing, Forschung und Entwicklung, Personalwesen. Menschen innerhalb bestimmter Funktionsbereiche tendieren zu gewissen berufsspezifischen und ethischen Orientierungen. Dieses Buch befaßt sich mit der ersten Ebene, den kulturellen Unterschieden auf *nationalem* Niveau.

Solche Unterschiede gibt es nicht nur im Hinblick auf weit entfernte exotische Länder. Im Verlauf meiner Untersuchungen wurde immer deutlicher, daß es auf verschiedenen Ebenen genausoviel Unterschiede zwischen der Ostküsten- und Westküstenkultur der USA gibt wie zwischen verschiedenen Nationen (obgleich in diesem Buch für die USA von einem allgemeingültigen Durchschnitt ausgegangen wird). Und alle Beispiele zeigen, daß es eine klar gezogene Grenze zwischen den Nordwesteuropäern (Analyse, Logik, Systematik und Rationalität) und den romanischen Europäern gibt (stärker personenbezogenes, mehr intuitives und gefühlsbetontes Verhalten). Deutliche Unterschiede zeigen sich sogar bei den benachbarten Niederländern und Belgiern.

Der typische belgische Manager hat eine familiäre Vorstellung von seiner Organisation. Er oder sie erfährt sie als paternalistisch und hierarchisch. Wie in romanischen Kulturen entscheidet »Vater« darüber, wie etwas getan werden sollte. Der belgische hält den niederländischen Manager für übertrieben demokratisch: Welcher Unfug, daß jeder jeden konsultiert. Der niederländische Manager denkt auf eine

Art, die mehr der protestantischen Ethik verpflichtet ist, der belgische denkt und handelt mehr auf katholische Art. Die meisten niederländischen Manager mißtrauen der Autorität, die belgischen neigen dazu, sie zu respektieren.

Fast alle Diskussionen über die europäische Einigung befassen sich mit gesetzestechnischen Fragen. Doch wenn diese Probleme gelöst sind, wird sich das wahre Problem zeigen. Nirgendwo differieren Kulturen so stark wie innerhalb Europas. Will man mit den Franzosen ins Geschäft kommen, muß man erst einmal lernen, ausgedehnt zu tafeln. Jean Monnet, der Vater der Europäischen Gemeinschaft, sagte einmal: »Würde ich mich noch einmal der Aufgabe der europäischen Integration gegenübersehen, würde ich vermutlich mit der Kultur beginnen.« Kultur ist der Kontext, in welchem die Dinge sich ereignen, außerhalb des Kontextes verlieren selbst Gesetzesfragen an Bedeutung.

Die Basis kultureller Unterschiede

Jede Kultur unterscheidet sich von anderen durch die spezifische Art, wie sie mit gewissen Problemen umgeht. Üblicherweise betrachtet man diese Probleme unter drei Aspekten: solche, die aus der Beziehung zu anderen Menschen entstehen, solche, die vom Verlauf der Zeit herrühren, und solche, die aus Umwelt und Umgebung erwachsen. In den folgenden Kapiteln wird sich unsere Untersuchung mit allen drei Kategorien beschäftigen. In den Lösungen, die unterschiedliche Kulturen zu diesen universalen Problemen gefunden haben, lassen sich sieben fundamentale Dimensionen der Kultur erkennen. Fünf von ihnen gehören zur ersten Kategorie.

Menschliche Beziehungen

Es gibt alles in allem fünf Orientierungen in der Art, wie Menschen miteinander umgehen.

Universalismus contra Partikularismus: Der universalistische Kernsatz lautet vereinfacht: »Was gut und richtig ist, kann definiert werden und ist allgemeingültig.« In partikularistischen Kulturen wendet man mehr Aufmerksamkeit auf die sich aus menschlichen Beziehungen ergebenden Verpflichtungen und die jeweils besonderen Umstände. Statt beispielsweise zu glauben, daß der einmal richtige Weg immer der richtige sei, ist dem Partikularisten klar, daß Freundschaft auch verpflichtet und daher Priorität hat. Abstrakten Sozialkode wird weniger Gewicht beigemessen.

Individualismus contra Kollektivismus: Erfahren sich Menschen selber zuerst als Individuen oder als Teil einer Gruppe? Ist es wichtiger, sich zunächst auf den einzelnen zu konzentrieren, der nach eigenem Willen und Gutdünken seinen Beitrag zum Kollektiv leistet, oder ist es wichtiger, zunächst an das Kollektiv zu denken, weil es sich aus vielen einzelnen zusammensetzt?

Neutral oder emotional: Soll die Natur unserer Interaktion von Objektivität und Vorurteilsfreiheit geprägt sein, oder wird auch der Ausdruck von Gefühlen toleriert? In Nordamerika und Nordwesteuropa haben Geschäftsbeziehungen einen typisch instrumentellen Charakter und dienen vor allem der Erreichung von Zielen. Der Verstand kontrolliert die Gefühle, die man für Störfaktoren hält. Man gleicht sich eher den Maschinen an, um sie noch effektiver einsetzen zu können. In Südeuropa aber und in vielen anderen Kulturen sind Geschäfte eine menschliche Angelegenheit und der ganzen Skala menschlicher Gefühle würdig. Lautes Lachen, mit der Faust auf den Tisch schlagen oder ein Konferenzzimmer während einer Besprechung im Zorn verlassen – all das gehört dort zum Geschäft.

Spezifisch contra diffus: Wenn die ganze Person in eine Geschäftsbeziehung einbezogen ist, dann entsteht ein realer und persönlicher Kontakt statt der spezifischen Beziehung, die durch einen Vertrag geregelt ist. In vielen Ländern wird eine diffuse, eine weitgefächerte Beziehung nicht nur bevorzugt, sondern ist Vorbedingung für das Geschäft.

Im Falle einer amerikanischen Firma, die mit einem südamerikanischen Kunden ins Geschäft kommen wollte (siehe Kapitel 7), hat die Mißachtung der Bedeutung einer Beziehung zum Scheitern der Verhandlungen geführt. Die Amerikaner traten auf mit einer geschickten, gut durchdachten Präsentation, die nach ihrer Meinung überzeugend die Überlegenheit ihres Produktes und seinen günstigeren Preis demonstrieren sollte. Ihr schwedischer Mitbewerber nahm sich eine Woche Zeit, um den Kunden kennenzulernen. Fünf Tage lang sprachen die Schweden über alles mögliche – nur nicht über ihr Produkt. Erst am letzten Tag wurde ihre Ware vorgestellt: Obwohl etwas weniger attraktiv und etwas teurer, erhielten die Schweden aufgrund ihrer diffusen Verhandlungsweise den Auftrag. Die Schweden wußten, daß man in bestimmten Ländern nur dann Geschäfte abschließen kann, wenn man mehr tut, als den Kunden mit technischen Details und Hochglanzwerbung zu überwältigen.

Leistungsstatus contra Ansehen: Leistungsstatus bedeutet die Beurteilung nach den jüngst erbrachten Leistungen und Erfolgen. Ansehen bedeutet den Status, der durch Geburt, Verwandtschaft, Geschlecht und Alter, auch durch Verbindungen und Beziehungen sowie durch Ausbildung (Absolvent der Universität von Tokio oder der Haute École Polytechnique) erworben wird.

In einer Leistungskultur könnte die erste Frage lauten: »Was haben Sie studiert?« In einer mehr am Ansehen, am zugeschriebenen Status orientierten Kultur würde eher gefragt: »Wo haben Sie studiert?« Nur wenn es sich um eine völlig unbedeutende oder schlecht beleumundete Universität handelt, werden Menschen aus einer solchen Kultur nach der Art Ihres Studiums fragen – damit Sie Ihr Gesicht wahren können.

Das Zeitgefühl

Die Art, wie Gesellschaften Zeit bewerten, ist ebenfalls unterschiedlich. In manchen Gesellschaften ist nicht so wichtig, was jemand in der Vergangenheit erreicht hat, sondern welche Zukunftspläne er entwickelt. In anderen Gesellschaften macht man mehr Eindruck mit seinen in der Vergangenheit bereits erzielten Erfolgen als mit den augenblicklichen Leistungen. Solche kulturellen Unterschiede können von starkem Einfluß auf das Geschäftsleben sein.

Betrachtet man den Faktor Zeit, ist der »amerikanische Traum« der »französische Alptraum«. Amerikaner starten in der Regel bei Null, und was zählt, sind ihre augenblicklichen Erfolge und ihre Pläne, wie sie es in der Zukunft »schaffen«. Für die Franzosen ist das *nou-*

veau riche. Sie mögen lieber *ancien pauvre*. Sie haben einen ausgeprägten Sinn für die Vergangenheit und sind viel weniger auf Gegenwart und Zukunft fixiert als Amerikaner.

In manchen Kulturen, wie der amerikanischen, schwedischen und niederländischen, wird Zeit als ein geradliniger Verlauf angesehen, eine Abfolge von unterschiedlichen Ereignissen. Andere Kulturen verstehen Zeit mehr als einen Kreislauf, der Vergangenheit, Gegenwart und die Möglichkeiten der Zukunft umschließt. Das bedeutet beträchtliche Unterschiede für Planung, Strategie, Investitionen und die Frage, ob man eigene Talente fördert oder sie einkauft.

Einstellung zur Umwelt

Auch die Einstellung zur Umwelt ist ein Sachverhalt, bei dem sich starke kulturelle Unterschiede zeigen. Für einige Kulturen ist das persönliche Leben der Maßstab, und das Individuum ist die Quelle aller Fehler und Tugenden. Motivation und Wertvorstellungen kommen von innen heraus. Andere Kulturen betrachten die Welt als viel stärker als die Einzelpersönlichkeit. Natur ist etwas, was man fürchtet oder dem man nacheifert.

Herr Morita, der Vorsitzende von Sony, erklärte einmal, wie er zum Konzept des Walkman gekommen ist. Er liebt klassische Musik und wünschte sich eine Möglichkeit, sie auf seinem Weg zur Arbeit zu hören, ohne andere Menschen damit zu belästigen. Der Walkman war eine Möglichkeit, die Außenwelt nicht zu stören, sondern in Harmonie mit ihr zu bleiben. Dies steht im Kontrast zur Art, wie die meisten westlichen Menschen darüber denken: »Ich kann Musik hören, ohne von anderen dabei gestört zu werden.«

Ein anderes augenfälliges Beispiel ist der Gebrauch von Gesichtsmasken, die über Nase und Mund getragen werden. In Tokio sieht man vor allem im Winter viele Menschen damit. Fragt man nach dem Grund, erfährt man, daß sie von Leuten mit Erkältungen oder Viruserkrankungen getragen werden, damit die anderen Menschen nicht belästigt oder infiziert werden. In London wird ein solcher Atemschutz von Radlern oder anderen Sportlern getragen, um sich gegen die verschmutzte Luft der Umwelt abzuschirmen.

Die Struktur dieses Buches

Dieses Buch geht der Frage nach, warum es keine »Idealmethode« beim Managen geben kann und wie einige der schwierigen Probleme des internationalen Managements gelöst werden können. Und nicht zuletzt soll es dem Leser zu mehr Einsichten in seine eigene Kultur verhelfen und ihm deutlich machen, wie sie sich von anderen unterscheidet.

Die Kapitel 2 bis 8 führen ein in die Vielfalt kultureller Unterschiede innerhalb der Beziehungen der Menschen unter- und zueinander. Wie unterscheiden sich in dieser Hinsicht Kulturen? Auf welche Weise prägen solche Unterschiede Organisationen und internationale Wirtschaftsbeziehungen? Wie werden die Beziehungen von Beschäftigten untereinander eingeschätzt? Auf welch verschiedene Weise wird gelernt und werden Konflikte gelöst?

Die Kapitel 9 und 10 beschäftigen sich mit Spielarten kultureller Einstellungen zu Zeitverlauf und Umwelt, die für Organisationen zu sehr ähnlichen Auswirkungen führen.

Kapitel 11 stellt dann die Frage, wie allgemeine kulturelle Auffassungen über Mensch, Zeit und Umwelt auf die Kultur von Organisationen ausstrahlen. Es zeigt vier typische Modelle erfolgreicher Organisationen, ihre Hierarchien und Beziehungswege, ihre Ziele und Strukturen.

Kapitel 12 dient schließlich der Überlegung, wie Manager ihre Organisation durch die Beachtung bestimmter spezifischer Interventionspunkte auf den Prozeß der Internationalisierung vorbereiten können. Dieses letzte Kapitel möchte sich auf kreative Weise mit den Dilemmas der Internationalisierung auseinandersetzen und die Botschaft vertiefen, daß nur der Versuch einer Balance zwischen jeweils zwei Extremen eine internationale Zukunft möglich macht.

Es wird sich zeigen, daß die ganze Debatte über Zentralisation oder Dezentralisation im Grunde auf einer falschen Fragestellung beruht. Was wirklich notwendig wäre, ist das Geschick, die Sensibilität und die Erfahrung, mit der die dezentralisierten Kapazitäten einer internationalen Organisation eingesetzt werden.

Was dieses Buch versucht, ist, eine Hilfe zu sein auf dem Weg zu einer genuin internationalen, bisweilen auch transnational genannten

Organisation, in die jede nationale Kultur ihre eigenen Einsichten und Stärken einbringt zur Lösung weltweiter Aufgaben und in der das Unternehmen in der Lage ist, das jeweils Beste nutzbar zu machen – was immer es auch sei.

Das einzig wahre Organisationsmodell ist noch nicht erfunden

2

Wie auch immer wir uns bemühen, Organisationen zu objektivieren und zu vereinheitlichen, sie werden für Menschen verschiedener Kulturen nie die gleiche Bedeutung haben. Der jeweilige Sinn hängt ab von bestimmten kulturellen Präferenzen, die wir beschreiben werden. Wie Menschen eine Organisation, die ihr zugrundeliegende Struktur, ihre Praxis und Politik bewerten, ist kulturell bedingt.

Kultur ist ein *gemeinsames System von Sinngebungen*. Es bestimmt, worauf wir achten, was wir achten und wie wir handeln. Die Kultur organisiert solche Bewertungen mit – wie Geert Hofstede[1] sie nennt – »mentalen Programmen«. Das Verhalten von Menschen innerhalb von Organisationen wird von solchen Programmen gesteuert.

Jeder von uns trägt die kollektive Erfahrung in bezug auf bestimmte Dinge in sich. Diese Einstellung wird als phänomenologisch bezeichnet und besagt, daß die Weise, in der Menschen die Erscheinungen um sich herum wahrnehmen und verarbeiten, in sich stimmig, regelhaft und sinnvoll ist.

Ein Mensch aus einer anderen Kultur deutet den Sinn einer Organisation auf seine Weise, während wir unsere eigene Interpretation wählen. Was ist der Grund dafür? Was kann man aus dieser alternativen Sicht der Dinge lernen? Kann man Mitarbeiter ihren eigenen Weg gehen lassen?

Diese Einstellung zum Sinn einer internationalen Organisation steht in völligem Kontrast zu der traditionellen, in welcher Manager oder Unternehmensforscher einseitig über die gültige Definition einer Organisation entscheiden. Traditionelle Studien basierten auf den physischen, verifizierbaren Charakteristiken von Organisationen, die unterstellten, daß es eine allgemeinverbindliche Definition für alle

Menschen, überall, zu allen Zeiten, gäbe. Statt dieser Haltung, die nach Gesetzen und Allgemeinverbindlichkeiten für jeden Vorgang sucht, sollten wir lieber nach den – in sich stimmigen – Wegen forschen, wie Kulturen ihre Erfahrungen wahrnehmen und strukturieren.

Die Meinung der Gurus

Managementgurus wie Frederick Taylor, Henri Fayol, Peter Drucker und Tom Peters haben eines gemeinsam: Sie erwecken den Eindruck, bewußt oder unbewußt, als gäbe es *eine* ideale Art zu managen und zu organisieren. Wir werden zeigen, wie typisch amerikanisch (und im Falle von Fayol, wie französisch) diese Annahmen sind. In dieser Hinsicht hat sich während der letzten hundert Jahre nicht viel geändert: Wäre es nicht wünschenswert, wenn man dem Management eine Art Werkzeugkasten in die Hand geben könnte, mit dem sich die Komplexität des Managens reduzieren ließe? Dem soll nicht widersprochen werden. Wir sehen den Manager nach Instrumenten greifen, um diese schwierige Komplexität zu begrenzen, doch unglücklicherweise tendiert eine derartige Vorgangsweise eher dazu, auch Innovation und interkulturellen Erfolg zu begrenzen.

Untersuchungen aus den siebziger Jahren zeigen jedoch, daß der Erfolg bestimmter Methoden abhängig von der Umwelt, in der wir agieren, ist.

In jüngster Zeit haben die meisten sogenannten »Zufalls«-Studien danach geforscht, wie die Hauptstrukturen einer Organisation im Einklang mit den Hauptvariablen der Umwelt variieren. Die Ergebnisse scheinen darauf hinzuweisen, daß unter einfachen und stabilen Umweltbedingungen vertikale, »steile« Hierarchien überleben, daß aber unter komplexen und turbulenten Bedingungen flachere Hierarchien sich weit besser behaupten. Solche Studien waren in der Regel auf ein Land bezogen, gewöhnlich die USA. Sowohl Struktur- als auch Umwelt- oder Umfelddaten wurden gemessen, und die Ergebnisse besagen, daß die Zahl X von Umfeldturbulenzen die Zahl Y von hierarchischen Stufen hervorruft, die zur Zahl Z als Erfolgsfaktor führt. Die Tatsache, daß sich japanische Unternehmen in sehr turbulenten Umständen mit viel steileren Hierarchien behaupten, wurde nicht als Regel hinterfragt.

Wir sollten festhalten, daß diese Zufallsstudien immer noch nach einer Idealmethode unter besonderen Bedingungen suchen. Sie glauben immer noch, ihr Universalismus sei wissenschaftlich, während er in Wirklichkeit ein kulturelles Vorurteil ist. Das »Patentrezept« ist Wunsch, nicht Wirklichkeit. Der französische Soziologe Michel Crozier[2] stellte 1964 fest, daß es keine Untersuchungen gab, die Organisation in Bezug setzten zu ihrem soziokulturellen Umfeld. Natürlich werden jene, die nach Gleichartigkeit suchen, sie in der Regel auch finden. Wenn man sich auf die Untersuchung allgemein üblicher Objekte und Prozesse beschränkt wie etwa die Raffinierung von Öl nach den Gesetzen der Chemie, dann wird man feststellen, daß Röhren überall auf der Welt die gleiche Funktion haben. Wenn aber die Prinzipien der Chemotechnik überall die gleichen sind, warum nicht auch alle anderen Prinzipien? Das scheint doch logisch zu sein.

Der amerikanische Soziologe Talcott Parsons[3] dagegen vertrat die Auffassung, daß Organisationen sich nicht nur an ihre Umwelt, sondern auch an die Einstellung ihrer Mitarbeiter anpassen müssen. Erst in den letzten Jahren hat diese Berücksichtigung von Mitarbeitermentalität und unterschiedlichen Kulturen Eingang in die Managementliteratur gefunden.

Mißachtung von Kultur in Aktion

Betrachten wir im folgenden das Treffen eines Managementteams, das die Aktivitäten eines Unternehmens zu internationalisieren versucht. Der Fall ist die Summe eines Interviews mit einem nordamerikanischen Personalmanager, ein Fallbeispiel, das wir durch das ganze Buch hindurch verfolgen werden. Obwohl der Vorgang real ist, sind die Namen der Firma und der Teilnehmer fiktiv.

Die Missouri Computational Company (MCC)

MCC, 1952 gegründet, ist ein sehr erfolgreiches amerikanisches Unternehmen. Es entwickelt, produziert und verkauft mittelgroße und Großcomputer. Zur Zeit arbeitet die Firma multinational in Nord- und Südamerika, Europa, Südostasien, Australien und dem Nahen Osten. Der Verkauf ist regional organisiert. Die Fabrikationsorte sind St. Louis (Missouri) und Newark (New Jersey); der wichtigste Forschungsstandort ist St. Louis. Produktion, Forschung und Entwicklung, Personal- und Finanzverwaltung werden in der amerikanischen Hauptverwaltung koordiniert. Geschäftseinheiten sind verantwortlich für den regionalen Vertrieb. Diese dezentrale Struktur muß jedoch einige zentrale Vorgaben beachten: Firmenlogos, Schrifttypen, Produkttypen und Finanzkriterien. Die Standardisierung von Arbeitsbedingungen, die Klassifikation von Funktionen und die Personalplanung werden zentral koordiniert, während die regionalen Niederlassungen über Einstellungen entscheiden. Jede Filiale hat ihre eigene Personal- und Finanzabteilung. Das Management trifft sich alle zwei Wochen, und diese Woche ist das Thema die Globalisierung der Geschäftspolitik.

Internationalisierung: Auf genau diesen Punkt richtet Mr. Johnson in der Managementkonferenz seine besondere Aufmerksamkeit. Als »Vizepräsident für Human Resources« mit internationaler Kompetenz sieht er sich ernsthaften Problemen gegenüber. Das Management stellt fest, daß die Idee der Globalisierung von Tag zu Tag mehr Gewicht bekommt. Nicht nur die Kunden stellen höhere Ansprüche an die Internationalität, es müssen auch zunehmend mehr Produktionskapazitäten in anderen Ländern geschaffen werden.

An diesem Morgen wird ein neues Logo vorgestellt, das das weltweite Image des Hauses symbolisieren soll. Der nächste Punkt der Tagesordnung ist ein globales Marketingkonzept.

Mr. Smith, der CEO, sieht eine gute Möglichkeit, das voranzubringen, was ihm sein MBA über universell einsetzbare Managementinstrumente erzählt hatte. Ergänzend zu weltweitem Image und Marketing soll globales Produktions-, Finanz- und

Human-Resources-Management den internationalen Durchbruch unterstützen.
Beim Vortrag seines Kollegen beginnen sich Johnsons Haare zu sträuben. »Die weltweite Organisation muß flacher werden. Eine hervorragende technische Voraussetzung dafür wäre, wenn man der Methode des Projektmanagements folgen würde, die in den USA so erfolgreich ist.« Johnsons Frage nach der Akzeptanz eines solchen Vorgehens in Südeuropa und Südamerika wird mit der knappen Antwort vom Tisch gewischt, daß man für die Einführung in diesen Kulturbereichen Sonderfristen setzen würde. Eine großzügige Gewährung von sechs Monaten zusätzlicher Umstellungszeit würde genügen, um auch die unwilligsten Kulturen vom Vorteil kürzerer Kommunikationslinien zu überzeugen.
Als Schlußpunkt des Ganzen würde die Einführung eines strikten Pay-for-Performance-Systems in Verbindung mit effektiveren Strukturen erlauben, die Mitarbeiter noch unmittelbarer auf die richtigen Ziele hinzuorientieren.
Vergeblich ist Johnsons Versuch, einen mehr »menschlichen« Aspekt in die Diskussion über die Einführung von technischen und unternehmenspolitischen Instrumenten einzuführen. Mr. Finley, der Finanzmanager, gibt der Meinung des ganzen Managementteams Ausdruck: »Wir alle wissen, daß kulturelle Unterschiede abnehmen in dem Maße, wie die Reichweite der Medien zunimmt. Wir müssen Weltmarktführer werden und ein neues Umfeld schaffen, das ein Mikrokosmos von Missouri ist.«
Mr. Johnson graut schon vor dem Gedanken an die für nächste Woche in Europa angesagte internationale Konferenz.

Johnson wußte aus Erfahrung, welchen Ärger es geben würde, wenn er die europäischen Personalmanager von den neuen Direktiven unterrichten würde. Er konnte die Europäer gut verstehen, auch wenn er wußte, daß zentrales Management nicht vorsätzlich arrogant handelt, wenn es eine zentrale Politik weltweit durchsetzen will. Wie sollte er sich verhalten, um möglichst gut über die Runden zu kommen bei seiner nächsten Konferenz? In Kapitel 4 werden wir die Geschichte weiterverfolgen.

Kultur – eine Zutat?

Für die meisten Manager ist Kultur eine Art Luxusangelegenheit, eine Zutat zum »Hauptgericht«. In Wirklichkeit aber durchdringt und beeinflußt Kultur jeden Aspekt unternehmerischer Tätigkeit. Kultur durchtränkt das ganze Feld wirtschaftlicher Beziehungen. Ich erinnere mich an ein Gespräch mit einem holländischen Auswanderer in Singapur. Er war sehr überrascht, als ich ihn danach fragte, welche Anpassungen an die lokale Kultur er vornehmen müsse bei der Einführung von Management- und Organisationstechniken. Bevor er antwortete, versuchte er herauszufinden, warum man ihm eine so dumme Frage stellte. »Haben Sie etwa die Mitarbeiter darum gebeten?« Dann nahm er mich mit auf einen Rundgang durch die eindrucksvolle Anlage der Raffinerie. »Sind Sie wirklich der Meinung, daß wir es uns bei unseren Produkten und unserer Technologie erlauben können, über die örtliche Kultur besonders nachzudenken?«

In der Tat wäre es schwierig für eine Firma mit einem rund um die Uhr laufenden Produktionsprozeß, den Wünschen der meisten Singapurer zu entsprechen, die nachts gern zu Hause sind. Anders gesagt scheint die Realität oft zu beweisen, daß Variablen wie Produkte, Technologie und Märkte viel bestimmender sind, als es Kultur ist. In einer Hinsicht ist dieser Schluß richtig. Integrierte Technologien haben ihre eigene Logik, der man überall folgen muß ohne Rücksicht auf den jeweiligen Ort.

Kulturen konkurrieren nicht mit diesen Gesetzmäßigkeiten oder heben sie auf. Sie wirken ganz einfach auf den sozialen Kontext, in welchem die Technologie angewandt wird. Eine Raffinerie ist eine Raffinerie, aber die Kultur, in der sie angesiedelt ist, kann sie für eine imperialistische Sache, eine lebenswichtige Einrichtung, die letzte Chance zum wirtschaftlichen Aufbau, die Stütze eines mittelalterlichen Potentaten oder eine Waffe gegen den Westen halten. All das hängt ab vom kulturellen Kontext.

Es ist gut möglich, daß Unternehmen unter solch objektiven Aspekten wie Gestaltung von Fabrikanlagen und Produkten gleichartig sein können, aber völlig unterschiedlich in der Bewertung durch die menschliche Kultur, die sie umgibt. Ich hatte einmal ein Interview mit einem venezolanischen Process Operator, zeigte ihm das Organigramm der Firma und fragte ihn, wieviel Instanzen er über und unter sich habe. Zu meiner Überraschung führte er mehr auf, als aus der Aufstellung zu ersehen waren. Auf die Frage nach seiner Begründung kam die Antwort: »Dieser nächste Kollege ist mir übergeordnet – er ist älter.«

Eine der Übungsaufgaben, die wir den Teilnehmern unserer Seminare stellen, ist die Wahl zwischen zwei extremen Möglichkeiten, das Wesen eines Unternehmens zu interpretieren, und die Frage, welche sie für richtig halten und für welche die meisten Menschen ihres Landes stimmen würden:

> *A:* Ein Unternehmen ist ein System, das dazu dient, Funktionen und Aufgaben auf effiziente Weise zu erfüllen. Menschen werden beschäftigt, um diese Funktion mit Hilfe von Maschinen oder anderen Mitteln zu erfüllen. Sie werden entsprechend ihrer jeweiligen Aufgabe bezahlt.
> *B:* Ein Unternehmen ist eine Gruppe von Menschen, die gemeinsam arbeiten. Sie haben soziale Beziehungen zu anderen Menschen und zur Firma. Von diesen Beziehungen hängt das Funktionieren ab.

Abbildung 2.1 zeigt das ungewöhnlich breite Spektrum nationaler Antworten. Nur wenig mehr als ein Drittel französischer oder japanischer Manager hält ein Unternehmen eher für ein System als für eine soziale Gruppe, während sich bei Briten und Amerikanern die Antworten ziemlich die Waage halten und eine große Mehrheit aus Rußland und verschiedenen anderen osteuropäischen Ländern das System bevorzugt.

Diese unterschiedlichen Interpretationen haben einen durchaus starken Einfluß auf die Interaktion zwischen Individuen und Gruppen.

Formale Strukturen und Managementtechniken mögen uniform erscheinen. Um dieses Ziel zu erreichen, orientieren sie sich an physikalisch-technischen Abläufen, doch ebenso wie Fabrikanlagen und -ausrüstung unterschiedliche kulturelle Bedeutung haben, so auch Sozialtechnologien.

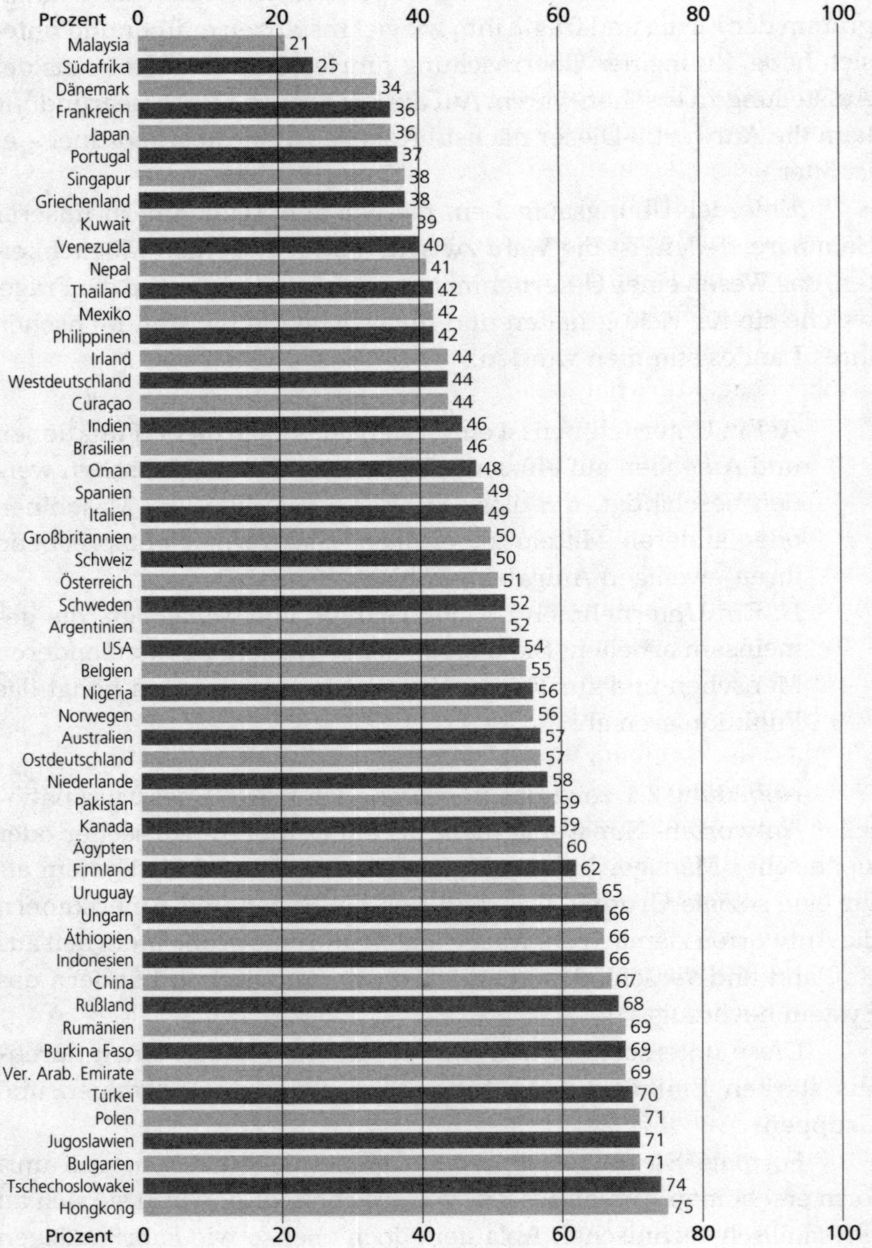

Abbildung 2.1: Welche Art von Unternehmen ist die Regel?
Prozentsatz der Antworten für ein System anstelle einer sozialen Gruppe

Ein alternativer Ansatz

Alle Organisationsinstrumente und -techniken basieren auf *Paradigmen*, einem Bündel von Grundannahmen. Eine solche Annahme, die oft für gegeben gehalten wird, ist, daß soziale Realität »außen vor« sei, geschieden von der Realität des Managers oder Forschers auf die gleiche Weise, wie der Gegenstand der Forschung eines Physikers »außen vor« ist. Die Physiker können den physikalischen Elementen bei ihren Experimenten jeden beliebigen Namen geben. Tote Dinge können nicht widersprechen und sich selber definieren.

Die Welt des Menschen jedoch ist völlig anders. Wie Alfred Shutz[4] ausgeführt hat, stellen wir bei der Begegnung mit anderen Sozialsystemen fest, daß sie alle sich selber bereits ihre Namen gegeben haben, entschieden haben, wie sie leben wollen und wie die Welt gedeutet wird. Wir können dem, wenn wir wollen, unsere eigene Terminologie überstülpen, aber wir können nicht erwarten, daß sie unsere Definitionen verstehen oder akzeptieren, wenn sie nicht mit ihren eigenen übereinstimmen. Wir können nicht Menschen aus ihrem eigenen Sinnzusammenhang und ihrer gewohnten Perspektive herausreißen. Sie begegnen uns mit einem ganzheitlichen System von Sinngebungen und Verhaltensweisen. Wir können uns nur um Verständnis bemühen, uns mit ihrer Mentalität vertraut machen und darauf aufbauen.

Dies vorausgesetzt, reagieren Organisationen nicht einfach auf ihre Umwelt wie ein Schiff auf die Wellen. Sie spielen eine aktive Rolle bei der Auswahl, Interpretation und Gestaltung ihres Umfeldes.

Halten wir fest: Menschen und Organisationen können nicht verstanden werden ohne die Berücksichtigung des *Sinns*, den sie ihrer Umwelt geben. »Ein komplexer Markt« ist weniger eine objektive Beschreibung als eine kulturelle Einschätzung. Komplex für wen? Für einen Äthiopier oder einen Amerikaner? »Feedback«-Veranstaltungen, bei denen Mitarbeiter versuchen, ihre Fehler zu ergründen, können für die amerikanische Managementkultur einen nützlichen Rückkoppelungseffekt haben, so wie »verstärkte Fehlerkontrolle« für deutsches Management. Was in der einen Kultur inspiriert, kann in einer anderen völlig deprimieren.

So sind Organisationen und ihre Strukturen mehr als objektive Realität; sie umfassen auch Erfüllung und Frustration im Sinne der mentalen Muster real existierender Menschen.

Statt des einzig wahren Organisationsmodells gibt es mehrere Wege, einige davon der jeweiligen kulturellen Situation viel angemessener und effektiver als andere. Aber alle von ihnen können die Palette internationaler Manager bereichern, wenn sie nur bereit und fähig sind, die Reaktionen fremder Kulturen richtig zu erkennen.

Die Bedeutung der Kultur

3

Ein Fisch entdeckt seine Abhängigkeit vom Wasser erst, wenn er sich auf dem Trockenen befindet. Unsere eigene Kultur ist wie das Wasser für den Fisch. Sie ist Lebenselement. Wir leben und atmen mit ihr. Was eine Kultur als wesentlich betrachten mag, beispielsweise ein gewisses Maß materiellen Wohlergehens, kann für andere Kulturen eine weniger vitale Frage sein.

Der Begriff Kultur

Soziale Interaktion oder Kommunikation in wichtigen Dingen setzen vertraute Wege der Informationsverarbeitung zwischen miteinander verkehrenden Menschen voraus. Das hat Konsequenzen sowohl für Geschäftsbeziehungen als auch für das Managen über kulturelle Grenzen hinweg. Die wechselseitige Abhängigkeit der handelnden Personen ist durch den Umstand gegeben, daß sie gemeinsam ein miteinander verbundenes System von Bedeutungen konstituieren – die einer Gruppe gemeinsame Beschreibung einer Situation.

Wo zeigen sich diese gemeinsamen Grundsätze, und wie ist ihr Einfluß auf die Interaktionen zwischen Mitgliedern einer Organisation? Eine unabdingbare Voraussetzung für sinnvolle Interaktionen in Wirtschaft und Management ist das Vorhandensein wechselseitiger *Erwartungen.*

An einem kalten Winterabend sah ich in Amsterdam, wie ein Mann einen Tabakladen betrat. Burberry-Mantel und Hornbrille ließen ihn als gutsituiert erscheinen. Er kaufte eine Packung Zigaretten und eine Schachtel Streichhölzer. Dann ging er zum Zeitungsstand, kaufte eine holländische Zeitung und ging schnell zu einer windgeschützten Ecke nahe der Einkaufsgalerie. Ich näherte mich ihm und fragte, ob ich eine seiner Zigaretten rauchen könne und ob er etwas dagegen hätte, mich in einen Teil seiner Zeitung blicken zu lassen. Er schaute mich ungläubig an und sagte zu meinem Erstaunen, er brauche diese Ecke, um die Zeitung anzuzünden. Er drückte mir dann die Zigarettenschachtel in die Hand, weil er Nichtraucher sei. Als ich zurücktrat, sah ich, wie er die Zeitung anzündete und seine Hände über das Feuer hielt. Es stellte sich heraus, daß er obdachlos war, Wärme suchte und zu schüchtern war, eine Zündholzschachtel ohne eine Schachtel Zigaretten zu kaufen.

In dieser Situation wurden meine Erwartungen von dem Menschen, den ich beobachtete, nicht erfüllt. Meine Vorstellungen über das Verhalten des Mannes sagen mehr über mich selber aus als über ihn. Was ich erwarte und mir vorstelle, hängt ab von meiner Herkunft und dem Sinn, den ich dem, was ich erfahre, gebe. Erwartungshaltungen gibt es auf vielen verschiedenen Ebenen, in konkreten, genau avisierten Bereichen bis hin zu selbstverständlichen und unbewußt vorausgesetzten. Ich war irregeführt worden nicht nur durch die »Bedeutung« der Kleidung und Erscheinung des Mannes, sondern auch auf der einfachen Erfahrungsebene des Kaufes von Zeitung und Zigaretten. Wenn wir solche symbolhaften Dinge beobachten, dann lösen sie gewisse Vorstellungen aus. Und wenn die Vorstellungen dessen, mit dem wir in Kontakt sind, sich mit den unseren treffen, dann ergibt sich ein wechselseitiger Sinn.

Das Vorhandensein wechselseitiger Annahmen ist nicht das erste, was einem einfällt, wenn man über Kultur nachdenkt. In Seminaren zum Kulturtraining stelle ich oft zu Beginn Teilnehmern die Frage: »Was bedeutet der Begriff Kultur für Sie? Können Sie eine gewisse Zahl von Komponenten nennen?« In fünfzehn Jahren habe ich selten zwei oder mehr Gruppen von Menschen erlebt mit identischen Vorstellungen zum Kulturbegriff. Das zeigt, wie in sich geschlossen dieses Konzept ist. Die vielleicht schwierigere Frage ist: »Können Sie irgend etwas nennen, was *nicht* berührt ist von der Auffassung von Kultur?«

Die Schichten der Kultur

Die Außenschicht: Vor allem Produkte

Blicken wir noch einmal zurück auf den in Kapitel 1 geschilderten Flug nach Burundi: Was sind die ersten Dinge von kultureller Relevanz, die Ihnen auffallen? Natürlich ist es nicht die Ihnen fremdartige Mischung von Normen und Werten, die den Burundern gemeinsam ist (die sich überdies aus den zwei sehr verschiedenen Stämmen der Hutus und Tutsis zusammensetzen), was Ihre Aufmerksamkeit zunächst fesselt. Auch sind es nicht die Gemeinsamkeiten von Sinngebungen und Wertvorstellungen. Die erste Erfahrung eines Menschen mit einer ihm neuen Kultur ist weniger esoterisch, sondern auf konkrete Dinge bezogen. Diese Erfahrungsebene bildet die *Außenansicht* einer Kultur.

Die Außenansicht, die Außenschicht einer Kultur wird gebildet von der überschaubaren Realität von Sprache, Nahrung, Kleidung, öffentlichen Gebäuden, Wohnhäusern, Denkmälern, Tempeln, Kunst, Landwirtschaft, Märkten und Mode. Sie sind Symbole, Ausdruck für eine tieferliegende kulturelle Schicht. Vorurteile machen sich meist an dieser symbolischen und überschaubaren Schicht fest. Wir sollten niemals vergessen, daß – wie in dem Beispiel mit dem Burberry-Mantel – jede Meinung, die wir angesichts solcher Außenansichten von Kultur äußern, mehr über unsere *eigene* Herkunft verrät als über die Gemeinschaft, die wir beurteilen.

Die Mittelschicht: Normen und Werte

Die Außenschicht einer Kultur spiegelt tiefere Schichten ihrer Existenz wider, die Normen und Werte einer individuellen Gruppe. *Normen* sind der gemeinsame Sinn einer Gruppe für das, was »richtig« und »falsch« ist. Normen können auf eine formale Ebene hin entwickelt werden als geschriebenes Gesetz und auf eine informelle Ebene als soziale Kontrolle. *Werte* andererseits bestimmen die Definition von »gut« oder »böse« und sind daher eng mit den gemeinsam geteilten Idealen einer Gruppe verknüpft.

Eine Kultur ist relativ stabil, wenn die Normen die Werte einer Gruppe widerspiegeln. Ist dies nicht der Fall, dann kann es leicht einen Trend zur Destabilisierung geben. In Osteuropa konnten wir über Jahre beobachten, wie die Normen des Kommunismus immer weniger den Wertvorstellungen der Gesellschaft entsprachen. Desintegration ist das logische Ergebnis.

Während die Normen uns bewußt oder unbewußt ein Gefühl dafür geben, »wie ich mich normalerweise verhalten *sollte*«, sagen uns die Werte, »wie ich *anstrebe* oder *wünsche*, mich zu verhalten«. Ein Wert dient als Kriterium bei der Wahl zwischen vorhandenen Alternativen. Er ist eine Vorstellung, die ein einzelner oder eine Gruppe von dem hat, was wünschenswert wäre. In einer Kultur beispielsweise mögen die Menschen mit folgender Wertvorstellung übereinstimmen: »Harte Arbeit ist die Grundvoraussetzung für eine prosperierende Gesellschaft.« Doch die verbindliche Verhaltensnorm der Gruppe könnte lauten: »Arbeite nicht härter als die anderen Mitglieder der Gruppe, sonst würde das von allen erwartet werden und zu einem schlimmen Ende führen.« Hier weicht die Norm vom Wert ab.

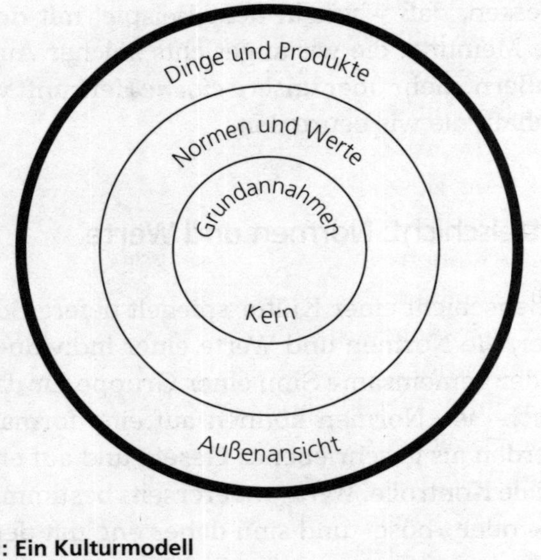

Abbildung 3.1: Ein Kulturmodell

Eine Gruppe braucht verbindliche Übereinstimmung in ihren Normen und Werten. Sie müssen stabil und für ihre kulturelle Tradition typisch sein, um sie auszugestalten und weiterzuentwickeln.

Was ist der Grund, warum unterschiedliche Gruppen von Menschen – bewußt oder unbewußt – sich für unterschiedliche Definitionen von »gut« oder »böse«, »richtig« oder »falsch« entschieden haben?

Der Kern: Grundannahmen über die Existenz

Um Fragen über grundsätzliche Unterschiede in Wertvorstellungen zwischen Kulturen beantworten zu können, muß man zurückgehen bis zum Kern menschlicher Existenz.

Der tiefste Grundwert, um den Menschen kämpfen, ist das Überleben. Durch Geschichte und Gegenwart kennen wir Zivilisationen, die ständig mit der Natur ringen: die Holländer mit Sturmfluten, die Schweizer mit Bergen und Lawinen, die Mittelamerikaner und Afrikaner mit Dürre und die Sibirier mit bitterem Frost.

Alle haben sich selber so organisiert, daß sie den optimalen Weg finden, um sich in ihrer jeweiligen Umwelt nach besten Kräften zu behaupten. Solche dauerhaften Probleme werden möglicherweise automatisch gelöst. »Kultur« kommt als Wort von dem gleichen Stamm wie »kultivieren«, was bedeutet »den Boden bestellen«, die Weise also, wie Menschen auf die Natur einwirken. Die Probleme des täglichen Lebens werden auf solch offensichtliche Weise bewältigt, daß die Lösungen aus dem Bewußtsein verschwinden. Wäre dem nicht so, würden wir verrückt werden. Man stelle sich vor, man müsse sich alle 30 Sekunden auf seinen Sauerstoffbedarf konzentrieren. Die Lösungen verschwinden aus unserem bewußten Denken und werden Bestandteil unseres Systems von absoluten Grundannahmen.

Menschengruppen organisieren sich selber auf eine Weise, daß die Effektivität ihrer Problemlösungsprozesse wächst. Da die verschiedenen menschlichen Gemeinschaften sich in unterschiedlichen geographischen Regionen entwickelt haben, bildeten sich auch verschiedene logische Grundannahmen aus. Man sieht, daß eine spezifische Organisations- oder Funktionalkultur nichts anderes ist als die

Weise, in welcher Gruppen sich im Laufe der Zeit selber organisiert haben, um die ihnen gestellten Probleme und Herausforderungen zu bewältigen.

Veränderungen in einer Kultur geschehen dann, wenn die Menschen feststellen, daß bestimmte alte Methoden, an die Dinge heranzugehen, nicht mehr geeignet sind. Es ist nicht schwer, eine Kultur zu verändern, wenn die Menschen sich bewußt werden, daß das Überleben aller auf dem Spiele steht – vorausgesetzt, das Überleben wird für wichtig gehalten.

Von dieser fundamentalen Beziehung zur (natürlichen) Umwelt leitet der Mensch, und nach dem Menschen die Gemeinschaft, seine Grunddeutung des Lebens ab. Diese tiefste Sinngebung ist aus dem Bereich bewußten Hinterfragens entschwunden und zur Selbstverständlichkeit geworden, denn sie ist Ergebnis tagtäglicher Antwort auf die Umwelt. In diesem Sinne ist Kultur alles andere als Natur.

Kultur bestimmt unser Handeln

Kultur ist in dem Sinne unterhalb der Bewußtseinsebene angesiedelt, daß niemand sich damit abplagen muß, sie zu erklären, denn sie bildet die Wurzeln unseres Handelns. Dies brachte einen Anthropologen zu dem Vergleich mit einem Eisberg, dessen größter Teil sich unsichtbar unter Wasser befindet.

Kultur ist Menschenwerk, von anderen bejaht, in Konventionen gebracht als Lehre für jüngere Menschen oder Hinzukommende. Sie stattet die Menschen mit einem Grundzusammenhang aus, in welchem sie sich und der Außenwelt begegnen, in dem sie über sich selber nachdenken.

In den Worten von Clifford Geertz ist Kultur die Weise, in welcher »Menschen sich verständigen, ihre Kenntnis über die Einstellungen zum Leben weitergeben und entwickeln. Kultur ist das Muster der Sinngebung, in dessen Rahmen Menschen ihre Erfahrungen deuten und ihr Handeln lenken.«[1]

Im Laufe der Zeit nehmen die gewohnten Interaktionen innerhalb von Gemeinschaften vertraute Formen und Strukturen an, was ich die *Organisation des Sinns* nenne. Diese Strukturen werden den

Situationen angelegt, mit denen Menschen konfrontiert sind, und werden nicht durch die Situation selber bestimmt. Nehmen wir als Beispiel ein Augenzwinkern. Ist es der körperliche Reflex auf ein Staubkorn? Oder eine Einladung zu einem Rendezvous? Oder möchte sich jemand damit über Sie lustig machen? Vielleicht ein nervöser Tick? Das Zwinkern selber ist real, aber sein Sinn, seine Bedeutung, wird ihm durch die Betrachter gegeben. Die zugeschriebene Bedeutung kann oder kann nicht übereinstimmen mit dem beabsichtigten Sinn des Zwinkerns. Soll soziale Interaktion gelingen, dann müssen jedoch die zugeschriebene Bedeutung und die gemeinte Bedeutung übereinstimmen.

Kulturen können voneinander unterschieden werden durch die unterschiedlichen Deutungen, die sie von ihrer Umwelt erwarten oder ihr verleihen. Kultur ist kein »Ding«, keine Substanz mit einer eigenen physikalischen Realität. Sie wird geschaffen von Menschen, die miteinander umgehen und damit gleichzeitig die Weichen stellen für ihren ferneren Umgang miteinander.

Kultur ist ein »Regelfall«

Innerhalb einer Kultur haben keineswegs alle Menschen eine identische Auffassung über Gegenstände, Normen, Werte und Annahmen. In jeder Kultur gibt es hier eine große Bandbreite. Diese Bandbreite bezieht sich aber auf einen allgemeinen Durchschnitt. In diesem Sinne kann der Spielraum um eine Norm als Regelfall gesehen werden. Die Unterscheidung einer Kultur von einer anderen hängt ab von den Grenzen, die wir solchen Spielräumen setzen.

Im Prinzip zeigt jede Kultur die ganze Bandbreite ihrer menschlichen Glieder. Da Amerika und Frankreich große Bandbreiten haben, gibt es auch viele Ähnlichkeiten. Der »Durchschnitt« oder das »wahrscheinlichste Verhalten« jedoch ist, wie Abbildung 3.3 zeigt, bei beiden Ländern unterschiedlich.

Kulturen mit deutlich voneinander abweichenden Normen neigen dazu, voneinander in Extremen zu sprechen. Amerikaner können die Franzosen mit jenen Verhaltenscharakteristiken belegen, wie sie in der Graphik gezeigt werden, oder als das Gegenteil des Regelfalles. Die Franzosen ihrerseits können mit einer ähnlichen Karikatur die Amerikaner beschreiben. Dies liegt daran, daß uns eher Unterschiede als Gemeinsamkeiten auffallen.

Auf extreme, übertrieben erscheinende Verhaltensweisen reagiert man oft mit Stereotypen, mit Schablonen. Verständlicherweise sind sie eher die Antwort auf das, was uns überrascht, als auf das, was vertraut ist. Aber das ist gefährlich. Erstens verengt eine Schablone, ein Klischee sehr stark den Blick auf das Durchschnittsverhalten in einer bestimmten Umgebung. Sie übertreibt und karikiert die beobachtete Kultur und unbeabsichtigt auch den Betrachter.

Zweitens halten Menschen oft das, was verschieden ist, auch für »falsch«. (»Ihre Methode ist völlig anders als die unsere, das kann nicht richtig sein.«) Schließlich aber ignoriert Stereotypisieren die Tatsache, daß Einzelmenschen der gleichen Kultur sich nicht notwendigerweise immer nach der kulturellen Norm verhalten müssen. In jedem kulturellen System entfalten sich individuelle Persönlichkeiten.

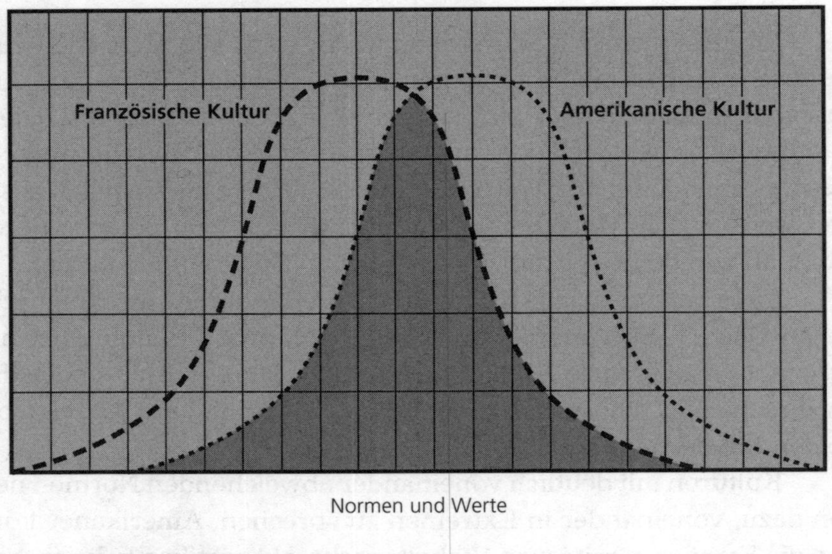

Abbildung 3.2: Kultur als Regelfall

Kulturen: Unterschiedliche Lösungen allgemeiner Probleme

Um erklären zu können, warum Menschen in ihrer Auffassung von der sie beschäftigenden Organisation abweichen, müssen wir die Bedeutungsvariationen unterschiedlicher Kulturen berücksichtigen. Wenn es uns gelingt, Kategorien für kulturelle Einstellungen zu Organisationen zu finden und zu vergleichen, dann bringt uns das ein Stück weiter zum Verständnis kultureller Unterschiede, die im internationalen Geschäftsleben bewältigt werden müssen.

In jeder Zivilisation muß eine gewisse Zahl von grundsätzlichen, allgemein bewußten menschlichen Problemen gelöst werden. Die jeweils gefundene spezifische Lösung ist zugleich ein Unterscheidungsmerkmal gegenüber anderen. Die Anthropologen F. Kluckhohn und F. L. Strodtbeck[2] unterscheiden fünf Problemkategorien und begründen dies damit, daß alle Gesellschaften sich aller Lösungsmöglichkeiten bewußt sind, ihnen aber einen unterschiedlichen Stel-

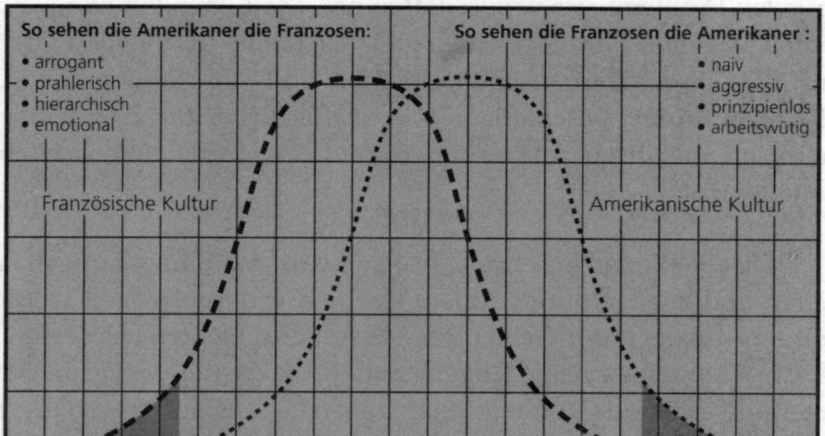

Abbildung 3.3: Kultur und Stereotypen

lenwert beimessen. Deshalb gibt es in jeder Kultur einen Grundvorrat »dominanter« oder bevorzugter Wertorientierungen. Hier das Schema der fünf Hauptprobleme menschlichen Lebens:

1. Wie ist die Beziehung des einzelnen zu anderen (*Beziehungsorientierung*)?
2. Mit welcher Zeitvorstellung wird das menschliche Leben betrachtet (*Zeitorientierung*)?
3. Wie ist die Einstellung zur menschlichen Arbeit (*Aktivitätsorientierung*)?
4. Wie ist die Beziehung des Menschen zur Natur (*Mensch-Natur-Orientierung*)?
5. Wie ist die Beschaffenheit des Menschen selber (*Menschorientierung*)?

Kluckhohns und Strodtbecks Ausführungen lassen sich so zusammenfassen: Alle Menschen stehen den gleichen Problemen gegenüber, sie resultieren aus den Beziehungen zu Mitmenschen, zur Zeit, zur Arbeit, zur Natur. Man kann eine Kultur von der anderen unterscheiden durch das Arsenal spezifischer Lösungen, das sie sich für jeden Problembereich geschaffen hat. Die Lösungen hängen davon ab, welchen Sinn Menschen ganz allgemein dem Leben und im einzelnen ihren Mitmenschen, der Zeit und der Natur geben. Die folgenden Kapitel beschäftigen sich ausführlicher mit diesen Bereichen und mit ihren Auswirkungen auf das grenzüberschreitende Management.

Dieses Kapitel beschrieb, wie gemeinsame Sinngebungen entstehen und wie sie durch äußere Zeichen widergespiegelt werden. Kultur begegnet uns in Schichten. Die Außenschichten werden gebildet von Erzeugnissen und Gegenständen, die die tieferen, grundsätzlicheren Werte und Grundeinschätzungen des Lebens symbolisieren. Die verschiedenen Schichten existieren nicht unabhängig voneinander, sondern stehen in Wechselwirkung.

Die gemeinsame Sinngebung, der Kern der Kultur, ist Menschenwerk, wird durch Kultur den Menschen eingepflanzt, reicht aber über den Kreis der jeweiligen Kultur hinaus. Die Grundauffassungen einer Gruppe sind ihr integraler Bestandteil und prägen ihre besondere Sicht der Dinge, sind aber offen für Veränderungen, wenn die Gruppe wirksamere »Lösungen« für lebenswichtige Probleme wünscht.

Die Lösungswege, die eine Kultur für drei universale Probleme der Menschheit gefunden hat, bilden ihren Unterschied zu anderen Kulturen. Die Probleme – die Einstellung zur Zeit, zur Natur und zu Mitmenschen – sind allen Menschen gemeinsam, ihre Lösungen aber nicht. Diese sind bedingt durch den kulturellen Hintergrund der betreffenden Gruppe. Die Kulturkategorien, die sich aus den jeweils gewählten Lösungswegen ergeben, werden Gegenstand der nächsten sieben Kapitel sein. In ihnen wird ihre entscheidende Bedeutung für Beziehungen im Bereich der Arbeitswelt, für Managementmaßnahmen und Organisationsstrukturen weiter untersucht.

Beziehungen und Regeln

4

Drei unterschiedliche Herausforderungen sind es, mit denen überall Menschen konfrontiert werden. Sie haben Beziehungen zu anderen Menschen wie Freunden, Mitarbeitern, Kunden und Vorgesetzten. Sie müssen die Zeit und das Altern bewältigen. Und sie müssen Wege finden, wie sie sich der äußeren Natur der Welt stellen, sei sie freundlich oder eher abschreckend.

Wir haben schon die fünf Dimensionen genannt, in denen sich unsere Beziehungen zu anderen Menschen gestalten. Am einfachsten ist, sie in abstrakten Begriffen zusammenzufassen, die vielleicht etwas abstrus erscheinen. Ich zitiere sie erneut mit einigen in Klammern hinzugefügten Übersetzungen.

1. *Universalismus contra Partikularismus*
   (Gesetze contra Beziehungen),
2. *Kollektivismus contra Individualismus*
   (die Gruppe contra den einzelnen),
3. *neutral contra emotional*
   (die Spannbreite ausgedrückter Gefühle),
4. *diffus contra spezifisch*
   (die Spannbreite der Betroffenheit),
5. *Leistung contra Ansehen*
   (wie Status erreicht wird).

Diese fünf Wertorientierungen haben großen Einfluß sowohl auf die Art, wie wir Geschäfte und Management betreiben, als auch darauf, wie wir angesichts moralischer Fragen reagieren. Unsere eigene Position innerhalb dieser Bereiche beeinflußt lebenslang unser Denken und Handeln. Wir alle geraten beispielsweise in Situationen, in denen die Regeln wegen besonderer Umstände nicht anwendbar sind. Handeln wir dann so, wie es für »richtig« gehalten wird, oder passen wir uns an die Situation an? Zeigen wir in einer schwierigen Besprechung, wie stark wir uns fühlen, und riskieren die Konsequenzen, oder üben wir »vornehme Zurückhaltung«? Wenn wir einem schwierigen Problem gegenüberstehen, schlüsseln wir es dann auf in einzelne Bestandteile, um es zu verstehen, oder sehen wir jede Sache verquickt mit vielen anderen Dingen? Aus welchen Gründen zeigen wir Respekt vor jemandes Status und Macht: weil er sie selbst errungen hat oder weil andere Umstände (wie Alter, Erziehung oder Abstammung) sie bedingen? Dies alles sind Fragen, auf die Kulturen verschieden antworten.

Bevor wir uns mit der ersten Dimension – universale contra partikulare Formen der Beziehung zu anderen – beschäftigen, wollen wir uns wieder dem verstörten Mr. Johnson von der Missouri Computational Company (MCC) aus Kapitel 2 zuwenden. Er muß eine Konferenz über internationales Human-Resources-Management leiten, bei der fünfzehn nationale Vertreter der einheitlichen Einführung eines Pay-for-Performance-Systems zustimmen sollen. Hier einige Hintergrundinformationen über MCC und eine Zusammenfassung der wichtigsten Leitlinien ihrer Geschäftspolitik.

> Seit Ende der siebziger Jahre arbeitet MCC in mehr als zwanzig Ländern. In dem Maße, wie ihr Auslandsmarkt wuchs, mußte sich auch das leitende Management zunehmend mehr mit internationaler Koordination befassen. Das ständige kräftige Wachstum des Auslandsumsatzes wurde immer weniger berechenbar. Deshalb entschloß sich die Firma, den Vorgang der Leistungsbemessung und -belohnung weltweit zu koordinieren. Größere Einheitlichkeit bei der Gestaltung länderbezogener Aktivitäten steht ebenfalls auf dem Programm. Nicht daß man völlig nationale Besonderheiten außer acht ließe. Der Chefmanager hat fünf Jahre in Deutschland gearbeitet, der Marketingmanager war sieben Jahre in der Niederlassung Singapur.
> Es herrscht Übereinstimmung für die Einführung einer Reihe von Prinzipien, die für alle MCC-Niederlassungen in der Welt Geltung haben sollten. Ins Auge gefaßt ist eine allgemeinver-

bindliche Definition von »wie wir bei MCC die Dinge anpakken«, damit jeder, der, wo auch immer, in der Welt für MCC tätig ist, den Standpunkt der Firma kennt. Bestandteil dieses Programms soll auch die zentrale Koordination der Geschäftspolitik für Personalmanagement, Verkauf und Marketing sein.
Das wäre auch zum Nutzen der Kunden, die sich in vielen Fällen ebenfalls immer mehr internationalisieren. Sie sollen wissen, daß ihnen MCC einen hohen Dienstleistungsstandard und Effizienz für ihre Geschäfte bietet, die zunehmend grenzüberschreitend sind. MCC muß zu einheitlichen, erkennbaren Standards kommen, unabhängig von dem Land, in dem sie operiert.
Über die Standardisierung der Geschäftspolitik gibt es Erfahrungen aus der jüngeren Vergangenheit:
Das Entlohnungssystem: Zwei Jahre zuvor hat sich die Firma unter starkem Wettbewerbsdruck zur Einführung eines differenzierteren Entlohnungssystems für das Verkaufs- und Kundendienstpersonal der Computer mittlerer Größe entschieden. Man wollte herausfinden, ob sich damit die Motivation der amerikanischen Verkaufskräfte steigern ließe. Ein anderer Grund war die Feststellung, daß die besten Verkäufer oft die Firma verließen und zu besser zahlenden Konkurrenten gingen. So entschloß man sich zu einem zweijährigen Versuch mit den fünfzehn aktiven Verkäufern im Bereich St. Louis.
Versuch mit Pay for Performance: Es wurde ein Bonus eingeführt, der abhängig war von den Umsatzzahlen jedes Quartals für jeden Verkäufer: 100 Prozent Gehaltsaufschlag für den Spitzenverkäufer, 60 Prozent für den zweitbesten, 30 Prozent für Nummer drei und vier, kein Bonus für die anderen. Das Grundgehalt für alle Verkäufer mittelgroßer Computer dagegen wurde generell um 10 Prozent gesenkt.
Während des ersten Versuchsjahres gab es endlose Diskussionen unter den betroffenen Angestellten. Fünf Verkäufer verließen die Firma, weil sie sich durch das System zu Unrecht benachteiligt fühlten. Der Gesamtverkauf stagnierte. Trotz dieses Desasters setzte das Management den Versuch fort, denn es glaubte, diese Änderung sei notwendig und brauche nur ihre Zeit, um angenommen zu werden.

Universal contra partikular

MCC arbeitet in Amerika natürlich in einer universalistischen Kultur. Doch gerade hier haben wir einen Fall, wo eine universalistische Lösung in Schwierigkeiten mit dem Partikularismus gerät. Diese erste Dimension definiert, wie wir das Verhalten anderer Menschen bewerten. Es gibt zwei »reine«, jedoch alternative Typen der Beurteilung. Auf der einen Seite steht die innere Verpflichtung, den Standards zu genügen, in denen unsere eigene Kultur universell übereinstimmt. »Du sollst nicht lügen. Du sollst nicht stehlen. Gehe mit deinen Nächsten so um, wie du es von ihnen erwartest« (die »goldene Sittenregel«) usw. Auf der anderen Seite stehen die besonderen Verpflichtungen, die wir einzelnen Menschen gegenüber haben. »X ist mein bester Freund, deshalb würde ich ihn natürlich nie belügen oder bestehlen. Es würde uns beide verletzen, wenn wir nicht besonders sorgsam miteinander umgingen.«

Universalistisches oder regelfundiertes Verhalten neigt zur Abstraktion. Man versuche etwa, bei Rot die Straße in einer sehr regelorientierten Gesellschaft wie in der Schweiz oder Deutschland zu überqueren. Selbst wenn kein Verkehr ist, würde das mißbilligt. Eine solche Kultur versucht meist auch Gleichheit herzustellen in dem Sinne, daß alle Menschen, die unter dem gleichen Gesetz stehen, auch gleich behandelt werden sollten. Doch Situationen, wo dies zutrifft, werden durch Kategorien bestimmt. Wenn zum Beispiel »der Nächste«, mit dem man »umgeht«, nicht als menschlich eingeschätzt wird, müssen die Regeln nicht angewandt werden. Insgesamt aber hat regelfundiertes Verhalten die Tendenz, sich Ausnahmen zu widersetzen, die die Regel schwächen könnten. Man hat die Sorge, daß, wenn man erst einmal anfängt, Ausnahmen für abweichendes Verhalten zuzulassen, dann das System zusammenbricht.

Eine partikularistische Beurteilung bezieht sich auf die besonderen Umstände der gegebenen Situation. Dieser Mensch ist nicht ein »Mitbürger«, sondern mein Freund, Bruder, Gatte, Kind oder jemand, der mir besonders viel bedeutet, im Guten wie im Bösen. Diesen Menschen muß ich daher unterstützen, beschützen oder auch ablehnen, *unabhängig davon, was die Regel sagt.*

Geschäftsleute aus beiden Gesellschaftsformen neigen dazu,

die jeweils andere Seite für korrupt zu halten. Ein Universalist wird über Partikularisten sagen: »Man kann ihnen nicht trauen, weil sie immer nur ihren Freunden helfen.« Ein Partikularist wiederum wird von Universalisten behaupten: »Man kann ihnen nicht trauen, denn sie würden noch nicht einmal einem Freund helfen.«

In der Praxis benutzen wir *beide* Formen der Beurteilung, und in vielen Situationen können wir feststellen, daß sie sich wechselseitig bestärken. Wenn eine weibliche Angestellte am Arbeitsplatz belästigt wird, dann mißbilligen wir das, denn »Belästigung ist unmoralisch und gegen die Firmenregel«, und/oder: »Das war ein schreckliches Erlebnis für Jennifer und hat sie völlig durcheinandergebracht.« Des Universalisten Hauptvorwurf jedoch ist der Verstoß gegen die Regeln: »Frauen sollen am Arbeitsplatz keinen Belästigungen ausgesetzt sein, das ist verwerflich.« Der Partikularist neigt mehr dazu, den Vorgang zu mißbilligen, weil Jennifer dadurch gekränkt wurde.

Nicht immer wird man sich über Probleme so leicht einig wie in diesem Fall. Gelegentlich lassen sich auf universelle Geltung angelegte Regeln nur schlecht auf einen bestimmten Vorgang anwenden. Oft sind die Umstände viel komplizierter als die dabei zu berücksichtigenden Regeln. Betrachten wir den Fortgang der Geschichte von der Missouri Computational Company, deren Zentrale in St. Louis beabsichtigt, allgemeine Richtlinien der Geschäftspolitik bei Mitarbeitern aus vielen Nationen durchzusetzen.

> Erst kürzlich hat MCC eine kleine, aber erfolgreiche schwedische Softwarefirma übernommen. Ihr Leiter hatte sie drei Jahre zuvor gemeinsam mit seinem Sohn Carl gegründet, und vor zwölf Monaten waren seine frisch promovierte Tochter Clara und sein jüngster Sohn Peter zusätzlich in die Firma eingetreten. Nach der Übernahme hatte MCC beträchtliche Kapitalinvestitionen vorgenommen und zugleich der Firma ihren eigenen Computerverkauf und Kundendienst für Schweden übertragen. Dies führte zu einem beträchtlichen Geschäftsaufschwung.
>
> MCC ist nun davon überzeugt, daß die Bezahlung des Verkaufspersonals den wachsenden Wettbewerb auf dem Markt widerspiegeln muß. Sie hat verfügt, daß mindestens 30 Prozent der

Entlohnung auf den individuellen Erfolg bezogen sein muß. Anfang dieses Jahres heiratete Carl eine sehr reiche Frau. Die Ehe ist glücklich, und das hat einen positiven Einfluß auf seine Verkaufsergebnisse. Er kann ohne Mühe den 30-Prozent-Bonus verdienen, obwohl dies wenig ist im Verhältnis zu seinem Gesamteinkommen, zu dem das Vermögen seiner Frau und sein Anteil an dem Verkaufserlös für die Firma beitragen.

Peter führt eine weniger glückliche Ehe und hat auch weniger Geld. Seine durchschnittlichen Verkaufszahlen würden es mit sich bringen, daß sein Einkommen sich verringert, falls er sie nicht steigern kann. Clara hatte schon während ihres Studiums geheiratet, hat zwei Kinder, und in diesem Jahr verlor sie ihren Mann bei einem Flugzeugunglück. Dieses tragische Ereignis führte dazu, daß sie ein schlechtes Verkaufsjahr hatte.

Auf der internationalen Verkaufskonferenz präsentieren die nationalen MCC-Manager ihr jeweiliges Gehalts- und Bonusgefüge. Für den Chef der schwedischen Gesellschaft ist es ein Grundsatz, daß Leistung belohnt und Günstlingswirtschaft vermieden werden sollte, er beschäftigt viele nicht zur Familie gehörende Mitarbeiter in seinem Betrieb. Jetzt aber sieht er, daß ungewöhnliche Umstände im Leben seiner Kinder dazu führen, daß dieser Leistungswettbewerb unfair wird. Die vorenthaltene Belohnung schmerzt viel tiefer, als die gewährte Prämie motiviert. Er versucht, dem amerikanischen Personalchef und dem britischen Vertreter die Lage zu erklären, aber beide bleiben skeptisch und sprechen von Ausflüchten. So stimmt er ihren Forderungen zu.

Seine Kollegen aus Frankreich, Italien, Spanien und dem Nahen Osten kennen alle die gleiche Situation und verfolgen den Verlauf der Diskussion mit ungläubigem Erstaunen. Sie hätten ihm bei diesem Thema den Rücken gestärkt. Seine Familie wird später sagen, daß sie sich im Stich gelassen fühle. Dafür seien sie nicht in die Firma eingetreten.

Die Episode aus unserer MCC-Fallgeschichte zeigt, daß universalistische und partikularistische Sichtweisen nicht immer zur Dekkung zu bringen sind. Die Kultur, aus der man stammt, die eigene

Persönlichkeit, die Religion und die persönliche Verbundenheit mit Betroffenen bringt einen dazu, die eine Einstellung der anderen vorzuziehen.

Universalistische contra partikularistische Orientierungen in verschiedenen Ländern

Viele der Untersuchungen zu diesem Bereich der Kultur stammen aus Amerika und sind daher von den Präferenzen amerikanischer Kultur beeinflußt. Vielen der daran beteiligten Forscher ist deshalb die Auffassung gemeinsam, daß Universalismus an sich ein Beleg für Modernität, für komplexere und entwickeltere Gesellschaften sei. Partikularismus ist nach ihrer Meinung der Beleg für kleinere, vorwiegend ländlich geprägte Gemeinschaften, in denen jeder jeden persönlich kennt. Man geht einfach davon aus, daß Universalismus und ausgefeilte Geschäftspraktiken zusammengehören und alle Nationen besser führen, wenn sie mehr Amerika glichen.

Ich teile dieses Urteil nicht. Ich glaube im Gegenteil, daß man das Dilemma unterschiedlicher Kulturen durch einen Prozeß der Wahrnehmung der Chancen jeder individuellen kulturellen Präferenz überwindet. Die Schaffung von Wohlstand und die Entwicklung einer leistungsfähigen Industrie sollte ein Prozeß sein, der mehr und bessere Gemeinsamkeiten ans Licht bringt, die auf mehr Sonderfälle und -situationen zutreffen.

Die nachfolgende Geschichte stammt von den Amerikanern Stouffer und Toby[1] und ist ein weiterer Übungsfall aus unseren Seminaren. Sie stellt ein Problem vor, mit dem sich universalistische und partikularistische Antworten meßbar erkennen lassen.

> Sie fahren mit einem guten Freund im Auto mit. Er verletzt einen Fußgänger. Sie wissen, daß er mindestens 50 km/h in einem Stadtgebiet gefahren ist, wo nur höchstens 30 km/h erlaubt sind. Es gibt keine Zeugen. Sein Rechtsanwalt sagt, wenn Sie unter Eid bezeugen würden, daß er nur 30 km/h gefahren ist, könnte ihn das vor ernsthaften Konsequenzen bewahren.

Welchen Anspruch an Sie hat Ihr Freund, daß Sie ihn schützen?

Ia: Mein Freund hat einen eindeutigen Anspruch darauf, daß ich die niedrigere Geschwindigkeit bezeuge.

Ib: Mein Freund hat einen gewissen Anspruch darauf, daß ich die niedrigere Geschwindigkeit bezeuge.

Ic: Er hat keinen Anspruch als Freund, daß ich die niedrigere Geschwindigkeit bezeuge.

Wie würden Sie sich vermutlich in dem Konflikt zwischen den Pflichten eines geladenen Zeugen und der Verpflichtung Ihrem Freund gegenüber verhalten?

Id: Bezeugen, daß er 30 km/h fuhr.

Ie: Nicht bezeugen, daß er 30 km/h fuhr.

Abbildung 4.1 zeigt das Ergebnis dieser Umfrage bei einer Vielzahl von Nationalitäten. Die Prozentangabe bezieht sich auf jene Befragten, deren Antwort lautete, daß der Freund keinen Anspruch oder einen gewissen Anspruch habe und daß sie nicht zu seinen Gunsten aussagen würden (c oder b bzw. e). Nordamerikaner und die meisten Nordeuropäer erweisen sich in ihrer Einstellung zu dem Problem als ausgemachte Universalisten. Bei den Franzosen und Japanern fällt der Anteil unter 70 Prozent, während in Venezuela zwei Drittel der Befragten gegenüber der Polizei falsche Angaben machen würden, um ihren Freund zu schützen.

Vom Anfang meiner Arbeit bis heute höre ich in meinen Seminaren als ständige Antwort der Universalisten, daß in dem Maße, wie die Schwere des Unfalls steige, die Verpflichtung zur Freundschaft falle. Sie scheinen sich selber zu sagen: »Das Gesetz wurde gebrochen, und der ernste Zustand des Fußgängers unterstreicht, wie wichtig es ist, auf die Vorschriften zu achten.« Das weist darauf hin, daß Universalismus weniger genutzt wird, um Partikularismus auszuschließen, sondern daß er eher als Grundprinzip moralischen Denkens und Überlegens dient. Partikulare Konsequenzen erinnern uns an die Notwendigkeit universeller Gesetze.

Partikularistische Kulturen wiederum tendieren eher dazu, in dem Maße mehr den Freund zu unterstützen, wie die Verletzung des Fußgängers an Schwere zunimmt. Sie scheinen zu denken: »Mein Freund braucht meine Hilfe mehr denn je jetzt, wo er in ernsthaften

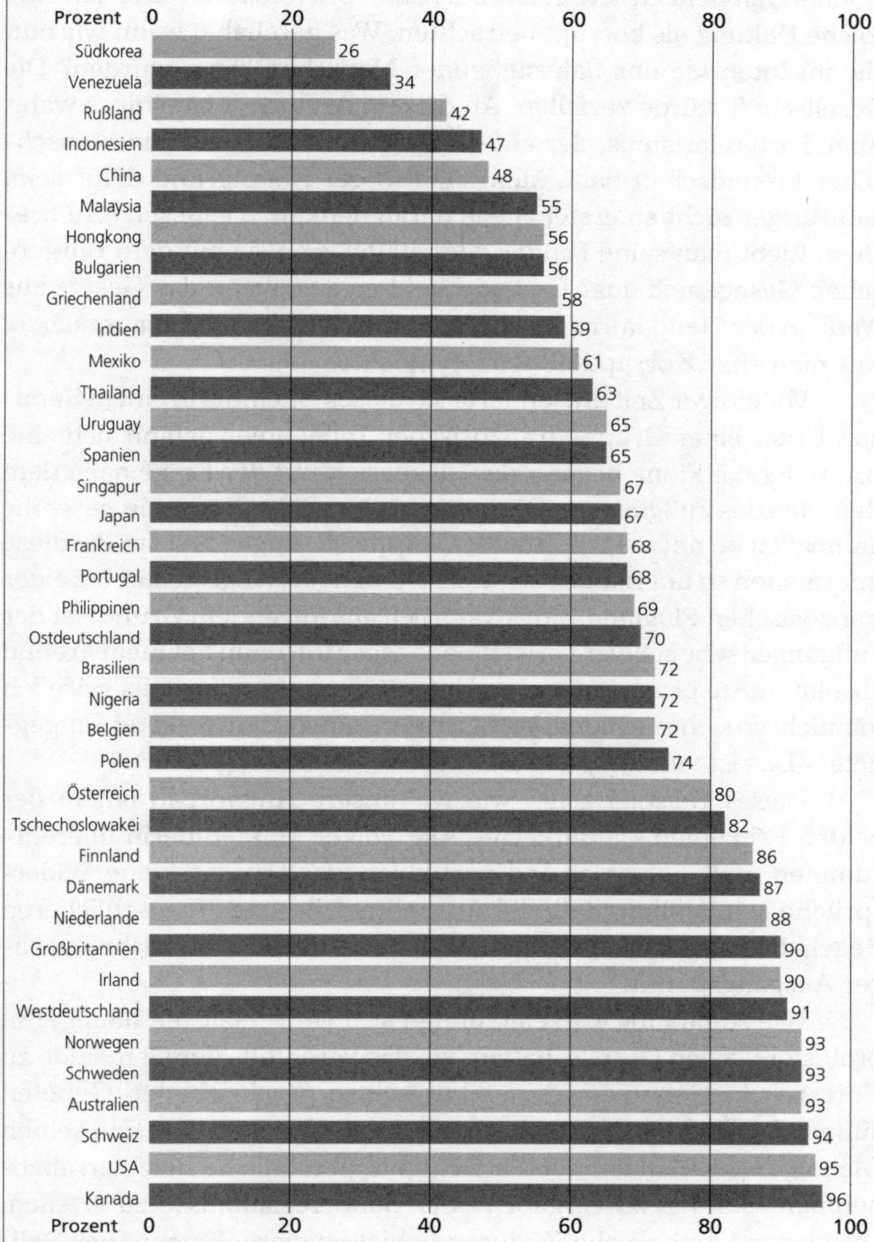

Abbildung 4.1: Das Auto und der Fußgänger
Prozentsatz der Befragten, die sich für ein universalistisches System aussprechen statt für eine partikulare soziale Gruppe (Antworten c oder b und e)

Konflikt mit dem Gesetz gekommen ist.« Universalisten würden eine solche Haltung als korrupt betrachten. Was geschähe, wenn wir nun alle im Interesse uns nahestehender Menschen lügen würden? Die Gesellschaft würde zerfallen. An diesem Argument ist einiges wahr. Aber Partikularismus, der auf die Logik des Herzens und menschlicher Freundschaft baut, kann ebenso der Hauptgrund dafür sein, daß Bürger nicht an erster Stelle daran denken, die Gesetze zu brechen. Liebt man seine Kinder oder stattet man sie mit dem Bürgerlichen Gesetzbuch aus? Und wie sieht es aus, wenn das Gesetz zur Waffe in der Hand korrupter Eliten wird? Man kann sich aussuchen, was man eher Korruption nennen möchte.

Vor einiger Zeit präsentierte ich dieses Dilemma in einem Seminar. Unter einer Gruppe französischer Teilnehmer befand sich eine Britin, Fiona. Fiona begann die Diskussion mit der Frage nach dem Befinden des Fußgängers. Ohne diese Information, sagte sie, sei es ihr unmöglich zu antworten. Als die Gruppe sie fragte, warum ihr diese Information so unerläßlich sei, warf Dominique, Angestellter bei einer französischen Fluglinie, ein: »Natürlich aus folgendem Grund: Ist der Fußgänger sehr schwer verletzt oder sogar tot, dann hat mein Freund absoluten Anspruch auf meine Unterstützung. Andernfalls wäre ich mir nicht so sicher.« Fiona, leicht irritiert, aber schon lachend, entgegnete: »Das ist verrückt. Bei mir wäre es genau umgekehrt.«

Dieses Beispiel zeigt, wie wir unsere Antwort in einem der beiden Prinzipien »verankern«. Alle Völker können darin übereinstimmen, daß universal und partikular idealerweise keine Widersprüche sein sollten, daß alle Ausnahmefälle nach menschlicheren Regeln beurteilt werden sollten. Was sie unterscheidet, ist ihr jeweiliger Ausgangspunkt.

Wie Abbildung 4.1 zeigt, finden sich Universalisten häufiger in protestantischen Gesellschaften, wo das Verhältnis der Gemeinde zu Gott sich in Gehorsam gegenüber seinen geschriebenen Geboten äußert. Es gibt keine menschlichen Mittler zwischen Gott und seinen Gläubigen, niemanden mit der Befugnis, persönliche Beichten abzunehmen, Sünden zu vergeben oder Sondererlaubnisse zu erteilen. Vorwiegend katholische Kulturen behielten diese Aspekte der Religion bei, welche mittelbarer und partikularistischer sind. Menschen können Gebote verletzen und dennoch Mitleid finden – wegen besonderer Umstände. Für Katholiken ist Gott wie sie selber, noch mehr: Er wird wohl verstehen, daß man für seinen Freund lügt, besonders wenn dieser das Pech hatte, daß ihm ein trotteliger Fußgänger vor den Wagen lief.

Länder mit streng universalistischen Kulturen neigen dazu, Konflikte vor Gericht zu lösen. Ein kürzlich veröffentlichtes amerikanisches Buch trägt den Titel *Hit Me I Need the Money (Schlag mich, ich brauche Geld)*. In der Tat hat Amerika, das man für die prozeßfreudigste Nation der Welt hält, mit Sicherheit mehr Rechtsanwälte pro Kopf der Bevölkerung als das relativ partikularistische Japan. Je universalistischer das Land, desto größer die Notwendigkeit einer Institution, die die Wahrheit schützt.

(Nebenbei gesagt gibt es auch eine enge Korrelation zwischen Universalismus und den Pro-Kopf-Ausgaben für Tierfutter. Dies ist nicht das gleiche wie Tierhaltung. Das partikularistische Frankreich hat mehr Hunde als das universalistische Deutschland, doch französische Hunde sind in die Familie integriert und fressen die Reste. Das hat nichts damit zu tun, was Advokaten speisen, der Grund ist das geringere Vertrauen einer universalistischen Gesellschaft in die Menschlichkeit. Hunde wie Rechtsanwälte sind Institutionen, die man zum Schutze braucht, und eine der Möglichkeiten, wie man dem Mißtrauen Menschen gegenüber Rechnung trägt.)

Wie auch immer, Länder können mehr oder weniger universalistisch sein in ihrer Einstellung zur Geltung von Regeln. Französische und brasilianische Manager, die sich bei dem Verkehrsunfall als Partikularisten erwiesen, glauben, daß man eine unbedingte Verpflichtung zur Wahrheit habe, wenn man über eine so wichtige Angelegenheit wie das Essen schreibt. Betrachten wir das folgende Szenario, beschrieben von Stouffer und Toby.

> Sie sind ein Zeitungsjournalist, der eine wöchentliche Kolumne über neue Restaurants schreibt. Eine gute Freundin von Ihnen hat all ihre Ersparnisse in ein neues Restaurant gesteckt. Sie haben dort gespeist und sind der Meinung, das Restaurant sei nicht gut.
> Welchen Anspruch hat Ihre Freundin darauf, daß Sie ihr Restaurant nicht schlecht machen?

Ia: Sie hat als Freundin einen festen Anspruch darauf, daß ich ihr Restaurant in meiner Kolumne nicht kritisiere.

Ib: Sie kann als Freundin schon erwarten, daß ich ihr den Gefallen tue.

Ic: Sie hat als Freundin kein Recht darauf, das von mir zu erwarten.

Würden Sie ihr Restaurant nicht kritisieren, wenn Sie sowohl Rücksicht auf Ihre Leser als auch Rücksicht auf Ihre Freundin nehmen?

Id: Ja.

Ie: Nein.

In diesem zweiten Beispiel ist der Standpunkt des Universalisten der, daß ein Journalist für alle schreibt, das Universum der Leser, nicht für die Freundin. Er ist verpflichtet, wahrheitsgetreu und unvoreingenommen zu schreiben. Es scheint in manchen Kulturen wichtiger zu sein, guten Geschmack zu universalisieren als gesetzliches Verhalten. Ihnen fällt es leichter, den Fußgänger mit seinen Schwierigkeiten allein zu lassen, als über die Qualität von Essen falsches Zeugnis abzulegen.

Eine dritte Problemstellung, mit der ich versuche, diese Dimension auszuloten, hat mit der Spielregel der Vertraulichkeit bei geheimen geschäftlichen Überlegungen zu tun.

Sie sind gerade aus einer vertraulichen Besprechung der Geschäftsleitung Ihrer Firma gekommen. Sie haben eine gute Freundin, die ruiniert wäre, wenn sie sich nicht rechtzeitig – also bevor die Entscheidung der Geschäftsleitung bekannt wird – vom Markt lösen würde. Es trifft sich, daß Sie an diesem Abend bei ihr zu Hause zu einem Essen eingeladen sind.

Welchen Anspruch hat Ihre Freundin darauf, daß Sie ihr einen Tip geben?

Ia: Als Freundin hat sie ein Recht darauf, daß ich ihr einen Tip gebe.

Ib: Als Freundin hat sie einen gewissen Anspruch darauf, daß ich ihr einen Tip gebe.

Ic: Auch als Freundin hat sie kein Recht darauf, von mir einen Tip zu erwarten.

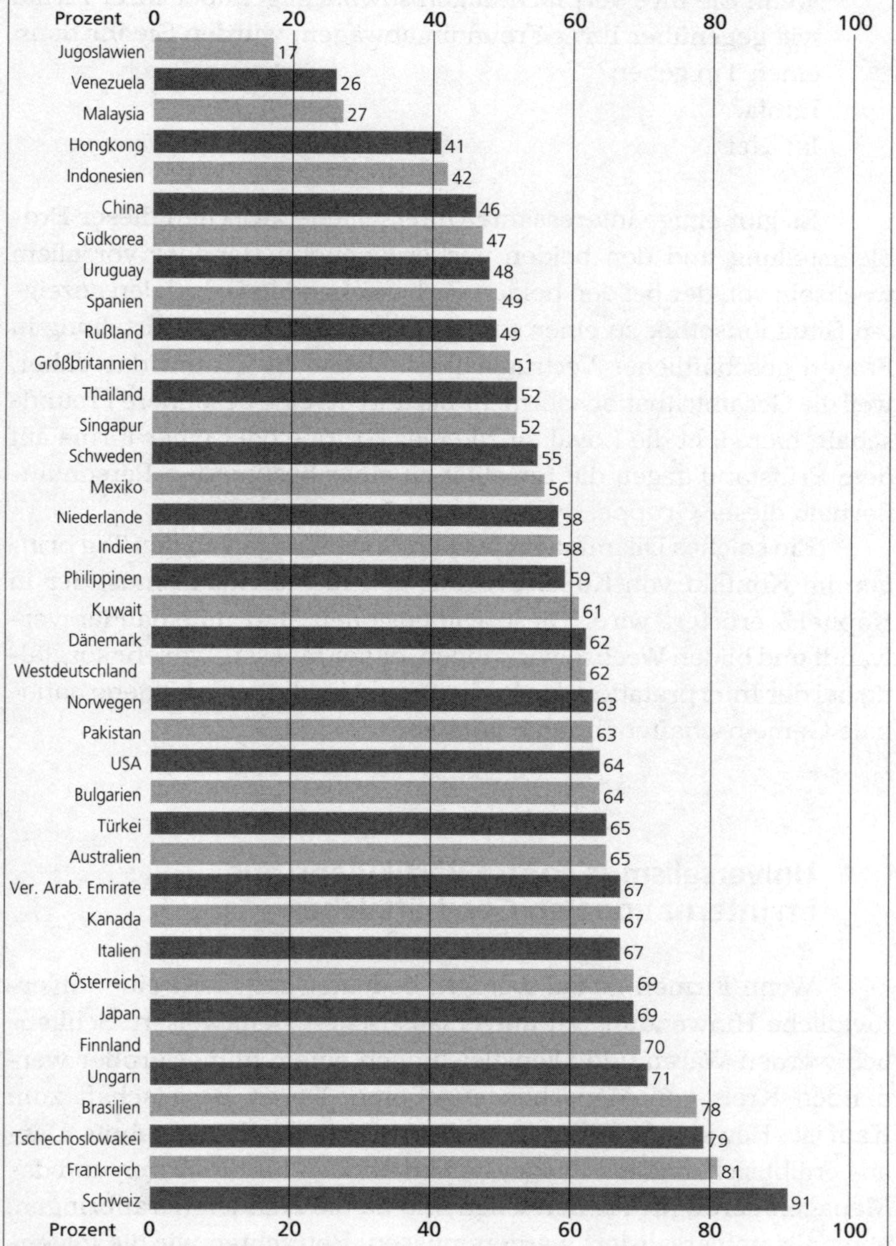

Abbildung 4.2: Das schlechte Restaurant
Prozentsatz der Befragten, die keinen falschen Bericht schreiben würden oder der Freundin kein Recht darauf zubilligen

Wenn Sie Ihre Verpflichtungen sowohl gegenüber Ihrer Firma wie gegenüber Ihrer Freundin abwägen, würden Sie ihr dann einen Tip geben?
Id: Ja.
Ie: Nein.

Es gibt einige interessante Unterschiede zwischen dieser Problemstellung und den beiden vorhergehenden. Japaner vor allem wechseln von der bei den beiden vorhergehenden Beispielen gezeigten Situationsethik zu einer streng universalistischen Einstellung in Fragen geschäftlicher Vertraulichkeit. Vielleicht kommt das daher, weil die Gesamtsituation viel mehr berührt als eine besondere Freundschaft, hier steht die Loyalität zu einer Gruppe oder einer Firma auf dem Prüfstand gegen die Loyalität zu einer bestimmten Person außerhalb dieser Gruppe.

Ein solches Dilemma kann auch Einstellungen an den Tag bringen im Konflikt von Kollektivismus contra Individualismus, der in Kapitel 5 erörtert wird. Diese Dimensionen sind miteinander verwandt und bilden Wechselwirkungen, daher müssen wir sehr sorgfältig bei der Interpretation der Bedeutung sein, die verschiedene nationale Gemeinschaften ihnen beimessen.

Universalismus contra Partikularismus im internationalen Geschäftsleben

Wenn Firmen global werden, bedeutet das meist eine unvermeidliche Hinwendung zu universalistischen Denkweisen. Schließlich werden Waren und Dienstleistungen einem immer größer werdenden Kreis von Menschen angeboten. Deren Bereitschaft zum Kauf ist »Beweis« für die universelle Attraktivität des Angebots. Daraus ergibt sich, daß die Produktionsmethoden für die Waren und das Managen derer, die sie herstellen und an die Kunden heranbringen, ebenfalls universalisiert werden müssen. Betrachten wir die folgenden Beispiele aus einigen Bereichen, in denen das Dilemma von Universalist und Partikularist auftaucht:

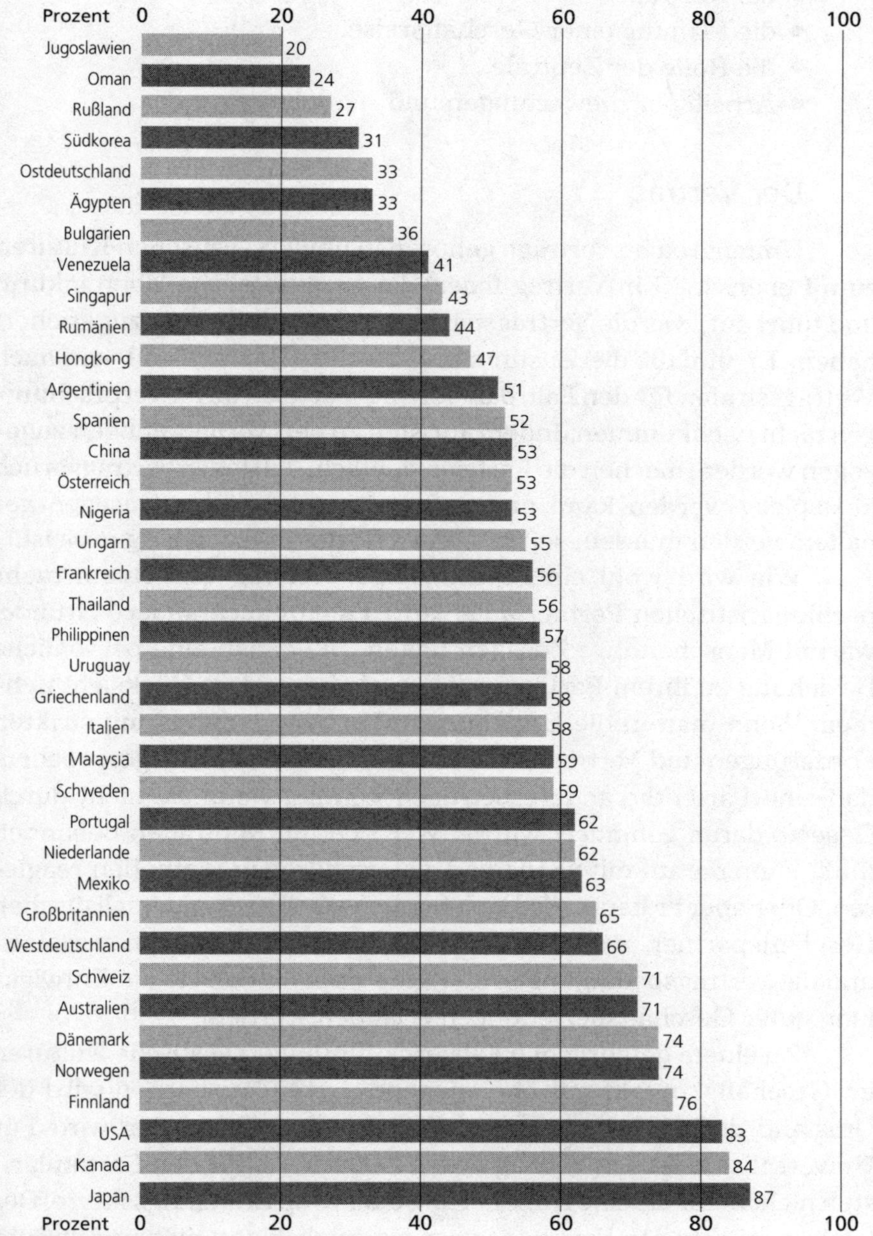

Abbildung 4.3: Insiderinformation
Prozentsatz der Antwortenden, die einer Freundin keinen Tip geben würden und ihr kein Recht darauf zubilligen (Antworten c oder b und e)

- der Vertrag,
- die Planung einer Geschäftsreise,
- die Rolle der Zentrale,
- Arbeitsplatzbewertungen und -entlohnungen.

Der Vertrag

Umfangreiche Verträge gehören in universalistischen Kulturen zum Lebensstil. Ein Vertrag fixiert die grundsätzliche Übereinkunft und führt auf, was die Vertragspartner sich wechselseitig zugesichert haben. Er umfaßt die Zustimmung zu der Übereinkunft wie auch Vertragsstrafen für den Fall, daß Vertragsparteien ihren Verpflichtungen nicht nachkommen. Indem Juristen zu den Verhandlungen zugezogen werden, machen die Parteien deutlich, daß jeder Vertragsbruch kostspielig werden kann und daß anfangs gemachte Zusagen gehalten werden müssen, selbst wenn sich das als schwierig erweist.

Wie wird wohl ein gesetzmäßiger Vertrag von einem mehr partikularistischen Partner aufgefaßt? Es gibt auch andere Gründe, warum Menschen ihre Zusagen halten. Sie haben eine persönliche Beziehung zu ihrem Partner, auf den sie besondere Rücksicht nehmen. Wenn man in die Beziehungen Verträge einführt mit strikten Forderungen und Vertragsstrafen, dann heißt das unausgesprochen, daß eine Partei die andere betrügen könnte, wenn sie nicht durch Gesetze daran gehindert würde. Wer sich mit Mißtrauen behandelt fühlt, kann darauf mit wenig vertrauenswürdigen Methoden reagieren. Oder aber er kappt die Beziehungen zu einem universalistischen Geschäftspartner, weil dessen Vorsichtsmaßnahmen ihn verletzen und die Vertragsbedingungen zu rigide sind, als daß sie die Entwicklung guter Geschäftsbeziehungen erlauben würden.

Zu einem gefährlichen Fallstrick für universalistische Kulturen im Geschäftskontakt mit überwiegend partikularistischen wird der Umstand, daß die Bedeutung von Beziehungen oft ignoriert wird. Für Universalisten ist der Vertrag etwas Definitives, für den Partikularisten nicht mehr als eine Annäherung oder rohe Handlungsskizze. Der letztere möchte den Vertrag so vage als möglich gestalten und sträubt sich gegen Klauseln, die ihn zu sehr einschnüren. Das ist nicht notwendigerweise ein Vorzeichen für immerwährende Ausflüchte, sondern eine Präferenz für beiderseitiges Entgegenkommen. Wenn man den Aufstieg der japanischen Wirtschaftsmacht bedenkt, kann man nicht länger auf der Überlegenheit universalistischer Positionen beharren. Gute Beziehungen zu den Kunden und gute Beziehungen unter den Angestellten können bedeuten, daß *mehr* geleistet wird, als der Vertrag verlangt. Darüber hinaus haben Beziehungen eine Flexibilität und Haltbarkeit, die Verträgen oft abgeht. Asiatische, arabische und romanische Geschäftsleute erwarten Vereinbarungen, mit denen man auch unter veränderten Umständen arbeiten kann.

Ein kanadischer Kugellagerproduzent und ein arabischer Maschinenhersteller hatten sich in einem Zehnjahresvertrag über die jährliche Mindestabnahme einer Zahl von Kugellagern geeinigt. Nach etwa sechs Jahren kamen keine Bestellungen mehr aus dem Nahen Osten. Die erste Reaktion der Kanadier war: »Das ist illegal.«

Ein Besuch beim Kunden steigerte nur ihr Unverständnis. Offensichtlich hatten die Araber den Vertrag einseitig beendet, weil der kanadische Unterzeichner des Vertrages das Unternehmen verlassen hatte. Aus Sicht der Araber war das sogenannte universell anwendbare Recht nicht mehr relevant. Was konnten die Kanadier dieser Logik entgegensetzen, besonders nachdem sie feststellten, daß die Kugellager nicht mehr gebraucht wurden? Es stellte sich heraus, daß das Produkt nur aus besonderer Loyalität gegenüber dem kanadischen Vertragsunterzeichner weiterhin gekauft worden war und nicht aus dem Gefühl einer legalen Verpflichtung heraus.

Planung einer Geschäftsreise

Ein universalistischer Geschäftsmann – ein Nordamerikaner, Brite, Niederländer, Deutscher oder Skandinavier – ist gut beraten, wenn er beim Aufenthalt in einer partikularistischen Kultur mehr Zeit als üblich einplant. Partikularisten werden argwöhnisch, wenn sie gedrängt werden. Fast doppelt soviel Zeit als normalerweise für eine Vertragsübereinkunft ist notwendig, um die Grundlagen einer demnächst engeren Beziehung zu schmieden. Wichtig ist, eine gesunde und vertrauenswürdige Basis zu schaffen, die der Qualität des Produkts die Qualität der persönlichen Beziehung gleichwertig an die Seite stellt.

Kürzlich setzte Rolls-Royce Toyota eine letzte Frist für ein Kaufangebot, und Toyota zog sich umgehend von dem Geschäft zurück. Solche Vorgänge verlangen einen beträchtlichen Zeitaufwand, aber für Partikularisten ist die Zeit, die man sich nimmt, um einem Partner näherzukommen, dadurch gerechtfertigt, daß damit zukünftiger Ärger vermieden wird. Ist man jetzt nicht bereit, sich Zeit zu nehmen, wird die Beziehung wohl kaum zukünftige Wechselfälle überleben.

Die Rolle der Zentrale

In jenen westlichen Ländern, wo Universalismus in hoher Blüte steht, neigt die Zentrale dazu, alle Schlüssel für globales Marketing, globale Produktion und globales Personalmanagement in der Hand zu behalten. Meine eigene Erfahrung aber ist, daß in überwiegend partikularistischen Nationalkulturen die Erlasse der Zentrale bei der Gestaltung lokaler Geschäftsmethoden versagen. Differierende Gruppen entwickeln ihre eigenen lokalen Standards, die zur Grundlage ihrer Solidarität und ihres Widerstands gegen zentralisierte Edikte werden. Dann werden künstliche Hürden aufgebaut zwischen dem nationalen Untergebenen und dem Hauptquartier und vorsätzlich Unterschiede gesucht.

Partikularistische Gruppen suchen Befriedigung durch persönliche Beziehungen, besonders durch Beziehungen zu dem Leiter oder Anführer. Allgemein kann man sagen, je partikularistischer die Gemeinschaft, desto größer die wechselseitige Verpflichtung zwischen Arbeitgeber und Arbeitnehmer. In diesen Kulturen bemüht sich der Arbeitgeber um eine Fülle von Dingen zum Wohle seiner Arbeitnehmer: Sicherheit, Geld, sozialer Standard, Wohlwollen und sozioemotionale Unterstützung. Bindungen und Beziehungen sind üblicherweise eng und dauerhaft. Arbeitsplatzwechsel ist selten und die Verpflichtung der Arbeitskräfte langfristig. Die lokalen Vorgesetzten wollen all dies in ihrer eigenen Verantwortung sehen, nicht in der eines ausländischen Eigentümers. Untersuchungen bei einer amerikanischen Bank mit Niederlassungen in Mexiko haben gezeigt, daß der mexikanische Führungsstab weitaus partikularistischer ist mit der Tendenz, sich so weit wie möglich vom amerikanischen Hauptquartier zu distanzieren, um den universalistischen Druck so gering wie möglich zu halten.[2]

Häufig kommt es vor, daß vom Ausland gesteuerte Tochtergesellschaften vortäuschen, mit den zentralen Direktiven im Einklang zu sein, was zu einer Art ritualisiertem »Firmenregentanz« führt. Sie werden, solange sie können, alle einschlägigen Bewegungen vollführen, aber niemals glauben, daß es tatsächlich regnet. Sobald dann die Aufmerksamkeit der Zentrale auf andere Fragen gelenkt ist, geht das normale Leben weiter.

Arbeitsplatzbewertungen

Oft verfügen Zentralen im Bereich der Personalpolitik über Systeme, an die die Auslandsmanager auch bei ihrer lokalen Arbeit gebunden sein sollen. Die Logik dieses universellen Systems – daß alle Arbeitsplätze beschrieben sind, daß die Qualifikationen der Bewerber an diesen Beschreibungen gemessen werden sollen und die Leistungen der Beschäftigten danach beurteilt, auch wenn sich das gegen individuelle Arbeitsverträge richtet – ist sicher »überkulturell«. Es scheint eine demonstrativ faire und universelle Methode des Personalmanagements zu sein. Dieses generalisierende System entwickelte sich in den Nachkriegsjahren, als viele, vor allem multinationale amerikanische Firmen ein sehr schnelles Wachstum erlebten. Viele tausend Beschäftigte in Amerika brauchten faire Methoden für Bewertung und Aufstieg, und innerhalb kurzer Zeit erfaßte dieser Trend auch die übrigen entwickelten Industrieländer. Auch Gewerkschaften unterstützten oft solche Bestrebungen, sahen sie doch darin einen Schutz vor willkürlicher Disziplinierung oder antigewerkschaftlicher Aktivität. Ein Arbeiter konnte nur wegen offensichtlichen Versagens angesichts einer genau definierten Aufgabe entlassen werden. Solche Regelungen bedeuteten in der Tat für viele Beschäftigte einen Schutz. Manager mußten sich konsequent verhalten. Sie konnten nicht in einem Fall heute Maßnahmen ergreifen und morgen in einem anderen nachsichtig sein.

Ein System, das Colonel Hay ursprünglich für die amerikanische

Armee entworfen hatte, das »HAY-Arbeitsplatzbewertungssystem«, wird inzwischen weithin in der Wirtschaft benutzt, um festzulegen, welche Grundlöhne oder -gehälter für die Ausfüllung verschiedenster Funktionen gelten sollen. Jede Funktion und jede Arbeit wird untersucht und beschrieben unter Mitwirkung des oder der Beschäftigten, des oder der direkten Vorgesetzten und einer Kommission, in welcher auch Mitglieder sind, die anderswo ähnliche Arbeiten verrichten. Damit gewinnt man eine interne Einheitlichkeit und erleichtert Umsetzungen zwischen verschiedenen Tochtergesellschaften innerhalb eines einheitlichen Firmennetzwerkes, ohne die Gehaltsstruktur oder die Ausbildung zu verändern. Kleinere Zugeständnisse werden üblicherweise an örtliche Gegebenheiten gemacht, etwa in Form von Zuschüssen zu den Lebenshaltungskosten, doch sonst wird Einheitlichkeit angestrebt. All das klingt außerordentlich plausibel. Diese Prozeduren scheinen auch zu funktionieren, wenn nur die jeweiligen Hausaufgaben ordentlich gemacht wurden. Doch was geschieht tatsächlich in vorwiegend partikularistischen Gesellschaften?

Der folgende Vorgang ereignete sich bei einer multinationalen Ölgesellschaft. Während einer Präsentation vor einer Gruppe venezolanischer Manager erklärten Vertreter der Zentrale neue Entwicklungen in dem HAY-Funktions-Beurteilungssystem für »R & D«, also Forschungs- und Entwicklungsaufgaben. Sie führten aus, daß die Funktion weniger deutlich von der Person des Funktionsträgers getrennt werde und man daher jetzt Kriterien einführe, mit denen sich das Niveau der Funktion bestimmen lasse. Am Schluß der Vorstellung gaben die Venezolaner die erwartete Antwort in Form lauten Beifalls.

Nach einem guten Essen und dem dritten Glas Wein wurden einige der venezolanischen Manager recht gesprächig. Sie fragten, ob die Besucher nicht auch daran interessiert seien, wie die Venezolaner bei der Funktionsbewertung in ihrem Laboratorium vorgingen. »Möchten Sie lieber hören, was wir über unsere Arbeit sagen oder was wir wirklich tun?« fragten sie. Ihre eigene »Parteilinie« durchaus nicht vergessend, erkundigten sich die Repräsentanten der Zentrale nach der tatsächlichen Praxis.

Die Realität erwies sich als viel einfacher als das komplizierte System. Alljährlich, wurde ihnen erklärt, setzt sich das aus sechs Personen bestehende Managementteam zu einer Bewertungsrunde zusammen. Bei diesem Treffen entscheiden sie über die am besten zu einer Beförderung geeigneten Kandidaten. Die so erwählten Mitarbeiter werden dann in die Personalabteilung gerufen, wo man die von der Zentrale gewünschte Funktionsbeschreibung verfaßt. Die Personalabteilung war bereits im Bilde, wie die jeweilige Aufgabe bewertet werden sollte.

Dies ist ein interessantes Beispiel für umgekehrte Kausalität. Anstatt anhand der Arbeitsbeschreibung und -bewertung die Person auszuwählen, die am besten geeignet war, wurde der Kandidat zunächst informell und intuitiv gekürt, und erst dann verfaßte man die passende Beschreibung und Bewertung.

Das führt zu der Frage, ob es notwendigerweise besser ist, wenn Universalisten Partikularisten führen oder wenn partikular gesinnte Menschen Universalisten auswählen und führen. Der örtliche venezolanische Chef brachte es auf den Punkt: »Wer entscheidet über die Beförderung *meiner* Untergebenen – Colonel Hay oder ich?« Die gleiche Art von Fragen und der gleiche Teufelskreis wird uns erneut in Kapitel 8 begegnen, wenn es um Erfolg und Leistung geht.

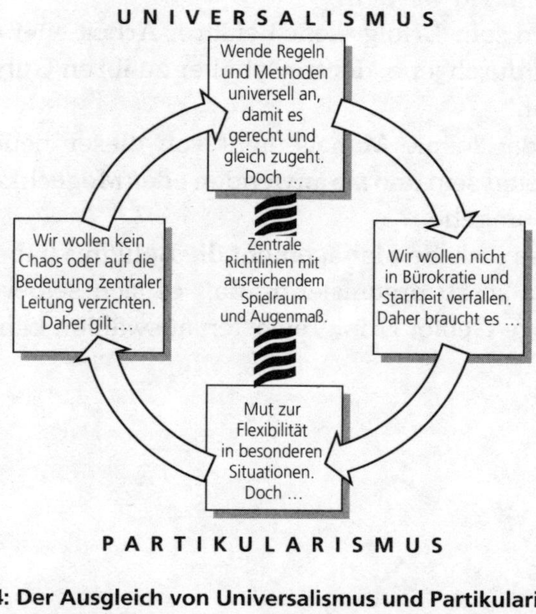
UNIVERSALISMUS
Wende Regeln und Methoden universell an, damit es gerecht und gleich zugeht. Doch …
Wir wollen nicht in Bürokratie und Starrheit verfallen. Daher braucht es …
Mut zur Flexibilität in besonderen Situationen. Doch …
Wir wollen kein Chaos oder auf die Bedeutung zentraler Leitung verzichten. Daher gilt …
Zentrale Richtlinien mit ausreichendem Spielraum und Augenmaß.
PARTIKULARISMUS

Abbildung 4.4: Der Ausgleich von Universalismus und Partikularismus

Der Ausgleich zwischen Universalismus und Partikularismus

Bei allen sieben von uns identifizierten kulturellen Dichotomien, deren erstes Gegensatzpaar Universalismus und Partikularismus bilden, können beide Extreme durchaus in ein und derselben Person gefunden werden. Die auf die Spitze getriebenen beiden Extreme liegen nicht mehr weit auseinander. Das kann man als Universalist leicht feststellen, wenn man im Falle des den Unfall verursachenden Autofahrers den Freund durch Vater oder Tochter ersetzt. In fruchtbaren interkulturellen Begegnungen vermeiden beide Seiten pathologische Exzesse. Abbildung 4.4, deren Methodologie von Charles Hampden-Turner[3] stammt, illustriert das.

Zum Schluß sollten wir zu Mr. Johnson von MCC zurückkehren:

- Was wird Ihrer Meinung nach geschehen, wenn er versucht, Pay for Performance weltweit einzuführen, vor allem bei partikularistischen Kulturen?
- Glauben Sie, daß Boni von 30, 60 und 100 Prozent über Grundgehalt auf Kosten des Gehaltes anderer Mitarbeiter für fair gehalten werden?
- Werden sehr Erfolgreiche bei ihrer Arbeit eher er- oder entmutigt durch jene, deren Gehälter zu ihren Gunsten gekürzt wurden?
- Wird das lokale Management von dieser neuen Regelung überzeugt sein und sie anwenden oder Möglichkeiten suchen, sie zu umgehen?
- Soll das örtliche Management die Befugnis haben, Verkaufsgebiete so zu organisieren, daß es sich selber den für das jeweilige Gebiet Erfolgreichsten auswählen kann?

Praktische Tips für das Handeln in universalistischen und partikularistischen Kulturen	
Unterschiede erkennen	
Universalisten	*Partikularisten*
1. Regeln sind wichtiger als Beziehungen. 2. Verträge müssen eingehalten werden. 3. Vertrauen genießt, wer das gegebene Wort oder den Vertrag akzeptiert. 4. Es gibt nur eine Wahrheit oder Realität, auf die man sich geeinigt hat. 5. Geschäft ist Geschäft.	1. Beziehungen sind wichtiger als Regeln. 2. Verträge müssen modifizierbar sein. 3. Vertrauen genießt, wer auch Veränderungen akzeptiert. 4. Es gibt verschiedene Sichtweisen der Realität, entsprechend der jedes Partners. 5. Beziehungen entwickeln sich weiter.
Tips für Geschäftsbeziehungen mit	
Universalisten (für Partikularisten)	*Partikularisten (für Universalisten)*
1. Rechnen Sie mit »rationalen«, »professionellen« Argumenten und Demonstrationen, um Ihre Zustimmung zu erreichen. 2. Halten Sie unpersönliche »Bleiben-wir-beim-Geschäft«-Attitüden nicht für Unhöflichkeit. 3. Bereiten Sie sorgfältig die juristische Vertragsbasis vor, im Zweifelsfall mit einem Anwalt.	1. Rechnen Sie mit persönlichen »Vorbehalten« und »Ausflüchten«, die von wenig Belang erscheinen. 2. Halten Sie persönliche »Wir-müssen-uns-kennenlernen«-Attitüden nicht für Small talk. 3. Überdenken Sie sorgfältig die persönliche Tragweite Ihres juristischen »Sicherheitsnetzes«.

Als Manager oder vom Management Betroffener	
Universalisten	*Partikularisten*
1. Bemühen Sie sich um Konsequenz und einheitliche Abläufe.	1. Schaffen Sie informelle Netzwerke, und schaffen Sie persönliches Verständnis.
2. Institutionalisieren Sie Methoden, wie Veränderungen der Geschäftspolitik eingeführt werden.	2. Versuchen Sie bei der Arbeit eingefahrene Gleise zu verlassen.
3. Gestalten Sie das System so, daß das System auch Sie verändert.	3. Gestalten Sie Ihre Beziehungen so, daß Sie auch das System gestalten können.
4. Vollziehen Sie Veränderungen nicht heimlich.	4. Nutzen Sie Ihren Einfluß diskret.
5. Streben Sie nach Fairneß, indem Sie alle ähnlichen Fälle gleich behandeln.	5. Streben Sie nach Fairneß, indem Sie alle Fälle nach Ihrer Eigenart behandeln.

Die Gruppe und der einzelne

5

Der Konflikt zwischen den Wünschen und Erwartungen jedes einzelnen und den Interessen der Gruppe, der er angehört, ist die zweite der fünf Dimensionen, in denen sich die Beziehungen der Menschen zueinander abspielen. Werden unsere Beziehungen davon geprägt, daß wir zunächst feststellen, was jeder von uns individuell wünscht, und dann versuchen, die Unterschiede auszugleichen, oder stellen wir eine gemeinsame Auffassung von öffentlichem und Gemeinwohl voran?

Individualismus wurde (von Parsons und Shils[1]) beschrieben als *Grundorientierung auf das Ich*, Kollektivismus als *Grundorientierung auf Ziele und Vorgaben der Gemeinschaft*. Wie bei unserer ersten Dimension gibt es auch hier typische Unterschiede darin, ob Kulturen die eine oder die andere Einstellung in ihren Denkweisen an die erste Stelle setzen.

Dies belegen die Antworten von 15 000 Managern auf die folgende Frage, wenngleich sich hier nicht so krasse Unterschiede ergeben wie in dem Beispiel für »universal contra partikular«.

Zwei Menschen erörterten Möglichkeiten, wie einzelne die Lebensqualität verbessern können.

A: »Es ist ganz offensichtlich, wenn der Einzelmensch soviel Freiheit wie möglich hat und größtmögliche Chancen zur persönlichen Entwicklung, dann bewirkt das eine Steigerung der Lebensqualität.«

B: »Wenn die einzelnen stets Rücksicht auf ihre Mitmenschen nehmen, wächst die Lebensqualität für jeden, selbst wenn dadurch individuelle Freiheit und Entwicklung eingeschränkt werden.«

Welche der beiden Überlegungen halten Sie für vernünftiger, A oder B?

Wie Abbildung 5.1 zeigt, erweisen sich die Kanadier als die ausgeprägtesten Individualisten, dicht gefolgt von den Amerikanern, Norwegern und Spaniern, die alle über 70 Prozent A favorisieren. Einen der niedrigsten Werte unter den Europäern zeigen die Franzosen mit 48 Prozent. Das mag überraschen. Doch erinnere man sich, daß die Franzosen alle im August Urlaub machen, vom gleichen Tag an. Und sie gehen in den Club Méditerranée zwecks Zusammensein. In den Niederlanden ziehen wir unsere Urlaubstermine auseinander (sonst könnten wir unseren Nachbarn begegnen). Für die Franzosen bedeutet Gemeinschaft: Frankreich und Familie. Individualisten werden sie unter anderen sozialen Aspekten. Daß die Japaner sich in ihren Antworten auf diese Frage als deutlich individualistischer erweisen als die Franzosen, ist recht interessant, auch daß die Chinesen in dieser Hinsicht die Japaner, wenn auch leicht, noch übertreffen.

Formen von Individualismus und Kollektivismus

Individualismus wird oft als Charakteristikum einer sich modernisierenden Gesellschaft betrachtet, während man bei Kollektivismus eher an mehr traditionsgebundene Gesellschaften denkt – und an den Fehlschlag des kommunistischen Experiments. Wir werden aber sehen, daß der Erfolg der »fünf Drachen« Japan, Hongkong, Singapur, Südkorea und Taiwan ernsthafte Fragen hinsichtlich des Erfolges und der Unausweichlichkeit von Individualismus aufwirft.

Wie im Falle von Universalismus und Partikularismus kommt man vielleicht der Wahrheit näher mit der Aussage, daß es sich dabei um komplementäre, nicht gegensätzliche Präferenzen handelt. Beide können in einem integrativen Prozeß zu einem wirksamen Ausgleich kommen, so etwa ein Individualismus, der auf manchen Gebieten seine Grenzen erkennt, oder ein einzelner, der sich aus freien Stükken den Bedürfnissen der größeren Gruppe anschließt.

Internationales Management wird in vielen Ländern stark von individualistischen oder kollektivistischen Präferenzen beeinflußt.

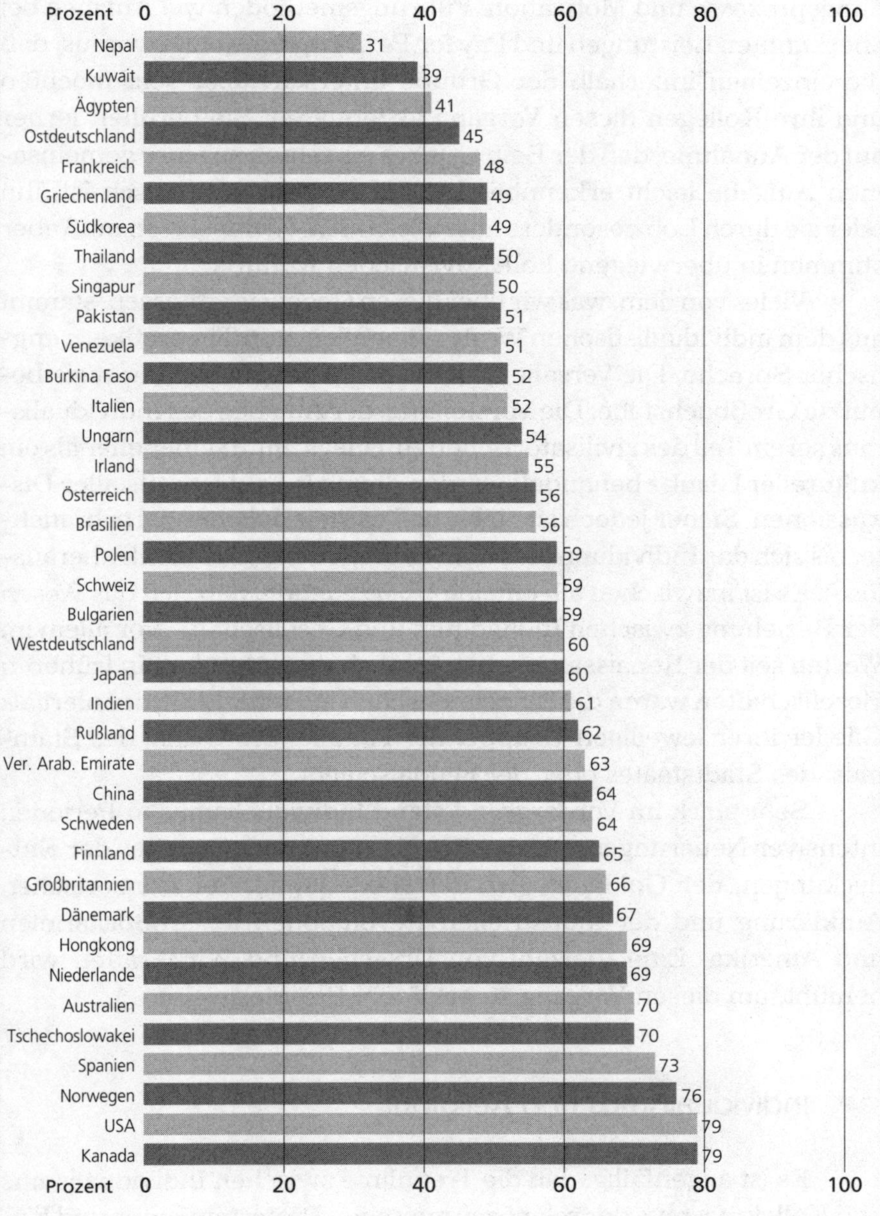

Abbildung 5.1: Lebensqualität
Prozentsatz der Befürworter individueller Freiheit (Antwort A)

Die kritischsten Bereiche sind Geschäftsverbindungen, Entscheidungsprozesse und Motivation. Führungsmethoden wie Aufstieg bei anerkannten Leistungen und Pay for Performance setzen voraus, daß die einzelnen innerhalb der Gruppe unterscheidbar sein möchten und ihre Kollegen diesen Vorgang akzeptieren. Sie beruhen ferner auf der Annahme, daß der Beitrag jedes einzelnen zu einer gemeinsamen Aufgabe leicht erkennbar ist und es unproblematisch ist, ihn oder sie durch Lob besonders auszuzeichnen. Nichts davon muß aber stimmen in überwiegend kollektivistischen Kulturen.

Vieles von dem, was wir über diesen Gegenstand wissen, stammt aus dem individualistischen Westen, vor allem von Theoretikern englischer Sprache. Die Versalie *I*, »ich«, ist im Englischen der meistbenutzte Großbuchstabe. Die Vorstellung, der Aufstieg des Individualismus sei ein Teil des zivilisatorischen Aufstiegs, muß selber eher als ein kultureller Glaube behandelt werden denn als Fakt jenseits aller Diskussionen. Sicher jedoch ist eines, daß es viele Jahrhunderte brauchte, bis sich das Individuum aus dem es umgebenden Kollektiv herauslöste. Es ist inzwischen allgemeine Überzeugung, daß sich das Wesen der Beziehung zwischen Individuum und Gesellschaft – vor allem im Westen seit der Renaissance – beträchtlich verändert hat. In früheren Gesellschaften waren die Einzelmenschen in erster Linie definiert als Glieder ihrer jeweiligen Gruppe: der Familie, des Clans, des Stammes, des Stadtstaates oder der Feudalschicht.

Sehr stark im Vordergrund stand Individualismus in Perioden intensiver Neuerungen wie der Renaissance, dem Zeitalter der Entdeckungen, der Goldenen Ära der Niederlande, der französischen Aufklärung und der industriellen Revolutionen in Großbritannien und Amerika. Eine Vielzahl von Ursachen und Wirkkräften wird bemüht, um diesen Vorgang zu erklären. Beispielsweise:

Individualismus und Religion

Es ist augenfällig, daß die Trennlinie zwischen Individualismus und Kollektivismus der religiösen zwischen Protestantismus und Katholizismus folgt. Kalvinisten haben Verträge oder Abmachungen mit Gott und untereinander, für die sie persönlich verantwortlich sind.

Jeder gläubige Puritaner nähert sich Gott als Einzelwesen und sucht Rechtfertigung durch seine Werke. Römisch-katholische Menschen suchen Verbindung zu Gott als eine Gemeinschaft der Gläubigen. Untersuchungen haben gezeigt, daß Katholiken bei ihren Entscheidungen stark gruppenorientiert sind, was bei Protestanten deutlich geringer ausgeprägt ist. Die Forschungsergebnisse von Geert Hofstede[2] bestätigen diesen Sachverhalt, ebenso meine eigenen Beobachtungen, daß romanische katholische Kulturen ebenso wie asiatische Kulturen des pazifischen Raums weniger Nachdruck auf Individualismus legen als der protestantische Westen, also beispielsweise Großbritannien, Skandinavien (wo er die Regel ist), die Niederlande, Deutschland, die USA und Kanada.

Individualismus und Politik

In der Geschichte mancher Länder wurde Individualismus von diversen politischen Gruppierungen zum Programm gemacht (oder auch bekämpft). Daß seine Ethik es heute zu dieser Kraft gebracht hat, hängt vor allem ab von dem Erfolg seiner Vertreter. Er siegte in Amerika, wird aber immer noch hartnäckig von der französisch-katholischen Tradition attackiert, obgleich dem Frankreich des 18. Jahrhunderts durch Voltaire und Rousseau die Freuden des Individualismus vorgeführt wurden. Ein Jahrhundert später verfochten die französischen Sozialisten mit Nachdruck die positiven Auswirkungen des Individualismus, entwarfen eine neue Unabhängigkeit von traditionellen Strukturen und wiesen die Autorität religiöser, ökonomischer und intellektueller Hierarchien in ihre Schranken. Die französische Wirtschaft mag noch heute daran kranken, daß die wirtschaftsfreundliche Liberale Partei Frankreichs an der Macht war, als ihr Land 1940 überraschend den Nazis in die Hand fiel. In Großbritannien wurde das Erfolgsgefühl des britischen Individualismus, wenigstens in der Wirtschaft, durch Mrs. Thatcher und ihre Revolution stimuliert.

Individualismus – Voraussetzung der Modernisierung?

Ferdinand Tönnies[3] schrieb, daß Individualismus oder Ich-Orientierung ein entscheidendes Element der modernen Gesellschaft ist. Er unterstellt, daß wir im Zuge der Modernisierung von der *Gemeinschaft*, einem auf die Familie gegründeten vertrauten sozialen Zusammenhang, in welcher der Einzelmensch nicht besonders hervorgehoben ist, übertreten in die *Gesellschaft*, ein Arbeitsfeld voll individueller Aufgaben und differenzierter Verantwortlichkeiten. Auch Adam Smith[4] sah in der Arbeitsteilung einen Individualisierungsprozeß. Max Weber[5] gab dem Individualismus Bedeutung für vieles: Menschenwürde, Autonomie (will heißen »Selbstbestimmung«), Privatheit und die Chance des einzelnen, sich weiterzuentwickeln.

In vielen Ländern des Westens halten wir es für selbstverständlich, daß der Genius des einzelnen schöpferisch die Wirtschaft beeinflußt, neue Produkte erfindet, hohe Summen verdient und unser aller Zukunft formt. Doch ist das wirklich so? Wieviel davon ist tatsächlich individuelles persönliches Verdienst, und wieviel davon ist dem Beitrag der um die einzelnen herum organisierten Mitarbeiter zu verdanken? Warum wird es immer mehr zur Ausnahme, daß Nobelpreise für wissenschaftliche Leistungen an Einzelpersonen vergeben werden? Wenn der kreative Geist Ideen miteinander verbindet, wo kommen sie her, wenn nicht aus der Gemeinschaft? Sind wir wirklich »selfmade«, oder haben nicht auch unsere Eltern, Lehrer und Freunde ihren Teil an uns?

Das folgende Dilemma, mit dem wir diese Dimension ergründen wollen, zeigt, daß Menschen aus verschiedenen Kulturen verschiedene Aussagen über angemessene Arbeitsweisen machen.

Es gibt zwei Arten, wie Menschen arbeiten können.

A: Die eine ist der individuelle Weg: Man arbeitet allein. So ist man weitgehend sein eigener Herr. Der einzelne kann die meisten Dinge allein entscheiden, und wie er dabei verfährt, ist seine eigene Sache. Man muß nur auf sich selber Rücksicht nehmen, ohne daß einem andere ständig auf die Finger schauen.

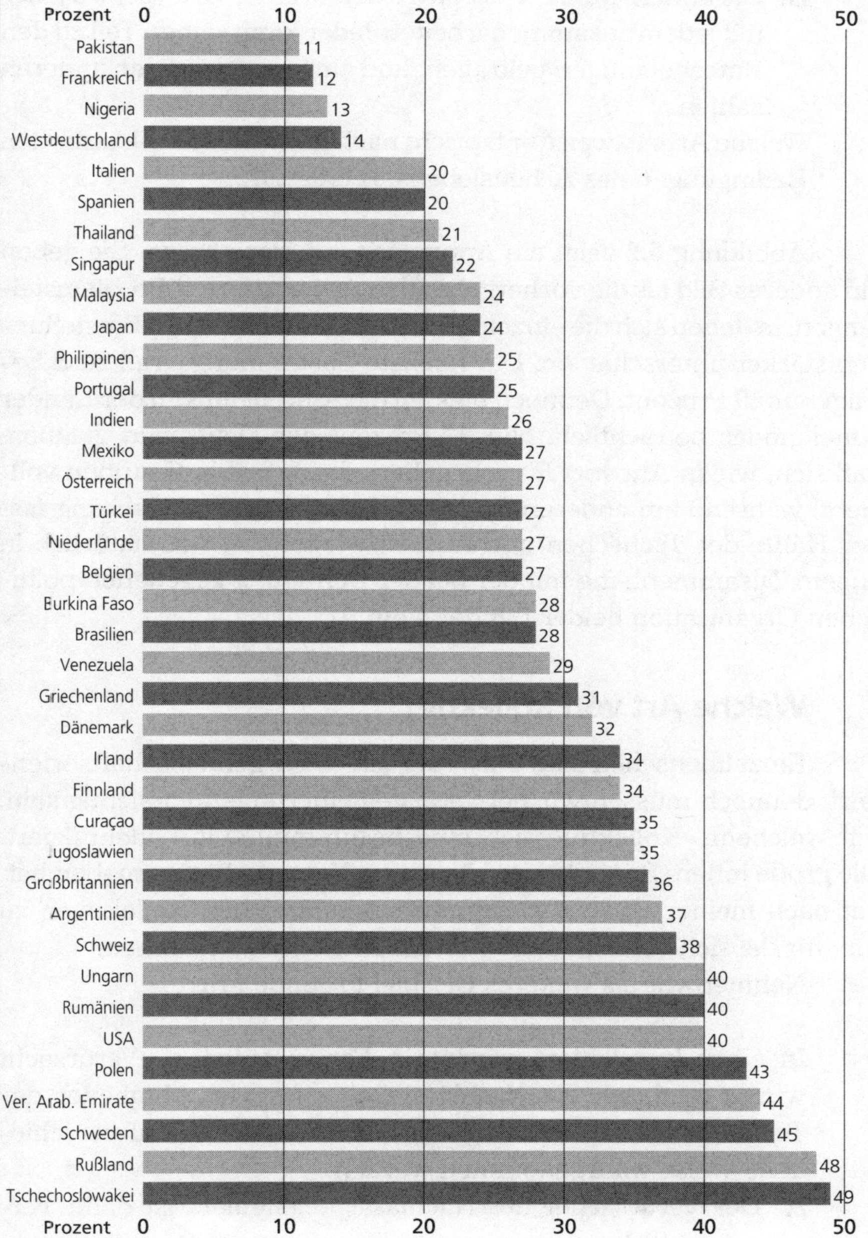

Abbildung 5.2: Zwei Arbeitsweisen
Anteil der Antworten zugunsten kollektiver Arbeitserfahrung

B: Die andere Methode ist die Arbeit in einer Gruppe, wo jeder mit jedem zusammenarbeitet. Jeder kann seinen Teil zu den Entscheidungen beitragen, und einer kann auf den anderen zählen.

Welche Arbeitsweise entspricht nach Ihrer Meinung besser den Bedingungen des Arbeitslebens, A oder B?

Abbildung 5.2 zeigt die Antworten auf diese Frage. Sie geben ein anderes Bild als die vorhergehenden Antworten auf Problemstellungen, in denen sich die einzelnen Nationalitäten in ihren Einstellungen stärker unterschieden. Der höchste Zustimmungsgrad zu B beträgt nur 49 Prozent. Dennoch bleiben die Abweichungen der Länder voneinander beträchtlich. Nur 14 Prozent der Deutschen glauben, daß sich, wie in Antwort B vorgegeben, die Arbeit in Gruppen vollzieht, während am anderen Ende der Skala dies die Erfahrung fast der Hälfte der Tschechen und Russen wiedergibt, was natürlich in engem Zusammenhang mit der bei der Befragung gegebenen politischen Organisation beider Länder steht.

Welche Art von Kollektiv?

Einzelmenschen sind entweder ich- oder gemeinschaftsorientiert, dennoch müssen wir bei Verallgemeinerungen vorsichtig sein, mit welchem »Kollektiv« sich eine bestimmte Kultur identifiziert. Die große innere Spannbreite, die meine Untersuchung ergeben hat, hat nach meiner Überzeugung mit den zahlreichen Kollektiven zu tun, für die sich verschiedene Kulturen entscheiden können.

Nehmen wir als weiteres Beispiel folgende Frage:

In einer Installation wurde ein Fehler entdeckt. Verursacht wurde er durch die Nachlässigkeit eines der Mitglieder des Teams. Die Verantwortung für den Fehler kann auf verschiedene Weise wahrgenommen werden.

A: Der Verursacher des Nachlässigkeitsfehlers ist dafür verantwortlich.

B: Da er oder sie in einem Team arbeitet, muß die Verantwortung von der Gruppe übernommen werden.

Welche der beiden Methoden der Haftbarmachung ist nach Ihrer Meinung in Ihrer Gesellschaft üblich, A oder B?

Diese Frage ruft in vielen Fällen eine ähnliche Reaktion hervor wie die vorhergehende, aber man kann auch deutliche Veränderungen feststellen. Das liegt an der Heterogenität der Auffassung von »Kollektiv« oder »Gruppe«. Für jede einzelne Gesellschaft ist es unerläßlich, die Gruppe zu bestimmen, mit der sich die einzelnen am stärksten identifizieren. Sie können sich besonders intensiv mit ihrer Gewerkschaft, ihrer Familie, ihrem Unternehmen, ihrer Religion, ihrem Beruf, ihrer Nation oder der Staatsmacht identifizieren. Die Franzosen neigen zu besonderer Identifikation mit »la France, la famille, le cadre«, die Japaner mit der Firma, der frühere Ostblock mit der Kommunistischen Partei und Irland mit der römisch-katholischen Kirche.

Derartige kollektive Ziele können sich positiv oder negativ auswirken für die Industrie; das hängt ab von dem jeweils betroffenen Kollektiv, seiner Einstellung zu und Bedeutung für wirtschaftliche Entwicklungen.

Abbildung 5.3 zeigt, daß die prägende Kraft der kommunistischen Organistion auf russische und osteuropäische Manager sehr begrenzt war. Bei ihnen finden wir Höchstwerte in der Annahme individueller Verantwortung. Die Amerikaner rangieren mit 40 Prozent im Mittelfeld der Skala, etwas unter den meisten europäischen Ländern mit Ausnahme Großbritanniens, das gemeinsam mit Japan 36 Prozent für die individualistische Antwort zeigt. In der Beziehung zu Dritten wird sich die Einstellung zu der gegebenen Situation natürlich ändern: Werden Amerikaner kritisiert, ist es gut möglich, daß Bill den Pete anstößt und fragt, wessen verrückte Idee das war, während Italiener unter Protest den Saal verlassen, als habe man sie alle zu Unrecht beleidigt – ungeachtet der Tatsache, daß Giorgio der Übeltäter war.

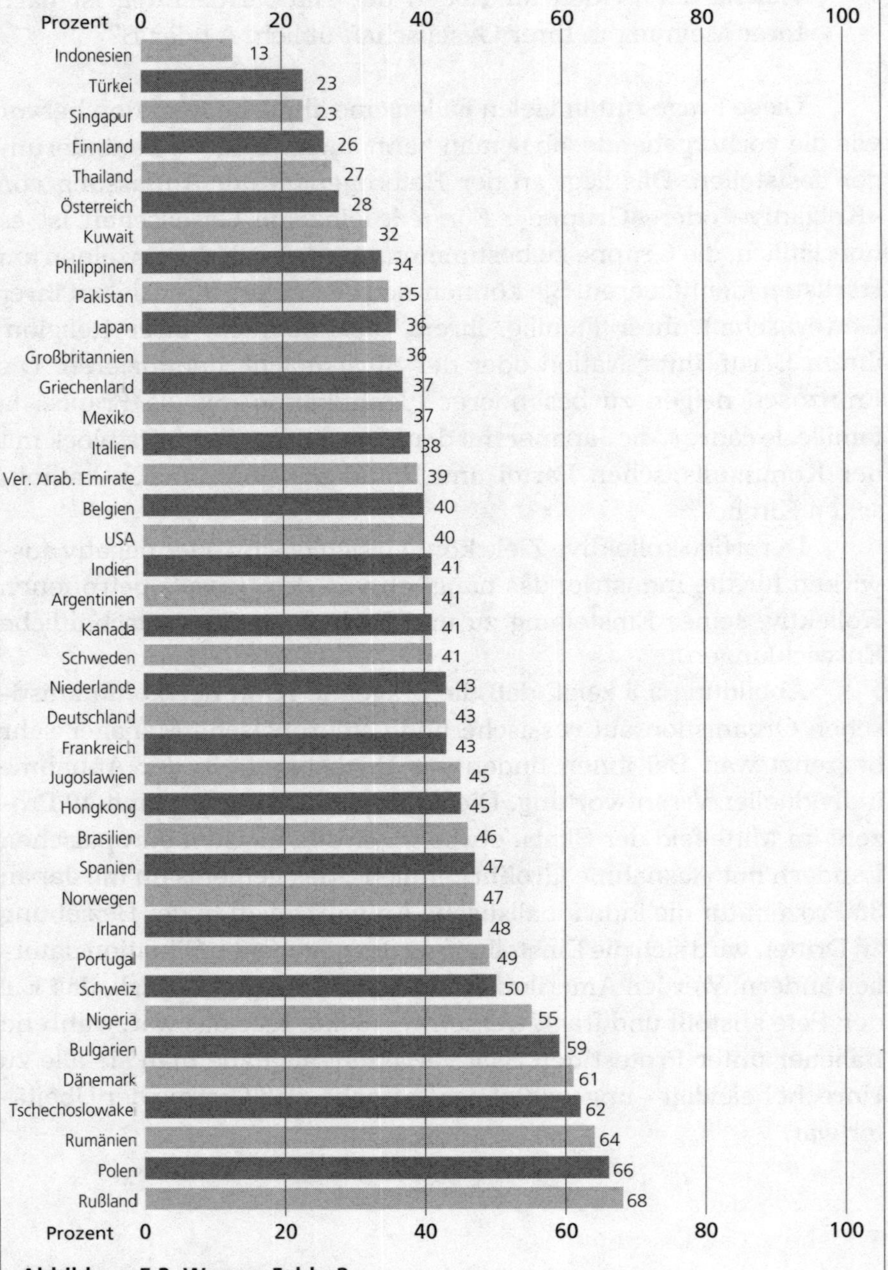

Abbildung 5.3: Wessen Fehler?
Prozentsatz der Antworten zugunsten individueller Verantwortung

Individualismus – eine Notwendigkeit für Unternehmen?

Während die Franzosen Individualismus eher negativ erfahren, sehen die optimistischen Deutschen darin, nach den Worten von Simmel[6], »eine organische Einheit von Individuum und Gesellschaft«. Amerika mit seinen ungeheuer weiten, für Einwanderer aller Art offenen Landstrichen wird oft als der Hauptvertreter des Individualismus angesehen, und in der Tat zeigt es hier fast immer die höchsten Werte auf unseren Skalen. De Tocqueville, der französische Aristokrat und Soziologe, schrieb im 19. Jahrhundert über die Amerikaner, sie stellten »ein starkes Selbstvertrauen, ein Sichverlassen auf die eigenen Kräfte und Möglichkeiten« zur Schau. Die »Commission of National Goals« stellte in ihrem Bericht an US-Präsident Eisenhower fest, daß die Möglichkeit zur individuellen Selbstverwirklichung *das* zentrale Ziel der amerikanischen Zivilisation sei.

Doch gibt es auch abweichende Äußerungen über den Nutzen des Individualismus, selbst in Amerika. Der Harvard-Soziologe Daniel Bell[7] gibt dem Konsumenten-Typ-Individualismus, den er als Modernismus bezeichnet, die Schuld an der Schwächung der industriellen Infrastruktur Amerikas. Bei weiterem Fortschreiten der Informationsgesellschaft werden jene Gemeinschaften mit einem kollektiven Ethos die Informationen schneller verarbeiten. Information ist auf eine Weise teilbar, wie es gegenständliche Produkte nie sind. Bell und Nelson[8] sehen einen Wechsel von der »stammesbezogenen Brüderlichkeit«, die Individualität ausschließt, zur »universalen Andersheit«, die sie einschließt, auch wenn sie sich auf übergeordnete Gruppenziele bezieht.

Ein visionärer Ruf nach der Integration von Individualismus und Kollektivismus kam von Emile Durkheim, dem französischen Soziologen des 19. Jahrhunderts. Nach ihm kann Kollektivismus sowohl primitive als auch moderne Formen annehmen. In seiner primitiven Form hat die Gesellschaft ein kollektives Bewußtsein, von dem niemand wagen darf abzuweichen. Das Individuum wird vom Kollektiv beherrscht. Durkheim nannte das *mechanische Solidarität*, die er am Verschwinden sah, denn die Industrialisierung hatte eine Arbeitsteilung zur Voraussetzung, an die sich anzupassen mechanische Solidarität zu träge ist. Dies könnte auch den frühen ökonomischen Erfolg individualistischer (und protestantischer) Nationen erklären.

Doch Durkheim sah auch eine spätere, entwickeltere Form freiwilliger Integration zwischen souveränen Wesen, die er *organische Solidarität* nannte. Die Ausbreitung der Arbeitsteilung hätte zur Folge, daß das Individuum zunehmend weniger Charakteristiken mit anderen Individuen der gleichen Gesellschaft teile, was eine neue Form der sozialen Integration hervorrufe. Dies vollzöge sich in der Art einer quasi biologischen Integration, wie man sie in sich entwickelnden Organismen findet, die gleichzeitig differenziert und integriert sind. 1965 stellten Paul Lawrence und Jay Lorsch[9] fest, daß außerordentlich kreative Kunststoffirmen, die selbst unter schwierigen Bedingungen prosperierten, sich durch ein höheres Maß sowohl an Differenziertheit wie Integration auszeichnen. Dies war eine Rechtfertigung für das Modell des organischen Wachstums und verwies auf die immer notwendigere Synthese von Individualismus und Kollektivismus in zunehmend komplizierter werdenden differenzierten und interdependenten Gesellschaften. Charles Hampden-Turner[10] stellt

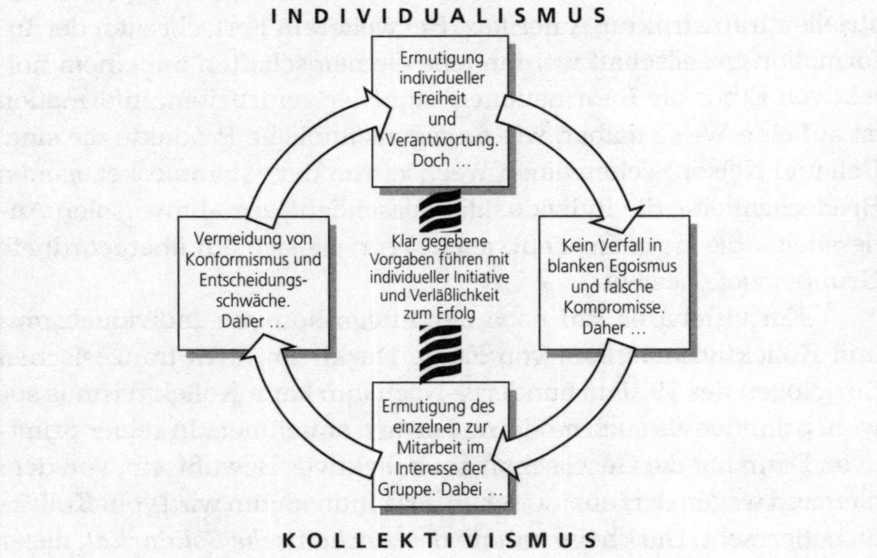
INDIVIDUALISMUS
Ermutigung individueller Freiheit und Verantwortung. Doch …
Kein Verfall in blanken Egoismus und falsche Kompromisse. Daher …
Ermutigung des einzelnen zur Mitarbeit im Interesse der Gruppe. Dabei …
Vermeidung von Konformismus und Entscheidungs-schwäche. Daher …
Klar gegebene Vorgaben führen mit individueller Initiative und Verläßlichkeit zum Erfolg
KOLLEKTIVISMUS

Abbildung 5.4: Der Ausgleich zwischen Individualismus und Kollektivismus

das Problem als einen wesensmäßigen Zirkel dar mit zwei »Ausgangspunkten« (siehe Abbildung 5.4).

Wir alle durchlaufen diese Zyklen, aber beginnen an verschiedenen Ausgangspunkten und mit unterschiedlichen Auffassungen von Mittel und Zweck. Die individualistische Kultur hat das Individuum zum »Zweck« und sieht die Verbesserung kollektiver Bedingungen als das notwendige Mittel dazu. Die kollektivistische Kultur sieht die Gruppe als ihren Zweck an und die Verbesserung individueller Möglichkeiten als ein Mittel dazu. Wenn die Beziehung wirklich zirkelförmig ist, dann ist die Entscheidung, ein Element als Zweck oder Ziel und ein anderes als Mittel zu bezeichnen, künstlich. Per Definition sind Zirkel unendlich. Jedes »Ende« ist also Mittel zu einem anderen Ziel.

Dies ähnelt meiner persönlichen Überzeugung, daß Individualismus seine Erfüllung im Dienst für die Gruppe findet, während Gruppenziele nur dann von nachhaltigem Wert für Individuen sind, wenn diese Individuen konsultiert und in den Entwicklungsprozeß einbezogen sind. Der Ausgleich ist nicht einfach, aber möglich.

Individualismus contra Kollektivismus in der internationalen Wirtschaft

Wie zeigen sich in der Praxis die Auswirkungen der graduellen Unterschiede von Individualismus und Kollektivismus? Wenden wir uns dazu wieder unserer Fortsetzungsgeschichte über MCC und den glücklosen Mr. Johnson zu.

> Anläßlich einer Konferenz in Mailand stellte Mr. Johnson die Konzeption für das Entlohnungssystem vor, das die Verkaufskräfte motivieren sollte. Er war ärgerlich geworden über den Stil, in welchem diese Treffen immer abliefen, und entschlossen, Spielregeln dafür einzuführen, wie diese Besprechungen zukünftig ablaufen sollten. Ihm paßte nicht, daß die Vertreter der Niederlassungen aus Singapur und Afrika immer in Gruppen auftraten. Er meinte, sie sollten sich untereinander bitte auf einen einzigen Repräsentanten einigen. Und könne Herr Sin

aus Singapur nicht dafür sorgen, daß sein Chef immer von derselben Person vertreten werde und nicht bei jeder Gelegenheit von anderen Leuten?

Diese Vorschläge fanden bei einigen Managern keinen großen Anklang. Herr Sin, Mr. Nuere aus Nigeria und Monsieur Calamier aus Frankreich wollten die Gründe für diese »Anregung« wissen. Herr Sin fragte, wenn verschiedene Themen auf der Tagesordnung stünden, warum dann nicht auch verschiedene Firmenvertreter mit dem jeweiligen Spezialwissen kommen sollten? Nachdem die Diskussion darüber bereits über eine Stunde gelaufen war, schlug Mr. Johnson im Vertrauen auf Rückenstärkung durch die meisten seiner europäischen Manager vor, man solle darüber abstimmen.

Aber selbst das rief Widerspruch hervor. Monsieur Calamier warf seine Arme hoch und sagte, er sei schockiert darüber, daß man in einer solch sensiblen und wichtigen Frage über die Köpfe einer Minderheit hinweg eine Entscheidung erzwingen wolle. Man müsse unbedingt darüber zu einer Einigung kommen, auch wenn man dazu eine weitere Stunde benötige. Herr Sin stimmte zu, Abstimmungen sollten einfachen Fragen vorbehalten bleiben. Johnson blickte Unterstützung suchend nach den Teilnehmern aus Deutschland und Skandinavien, aber zu seiner Überraschung waren auch sie der Meinung, daß man mehr Mühe auf einen Konsens verwenden solle. Er war zu frustriert, um auf den Vorschlag des niederländischen Managers zu antworten, man solle doch darüber abstimmen, *ob* man darüber abstimmen solle. Schließlich verlangten die Nigerianer, daß die weitere Diskussion und die Frage der Abstimmung bis zum nächsten Treffen vertagt werden sollten. Wie sonst wären die Anwesenden in der Lage, die Ansicht ihrer Kollegen zu Hause zu vertreten.

Schweren Herzens gab Johnson sein Einverständnis. Man hätte sonst die Diskussion über das Entlohnungssystem verschieben müssen.

Repräsentanz

Die zuvor geschilderte Episode macht deutlich, daß kollektivistische Kulturen eine mehrköpfige Vertretung vorziehen. Die Singapurer, Nigerianer und Franzosen stellen Verhandlungsgruppen zusammen, die den Mikrokosmos der Interessen ihrer gesamten nationalen Firmentochter widerspiegeln sollen. Angesichts unerwartet auftretender Fragen möchten sich Kollektivisten mit den »Leuten zu Hause« beraten. Selten geht ein einzelner Japaner zu einer wichtigen Besprechung. Für Angelsachsen jedoch ist der einzelne Vertreter, der nach bestem Wissen und Gewissen für seine Wähler votiert, der Grundstein parlamentarischer Demokratie. Für kollektivistischere Kulturen sind die Teilnehmer an einem solchen Treffen Delegierte, die an die Wünsche derer, die sie entsandt haben, gebunden sind.

Status

In kollektivistischen Kulturen werden Personen, die ohne Begleitung kommen, für von minderem Status gehalten. Wenn es niemanden gibt, der für Sie Notizen macht oder Ihren Koffer trägt, können Sie nicht sehr wichtig sein. Sollten Sie etwa ohne Begleitung in Thailand erscheinen, wird man Ihren Status und Ihren Einfluß, den Sie zu Hause haben, stark unterschätzen.

Übersetzer

Bei Verhandlungen angelsächsischen Stils geht man von der Neutralität des Übersetzers aus, hält ihn quasi für einen Computer, in den Worte in einer Sprache eingegeben werden und Worte in einer anderen Sprache herauskommen. In vorwiegend kollektivistischen Kulturen dient der Übersetzer in der Regel seiner nationalen Gruppe, wird von ihr ausführlich befragt und hat die Aufgabe, bei Mißverständnissen sowohl kultureller wie auch terminologischer Art zu vermitteln. Sehr oft kann er oder sie der Verhandlungsführer der Gruppe sein und ist mehr Interpret als Übersetzer.

Entscheidungsfindung

Bei Kollektivisten beansprucht der Entscheidungsprozeß in der Regel weitaus mehr Zeit, und es bedarf anhaltender Mühe, um die Einwilligung aller zu dem Konsens zu erreichen. Die Abweichler niederzustimmen, wie es oft in englischsprechenden westlichen Demokratien der Fall ist, gilt als inakzeptabel. Es bedarf gewöhnlich eingehender Konsultationen mit allen Betroffenen und des verstärkten Nachdrucks zur Einigung auf gemeinsame Ziele, um den Konsens herbeizuführen. Wenn nicht zuvor die Gruppe oder das Heimatbüro befragt wurde, kann sich ein anfängliches »Ja« später leicht in ein »Nein« verkehren.

Die Vielzahl weniger wichtiger Ablehnungsgründe ist meist mehr praktischer als persönlicher oder prinzipieller Natur. Daraus ergeben sich auch Unterschiede in der Konsensbildung. Wenn jedoch die zuvor Befragten den Konsens in die Praxis umsetzen sollen, dann vollzieht sich diese Phase meist reibungslos und leicht. Die (aus der Sicht eines Individualisten) »vergeudete« Zeit wird wieder eingeholt, wenn die neuen Prozeduren wie vorgesehen ins Werk gesetzt werden. Der japanische *Ringi*-Prozeß, wo Vorschläge die Runde machen und Kompromisse angeboten werden, ist das berühmteste Beispiel solch kollektivistischer Entscheidungsfindung.

Eine japanische Firma hatte in den südlichen Niederlanden eine Fabrik errichtet. Wie üblich ging die Vorbereitung mit besonderer Sorgfalt bis ins Detail. In der Planungsphase jedoch entdeckte man, daß eine Auflage nicht berücksichtigt worden war. Die gesetzliche Mindesthöhe für Werkräume betrug 4 cm mehr als im Entwurf vorgesehen. Ein neuer Entwurf, für den ausgiebige Konsultationen mit vielen Leuten in der Zentrale in Tokio nötig waren, brauchte einen ganzen Monat – pro Zentimeter – zur Genehmigung.

Aber es wäre zu leicht für Nordamerikaner und Nordwesteuropäer, sich mit ihrem gewohnten Individualismus über solche Hemmnisse zu amüsieren. In individualistischen Kulturen ist der Entscheidungsprozeß in der Regel sehr kurz, wenn ein einzelner mit »tödlicher Sicherheit« in wenigen schicksalhaften Sekunden »einsame Entscheidungen« trifft. Während dies für schnellere Verhandlungsergebnisse sorgt und eine Spielwiese für »One-minute-Manager« ist, kann man oft Monate später entdecken, daß sich die Organisation gegen die getroffenen Entscheidungen verschworen hat, weil sie anderen Managern nicht paßten oder falsch erschienen. Zeitersparnis bei der Entscheidungsfindung zieht oft deutliche Verzögerungen wegen der Probleme in der Umsetzphase nach sich.

Die individualistische Gesellschaft mit ihrer Achtung persönlicher Überzeugungen verlangt immer wieder nach Abstimmungen, damit ja alle Nasen in die gleiche Richtung zeigen. Die Kehrseite zeigt sich darin, daß sie nach kurzer Zeit wieder alle in die gewohnte Richtung zeigen. Die kollektivistische Gesellschaft meidet intuitiv Abstimmungen, weil sie wenig Achtung vor den Menschen zeigen, die gegen die Mehrheitsentscheidung sind. Sie zieht vor, zu beraten, bis ein Konsens erreicht ist. Es dauert dadurch länger, bis das Endergebnis erreicht ist, aber es ist von längerer Dauer. In individualistischen Gesellschaften besteht häufig eine Diskrepanz zwischen Entscheidung und Durchsetzung.

Individualismus, Kollektivismus und Motivation

Für die Frage der Motivation von Menschen spielt die Beziehung zwischen Individuum und Gruppe ebenfalls eine wichtige Rolle. Mr. Johnson glaubte, daß er und MCC wußten, was die Mitarbeiter motiviert: Extragehälter als Belohnung für die erfolgreichsten Einzelkämpfer. All das schien zu Hause bei den Konferenzen in Missouri sonnenklar, doch nun beschlichen ihn Zweifel. Konnte er sich nach der vorausgegangenen Diskussion noch irgendeiner Sache sicher sein?

In der Frage der Repräsentanz gelang es Mr. Johnson schließlich, einen Kompromiß herbeizuführen. Jedem nationalen Büro sollte gestattet sein, auf Wunsch bis zu drei Vertreter zu entsenden, aber keinen mehr. Über diesen Beschluß wurde nicht abgestimmt, da alle einverstanden waren. Nun konnte er sich endlich der Einführung des Pay-for-Performance-Systems zuwenden und der Frage der Boni und Prämienzahlungen für das nächste Jahr.

Wie üblich begann er mit einem Überblick über die Lage in Amerika. Vor drei Jahren war das System erstmals erprobt worden. Generell gesehen, erklärte er, konnte man einen Zusammenhang zwischen der Anwendung dieses Systems und dem Verkauf von Computern feststellen, wenn auch erwähnt werden müsse, daß ein ähnliches System im Herstellungsbereich völlig versagt habe. Eine andere Methode der erfolgsorientierten Entlohnung würde zur Zeit getestet. Bei diesem revidierten Modell rechne man mit keinen Problemen. »Alles in allem«, sagte Johnson, »sind wir fest davon überzeugt, daß wir dieses System weltweit einführen sollten.«
Die nordwesteuropäischen Teilnehmer gaben dazu sorgfältig überlegte, aber positive Kommentare. Dann begann der Vertreter Italiens, Signor Gialli, seine Erfahrung mit diesem System zu beschreiben. In seinem Land sei das Experiment Pay for Performance in den ersten drei Monaten weitaus besser verlaufen, als er erwartet hatte. Doch die folgenden drei Monate waren verheerend. Die Verkaufsergebnisse desjenigen, der in dem vorhergehenden Zeitraum der erfolgreichste war, seien dramatisch gesunken. Gialli fuhr fort: »Nach vielen Gesprächen entdeckte ich schließlich, was geschehen war. Der Verkäufer, der im vorhergehenden Quartal den Bonus erhalten hatte, fühlte sich den anderen gegenüber schuldig und versuchte mit allen Mitteln zu verhindern, daß er im nächsten Quartal wieder den Bonus erhielt.«
Schließlich, verkündete der italienische Manager, werde man im nächsten Versuchsjahr den italienischen Markt in neun Regionen aufteilen. Allen Verkäufern einer Region solle erlaubt sein, selbst zu entscheiden, den erzielten Bonus lieber individuell zu gewähren oder gleichmäßig aufzuteilen. Die unverblümte Reaktion des niederländischen Managers darauf: »Ich habe noch nie von so einer verrückten Idee gehört.«

Dieses Erlebnis zeigt, daß es mindestens zwei Quellen gibt, aus denen sich Motivation speist. Die Menschen arbeiten einmal wegen der materiellen Entlohnung, zum anderen aber wegen der positiven Anerkennung und Unterstützung ihrer Kollegen. In mehr kollektivistischen Kulturen kann diese zweite Quelle der Motivation so stark sein, daß besonders Erfolgreiche vorziehen, die Früchte ihrer Anstrengung lieber mit ihren Kollegen zu teilen, als für sich persönlich ein Extragehalt einzustreichen.

Westliche Theorien der Motivation sehen den einzelnen herauswachsen aus archaischen, und daher primitiven, sozialen Bedürfnissen bis hin zum strahlenden Gipfel individueller Selbsterfahrung. Man braucht kaum hinzuzufügen, daß das nicht überall auf der Welt so gesehen wird, auch wenn es als Theorie gut sein mag für Amerika und Nordwesteuropa. Die japanische Vorstellung vom höchsten Ziel ist Harmonie in den Beziehungen der Menschen untereinander und zu den Kräften der Natur; die Grundorientierung richtet sich auf die Mitmenschen und die natürliche Umwelt.

Unterschiede der Organisationsstruktur

Individualistische Kulturen verstehen Organisationen (ein von dem griechischen *organon* abgeleiteter Begriff) als unverzichtbare soziale Instrumente. Sie werden aus wohlüberlegten Gründen geplant und aufgebaut, um etwa auf dem Gebiet der Wirtschaft einzelnen Eigentümern, Beschäftigten und Kunden zu dienen. Ihre Mitglieder treten zueinander in Beziehungen, weil das in ihrem individuellen Interesse liegt. Ihre Bindungen sind abstrakter Natur, durch Gesetze und Verträge geregelt. Die Organisation ist ein Ausdruck dessen, was ihre Betreiber für sich selber zu erreichen wünschen. Auch wenn sie mit anderen kooperieren, verfolgen sie dabei doch eigene Interessen. Jeder spielt seine eigene und spezielle Rolle und erhält dafür eine erkennbare Belohnung. Autorität gründet in dem Geschick des einzelnen, seine Aufgaben zu erfüllen. Seine persönlichen Kenntnisse und Fähigkeiten tragen zum Erfolg der Arbeit der Organisation bei.

In kollektivistischen Kulturen ist die Organisation nicht sosehr das Geschöpf oder Instrument ihrer Gründer als ein soziales Gebilde, an dem alle Mitglieder teilhaben und das ihnen Sinn und Zweck gibt. Oft erscheinen Organisationen wie eine große Familie, Gemeinschaft oder ein Clan, die ihren Mitgliedern Unterhalt bieten und Entwicklungsmöglichkeiten und die dauerhafter sein können als ihre eigene

Existenz. Wachstum und Prosperität von Organisationen haben nicht den Sinn, sie zu Goldgruben für private Anteilseigner oder zum Schlaraffenland für Topmanager zu machen, sondern sind Wert an sich. (Siehe hierzu auch Kapitel 11.)

Praktische Tips für das Handeln in individualistischen und kollektivistischen Kulturen

Unterschiede erkennen

Individualismus	*Kollektivismus*
1. Man spricht mehr von »Ich«. 2. Repräsentanten entscheiden auf der Stelle. 3. Im Idealfall leisten Mitarbeiter ihre Arbeit als einzelne und fühlen sich persönlich verantwortlich. 4. Ferien verbringt man allein oder mit seinem Partner.	1. Man spricht mehr von »Wir«. 2. Delegierte entscheiden nach Rücksprache. 3. Im Idealfall leisten Mitarbeiter ihre Arbeit in Gruppen mit gemeinsam geteilter Verantwortung. 4. Ferien verbringt man in organisierten Gruppen oder im Kreis der gesamten Familie.

Tips für Geschäftsbeziehungen mit

Individualisten (für Kollektivisten)	*Kollektivisten (für Individualisten)*
1. Vorbereitet sein für schnelle Entscheidungen und nicht mit der Zentrale abgesprochene Überraschungsangebote. 2. Der Unterhändler kann im Namen seiner Auftraggeber Abmachungen treffen und stimmt ungern der Rücknahme von Zusagen zu. 3. Die härtesten Verhandlungen finden oft schon innerhalb der Organisation bei der Vorbereitung des Treffens statt. Es ist ein harter Job, die Ergebnisse des Treffens zu »verkaufen«.	1. Geduld aufbringen für zeitraubende Konsultationen und Einigungsprozesse. 2. Der Unterhändler kann nur mit Vorbehalt zustimmen und kann Zusagen nach Konsultation seiner Vorgesetzten zurückziehen. 3. Die härtesten Verhandlungen finden mit den gegenübersitzenden Kollektivisten statt. Man muß sie gewissermaßen überreden, Zugeständnisse an die vielfältigen Interessen Ihrer Firma zu machen.

4. Ein Geschäft allein zu besorgen bedeutet, daß der Betreffende bei seiner Firma Wertschätzung und Vertrauen genießt. 5. Das Ziel ist die schnelle Einigung.	4. Ein Geschäft in Begleitung von unterstützenden Personen zu besorgen deutet hin auf gehobenen Status in der Firma. 5. Das Ziel sind dauerhafte Beziehungen.
Als Manager oder vom Management Betroffener	
Individualisten	*Kollektivisten*
1. Versuchen Sie, individuelle Bedürfnisse mit Notwendigkeiten der Organisation in Einklang zu bringen. 2. Führen Sie Methoden zu individuellem Leistungsanreiz ein wie Pay for Performance, persönliche Leistungsbewertung, MBO. 3. Erwarten Sie häufige Arbeitsplatzwechsel und hohe Mobilität. 4. Besonderer Einsatz, besondere Leistung und besonderer Erfolg sollten besonders belohnt werden. 5. Geben Sie den Menschen Spielraum für individuelle Initiativen.	1. Versuchen Sie, innerhalb der Gruppe Persönlichkeit und Autorität zu integrieren. 2. Achten Sie auf Korpsgeist, Gruppenmoral und Zusammenhalt. 3. Seltener Arbeitsplatzwechsel und geringe Mobilität. 4. Loben Sie die ganze Gruppe, und vermeiden Sie jeden Anschein von Begünstigung einzelner. 5. Erinnern Sie immer an übergeordnete Ziele, die für alle gelten.

Emotionen und Beziehungen

6

In den Beziehungen der Menschen untereinander spielen gleichermaßen Verstand wie Gefühl eine Rolle. Was von beiden dominiert, hängt davon ab, ob wir *affektiv* sind, wir also unsere Gefühle zeigen und daher vielleicht auch emotionale Antworten erhalten, oder ob wir in unserem Verhalten emotional *neutral* sind.

Affektive contra neutrale Kulturen

Menschen aus emotional neutralen Kulturen äußern kaum ihre Gefühle, sondern halten sie sorgfältig unter Kontrolle. Im Gegensatz dazu zeigen in sehr affektiven Kulturen die Menschen ihre Gefühle offen durch Lachen, Mienenspiel und Gesten. Sie versuchen ihren Gefühlen unmittelbaren Ausdruck zu verleihen. Man sollte sich allerdings davor hüten, solchen Unterschieden zuviel Bedeutung beizumessen. Neutrale Kulturen sind nicht notwendigerweise kalt oder gefühllos, noch sind sie emotional gehemmt oder unterdrückt. Der Grad, in dem wir unsere Gefühle zeigen, ist oft nur durch Konventionen bestimmt. Werden in einer Kultur die Gefühle kontrolliert, so können sich doch helle Freude und tiefer Schmerz laut artikulieren. Werden in einer anderen Kultur Gefühle offen gezeigt, dann müssen besondere Emotionen lauter artikuliert werden, damit sie in das Gesamtregister passen. In Kulturen, wo jedermann emotional ist, kann es geschehen, daß man für die stärksten Gefühle keine Worte oder Ausdrucksmittel mehr findet, die angemessen wären – denn alle wurden längst benutzt.

In einer Seminarübung zu dieser Thematik werden die Teilnehmer gefragt, wie sie sich verhalten würden, wenn sie sich durch etwas bei der Arbeit gestört fühlten. Würden sie ihre Gefühle offen äußern? Abbildung 6.1 zeigt die Einstellung von Teilnehmern aus elf Ländern, in welchem Maße das offene Zeigen von Gefühlen akzeptiert würde. Am wenigsten toleriert würde es in Japan, wofür unsere Daten einen Grad von 83 Prozent für neutrales Verhalten zeigen. Erhebliche Unterschiede gibt es auch zwischen europäischen Ländern, mit Westdeutschland als dem neutralsten Land (75 Prozent) an der Spitze und Italien und Frankreich (29 bzw. 34 Prozent) am Ende der Skala. Bemerkenswert ist auch, daß Hongkong und Singapur viel niedriger rangieren als Japan oder Indonesien. Auf keinem Kontinent gibt es ein einheitliches Verhaltensmuster.

Normalerweise sind Verstand und Gefühl natürlich miteinander verbunden. So wie wir uns selber Ausdruck geben, suchen wir die Bestätigung unserer Gedanken und Gefühle in der Reaktion anderer. Ist unser Verhalten stark emotional, dann erwarten wir auch eine *direkte* emotionale Antwort: »In dieser Sache fühle ich genau wie Sie.« Ist unser Verhalten stark neutral, erwarten wir eine eher *indirekte* Antwort: »Da ich Ihrer Überlegung oder Ihrem Vorschlag zu-

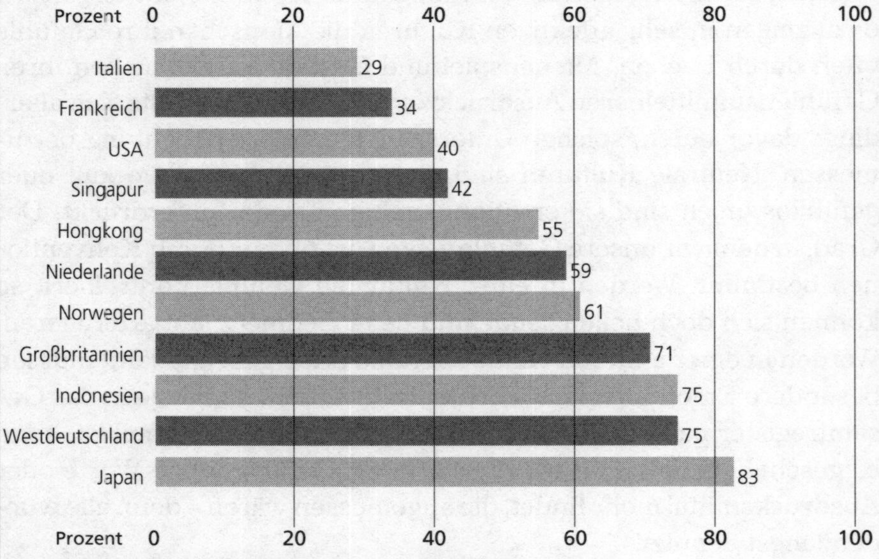

Abbildung 6.1: Sich bei der Arbeit gestört fühlen
Prozentsatz der Befragten, die das nicht offen zeigen würden

stimme, werde ich Sie unterstützen.« In beiden Fällen wird Zustimmung gesucht und gegeben, werden aber verschiedene Wege zum Ziel beschritten. Der indirekte Weg verschafft uns ein gewisses Maß emotionaler Unterstützung als Folge einer intellektuellen Bemühung. Der direkte Weg erlaubt uns, bei einem konkreten Anlaß unsere Gefühle offenzulegen, wobei Gefühle und Gedanken sich auf gänzlich andere Weise »vereinen«.

Versetzen wir uns wieder in die Situation, in welcher das italienische Büro von MCC den Vorschlag unterbreitet hatte, dem gesamten Verkaufspersonal als Gruppe die Entscheidung zu überlassen, ob sie individuelle Anreize wünsche oder die Aufteilung der Prämienzahlung unter dem ganzen Team. Es war der Vorschlag, den der niederländische Repräsentant Bergman in Kapitel 5 als »verrückte Idee« bezeichnet hatte.

> Mit erhobener Stimme fragte Giallis Kollege Signor Pauli: »Was soll das heißen, verrückte Idee? Wir haben sehr gründlich das Für und Wider erwogen und denken, daß das zum großen Vorteil der Käufer ist.«
> »Bitte, seien Sie nicht gleich erregt«, bat Mr. Johnson. »Wir sollten uns um sachliche Argumente bemühen und nicht durch emotionale Belanglosigkeiten ablenken lassen.«
> Bevor Bergman Gelegenheit hatte zu erklären, warum er die Idee für »verrückt« hielt, verließen die beiden italienischen Kollegen ostentativ den Raum, um eine Pause einzulegen. »Das nenne ich eine typisch italienische Reaktion«, bemerkte Bergman zu den übrigen Kollegen. »Bevor ich auch nur eine Chance hatte, meine Gründe darzulegen, gehen sie hinaus.«
> Die anderen Manager rutschten unbehaglich auf ihren Stühlen hin und her. Sie wußten nicht, was sie davon halten sollten. Mr. Johnson stand auf und verließ den Raum, um mit den Italienern zu sprechen.

Briten, Nordamerikanern oder Nordwesteuropäern fällt es leicht, mit Johnson oder Bergman zu sympathisieren, wenn es um »erregbare« Italiener geht. Schließlich gilt: Entweder funktioniert das Prämiensystem – oder es funktioniert nicht. Das hängt nicht ab von der

Tiefe unserer Gefühle. Es ist eine Frage des Versuchs und seiner Beobachtungen. Entsprechend dieser Einstellung ist Neutralität zweckgerichtet. Emotional kann man werden, wenn die Prämienanreize wirken oder versagen, dann ist Freude oder Enttäuschung die angemessene Reaktion. Schließlich ist es ein Zeichen von Zivilisation, seine Gefühle unter Kontrolle zu haben, oder etwa nicht?

Solche Erklärungen machen deutlich, daß man für *jede* kulturelle Norm gute Gründe anführen kann. Die Italiener waren verärgert, weil sie sich emotional mit ihrem Verkaufsteam identifizierten und intuitiv wußten, daß harter Einsatz für die anderen wie für die Kunden die Motivation eines exzellenten Verkäufers ausmacht. Sie dachten genauso, wie sie es von ihrem Verkaufspersonal wußten, über die emotionale Seite des Erfolges harter Arbeit. Herrn Bergmans »vernünftiges Urteil« war für die Italiener ohne Bedeutung. Seit wann ist die innere Befriedigung bei einer Arbeit eine nüchterne »Tatsache«? Es ist eine im höchsten Maße persönliche und kulturelle Angelegenheit. Pascal schrieb: »Das Herz hat seine eigenen Gründe, die der Verstand nicht kennt.« Aber Pascal war Franzose.

Der Stellenwert des Affektiven in verschiedenen Kulturen

Das Ausmaß sichtbarer Emotionalität macht einen der Hauptunterschiede zwischen Kulturen aus. Wir mögen denken, daß ein Franzose, der uns wegen eines Verkehrsunfalls beschimpft, tatsächlich sehr erregt ist und nahe daran, gewalttätig zu werden. In Wirklichkeit will er vielleicht nur zuallererst seine Ansicht über den Vorfall loswerden und ist auf eine ähnliche Art der Erwiderung gefaßt. Vielleicht ist er gerade wegen seines Gefühlsausbruchs weit entfernt von Gewalt. Es gibt unterschiedliche Normen über den noch zulässigen Grad von Vehemenz, der daher in manchen Ländern viel höher sein kann als in anderen.

Amerikaner beispielsweise tendieren mehr zur expressiven Seite. Vielleicht liegt das daran, daß durch die vielen Einwanderer und die immense Größe des Landes immer wieder aufs neue soziale Schranken niedergerissen wurden. Die Vorliebe für den Gebrauch von Diminutiven (»Chuck« statt Charles, »Bob« statt Robert), »Smile«-Buttons, Begrüßungsfeiern und die Schnelligkeit, mit der informelle und herzliche Beziehungen geflochten werden, all das zeugt für die Notwendigkeit, sich öfter im Leben in neuer Umgebung gesellschaftlich einzugliedern.

Ganz andere Erfahrungen macht man in kleineren Ländern wie Schweden, den Niederlanden, Dänemark, Norwegen usw. Dort kann es viel schwerer sein, *nicht* mit jemandem seiner Generation, den man von Kind auf kennt, zusammenzutreffen. Freundschaften beginnen meist früh im Leben und dauern viele Jahre, daher ist die Notwendigkeit, zu relativ Fremden besonders zuvorkommend zu sein, viel geringer.

Bei Gesellschaften, deren Normen emotionale Neutralität verlangen, gibt es eine Tendenz, Ärger, Freude und Lebhaftigkeit als »unprofessionell« vom Arbeitsplatz zu verbannen. Signor Pauli von MCC hat offensichtlich seinen »kühlen Kopf« verloren, ein Urteil, das zeigt, wie sehr man ein kühl-diszipliniertes Äußeres schätzt. In Wirklichkeit hält Pauli vielleicht Bergman für emotional tot oder denkt, er verberge seine wahren Gefühle hinter einer trügerischen Maske. Wie wir in Kapitel 7 sehen werden, wenn wir die Frage diskutieren, wie spezifisch im Gegensatz zu diffus Gefühle sein können, sind in der Frage der öffentlichen Gefühlsäußerung zwei Probleme enthalten. Sollen Emotionen bei Geschäftskontakten *gezeigt* werden? Oder sollen sie *getrennt* werden vom Vorgang des Verhandelns und Diskutierens, weil sie ihn nur stören würden?

Amerikaner neigen dazu, Emotionen zu zeigen, sie aber von »objektiven« und »rationalen« Entscheidungen fernzuhalten. Italiener und südeuropäische Völker neigen ganz allgemein dazu, sie bei jeder Gelegenheit zu zeigen. Niederländer und Schweden dagegen wollen sie weder zeigen noch bei bestimmten Fragen zulassen. Auch hier gilt wieder: Bei all diesen Unterschieden gibt es kein Gut oder Schlecht, Richtig oder Falsch. Man kann argumentieren, daß in Schach gehaltene Gefühle das Urteilsvermögen beeinflussen – trotz aller Mühe, »rational« zu sein. Oder man kann einwenden, daß starke Gefühlsäußerungen es jedem Anwesenden schwerer machen, seine Gedanken in Ordnung zu halten. Man kann ebenso über die »Mauern« spotten, die den Verstand von den Emotionen trennen, oder aber meinen, weil sie so oft durchlässig sind, könnten sie ruhig noch dicker und stärker sein.

Wenn Nordeuropäer einen südeuropäischen Politiker mit gestikulierenden Händen und anderen Gebärden im Fernsehen beobachten, sind sie unangenehm berührt. Ähnlich verhalten sich die Japaner. Ihr Sprichwort »Nur ein toter Fisch hat einen offenen Mund« entspricht dem englischen »Leere Flaschen machen den meisten Lärm«.

Vorsicht bei Humor, Understatement oder Ironie

Kulturelle Unterschiede gibt es auch bei dem zulässigen Gebrauch von Humor. In Großbritannien und Amerika beginnen wir oft unsere Seminare mit einem Cartoon oder einer Anekdote, die auf vergnügliche Weise die wichtigsten Punkte dessen ansprechen, worum es jeweils geht. Diese Methode ist stets erfolgreich. Als wir aber voller Selbstvertrauen eines unserer ersten Seminare in Deutschland mit einem Cartoon eröffneten, der kulturelle Besonderheiten satirisch darstellte, war niemandem zum Lachen. Im Gegenteil, die Teilnehmer wirkten aggressiver als zuvor. Als aber die Woche zu Ende ging, gab es eine Menge Gelächter in der Bar und gelegentlich sogar während der Sitzungen. Es war einfach zuvor auf einer professionellen Tagung unter noch Fremden noch nicht der richtige Zeitpunkt gewesen. (»Man tut so etwas nicht!«)

Die Briten gebrauchen eine Art von Humor, der Gefühle eisern unter der steifen Oberlippe zurückhält. Understatement betrachten sie als Vergnügen. Wenn ein Brite davon spricht, er sei von jemandes Präsentation »unterwältigt« oder nehme sie mit »gemäßigter Entzükkung« zur Kenntnis, dann ist das seine Methode, emotionalen Ausdruck zu *kontrollieren* – und gleichzeitig emotionale Entspannung durch Lachen zu erreichen. Der einzelne hat dabei beide Möglichkeiten offen. Ähnlich wird ein japanischer Vorgesetzter einen unfähigen Mitarbeiter dadurch tadeln, daß er ihn mit übertriebener Höflichkeit behandelt. »Ich wäre Ihnen tief verbunden, wenn Sie sich bei dieser Kleinigkeit freundlicherweise bemühen würden.« In anderer, affektiverer Sprache gesagt: »Machen Sie es! Oder . . .«

Unglücklicherweise verfehlen Understatements dieser Art ebenso wie witzige Randbemerkungen und Scherze meist ihre Wirkung auf Ausländer, selbst wenn sie die Sprache für eine normale Unterhaltung gut genug sprechen. Humor ist von der Sprache abhängig und davon, daß man bei Wortbedeutungen und Wortspielen sehr schnell schaltet.

Für Ausländer ist es jedoch nicht nur schwer, auf solche Art Gefühle loszuwerden, sie haben auch Schwierigkeiten zu erkennen, ob eine Äußerung nun ironisch sein soll oder nicht. Daher neigen sie in der Regel dazu, Engländer oder Japaner als etwas undurchsichtig einzuschätzen. Jede Äußerung, die das Gegenteil dessen meint, was tatsächlich gesagt wird, stellt daher ausländische Manager vor Probleme und sollte vermieden werden. Wenn die Insider alle lachen, fühlen sich die Ausländer ausgeschlossen und gekränkt durch die entspannte Fröhlichkeit der anderen.

Interkulturelle Kommunikation

In der Kommunikation über kulturelle Grenzlinien hinweg gibt es eine Vielzahl von Problemen, die aus den Unterschieden zwischen affektiver und neutraler Einstellung entstehen. Wir fragen die Teilnehmer unserer Seminare häufig nach ihrer Auffassung von interkultureller Kommunikation. Sie führen dann instrumentale Dinge – Sprache, Körpersprache – und allgemeinere Definitionen wie den Austausch von Gedanken und Ideen an. Natürlich ist Kommunikation von ihrem Wesen her *Austausch von Informationen*, seien es Worte, Ideen oder Gefühle. Information wiederum ist ein *Sinnträger*. Kommunikation ist nur zwischen Menschen möglich, die bis zu einem gewissen Maße gemeinsame Vorstellungen haben – womit wir wieder bei unserer Grunddefinition von Kultur sind.

Verbale Kommunikation

In der westlichen Gesellschaft finden wir eine Vorherrschaft der Verbalkultur. Unsere Kommunikationsmittel sind Papier, Film und Konversation. Zwei der in der westlichen Welt erfolgreichsten Computerprogramme, Textverarbeitung und Graphik, wurden zur Unterstützung verbaler Kommunikation entwickelt. Wir werden unruhig und nervös, wenn wir nicht mehr sprechen dürfen. Dennoch haben wir sehr verschiedene Diskussionsstile. Bei Angelsachsen beginnt B, wenn A geendet hat. Es ist unhöflich, jemanden zu unterbrechen. Die verbal aktiveren Romanen gehen weit darüber hinaus. Bei ihnen wird B häufig A unterbrechen (und umgekehrt), um zu zeigen, wie interessiert jeder an dem ist, was der andere zu sagen hat.

Der Anteil stiller Kommunikation in dem in Abbildung 6.2 für orientalische Sprachen gezeigten Muster wirkt auf westliche Menschen befremdend. Der Moment der Stille wird als Versagen der Verständigung interpretiert. Doch das ist ein Mißverständnis. Vertauschen wir einmal die Rollen: Wie kann sich ein westlicher Mensch

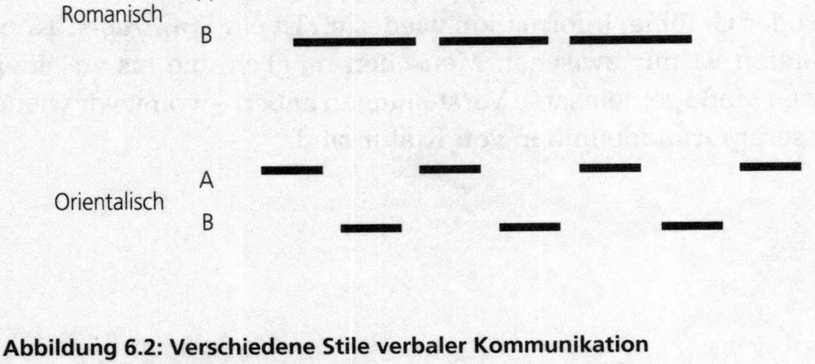

Abbildung 6.2: Verschiedene Stile verbaler Kommunikation

klar verständigen, wenn er dem oder der anderen keine Zeit läßt, seine Aussage abzuschließen oder das zu verarbeiten, was der andere gesagt hat? Es ist ein Zeichen der Achtung vor dem Gesprächspartner, wenn man sich Zeit läßt für den Vorgang der Information, ohne selber dazwischenzureden.

Sprachmelodie

Ein anderes zwischenkulturelles Problem entsteht aus der Sprachmelodie, dem Stimmton. Abbildung 6.3 zeigt typische Muster für angelsächsische, romanische und orientalische Sprachen. Für einige neutrale Gesellschaften deuten Hebungen und Senkungen im Sprachfluß darauf hin, daß der Sprecher es nicht seriös meint. Aber in den meisten romanischen Ländern gilt diese »übertriebene« Weise der Sprachmitteilung als Indiz dafür, daß man mit ganzem Herzen bei der Sache ist. Orientalische Gesellschaften tendieren zu einem mehr monotonen Stil, der Selbstbeherrschung und Respekt ausdrückt. Oft

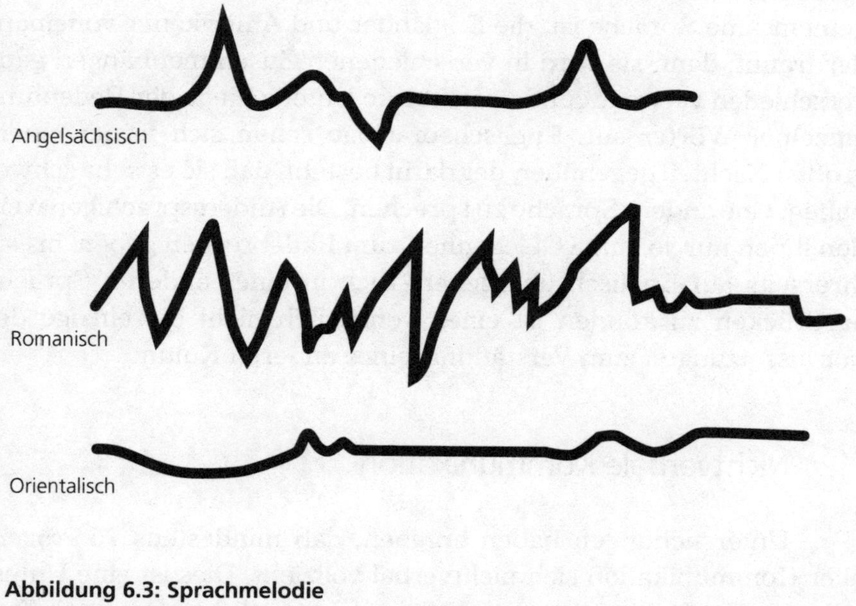

Abbildung 6.3: Sprachmelodie

gilt: Je höher der Rang eines Menschen, desto tiefer und gleichmäßiger die Stimme.

Ein in Nigeria eingesetzter britischer Manager merkte, daß es sehr nützlich war, bei wichtigen Dingen mit erhobener Stimme zu sprechen. Seine nigerianischen Untergebenen deuteten diesen unerwarteten Ausbruch bei einem sonst selbstbeherrschten Manager als Signal für besonders wichtige Mitteilungen. Nach erfolgreicher Arbeit in Nigeria wurde der Mann nach Malaysia versetzt. Hier galt Lautstärke als Indiz für Gesichtsverlust, seine Kollegen nahmen ihn nicht ernst, und er mußte abgelöst werden.

Das gesprochene Wort

Der am deutlichsten erkennbare verbale Kommunikationsprozeß ist das gesprochene Wort. Auch wenn man Rhythmus, Geschwindigkeit und Stimmlage nicht mit einbezieht, muß dies bedacht werden. Die englischsprachigen Nationen haben den großen Vorteil, daß mehr als 300 Millionen Menschen ihre Sprache als Muttersprache sprechen und verstehen. Dennoch wissen wir, daß es gerade die gemeinsame Sprache ist, die Engländer und Amerikaner voneinander trennt, denn sie wird in verschiedenen Zusammenhängen ganz verschieden verwandt und weist starke Unterschiede der Bedeutung einzelner Wörter auf. Englischsprachige sehen sich ferner einem großen Nachteil gegenüber, der darin besteht, daß sie es sehr schwer haben, eine andere Sprache zu sprechen. Die Anderssprachigen werden ihnen nur so lange Gelegenheit zum Radebrechen geben, bis sie ihrerseits auf Englisch übergehen. Sich in einer anderen Sprache ausdrücken zu können ist eine, wenn auch nicht die einzige der Voraussetzungen zum Verständnis einer anderen Kultur.

Nichtverbale Kommunikation

Untersuchungen haben ergeben, daß mindestens 75 Prozent aller Kommunikation sich nichtverbal vollzieht. Dies ist eine Untergrenze selbst für betont verbale Kulturen. In westlichen Gesellschaften signalisiert *Blickkontakt* Interesse. Das Ausmaß seines Gebrauchs jedoch ist von Gesellschaft zu Gesellschaft höchst unterschiedlich. Als ein italienischer Professor die Wharton-Universität in Philadelphia besuchte, war er überrascht, von zahlreichen Studenten gegrüßt zu werden. Seine expressive italienische Natur ließ ihn einen von ihnen ansprechen und befragen, ob er ihn kenne. Der Student antwortete, das sei leider nicht der Fall. »Warum grüßen Sie mich dann?« – »Mir schien, Sie kennen mich.« So machte der Professor die Erfahrung, daß in Amerika der Blickkontakt zwischen einander Fremden nur für den Bruchteil von Sekunden erwartet wird.

Einer meiner Kollegen am CIBS, Leonel Brug, wuchs sowohl in Curaçao wie Surinam auf. Als Junge versuchte er Blickkontakt zu vermeiden, woraufhin ihm seine Großmutter aus Curaçao eine Ohrfeige gab (in einigen Kulturen kann Körpersprache recht drastisch sein) und sagte: »Schau mir gefälligst ins Gesicht!« Leonel lernte schnell. Wieder zurück in Surinam, schaute er seiner dortigen Großmutter mit dem gebührenden Respekt fest ins Gesicht. Doch auch sie gab ihm eine Ohrfeige, denn in Surinam meiden wohlerzogene Kinder Blickkontakt.

Das *Berühren* anderer Menschen, der *Spielraum*, den man sich normalerweise läßt, und die Akzeptanz von *Privatheit*, all das sind weitere Bereiche, in denen sich affektive oder neutrale Kulturen manifestieren. Man helfe niemals einer arabischen Dame aus dem Bus – es könnte den Vertrag kosten!

Der Ausgleich zwischen neutralen und affektiven Kulturen

Überwiegend neutrale oder affektive (expressive) Kulturen haben Probleme, wenn sie miteinander in Geschäftsbeziehungen stehen. Sehr leicht wird der neutrale Partner verdächtigt, eiskalt und herzlos zu sein, der affektive Partner für unkontrolliert und unzuverlässig gehalten. Wenn sich solche Kulturen begegnen, lautet das erste Gebot, die Unterschiede zu erkennen und sich vor jedem Urteil zu hüten, das auf Gefühlen beruht oder auch auf ihrer bewußten Ausschaltung.

Praktische Tips für das Handeln in neutralen und affektiven Kulturen	
Unterschiede erkennen	
Neutral	*Affektiv*
1. Nicht enthüllen wollen, was sie denken und fühlen. 2. Anspannung kann sich gelegentlich in der Miene oder Haltung zeigen. 3. Meist zurückgehaltene Emotionen können plötzlich hervorbrechen. 4. Kühles und selbstbeherrschtes Auftreten wird bewundert. 5. Körperkontakt, Gestikulieren oder starkes Mienenspiel sind oft tabu. 6. Feststellungen werden oft in monotonem Tonfall vorgelesen.	1. Gedanken und Gefühle verbal und nichtverbal offenlegen. 2. Transparenz und Ausdruckskraft wirken entkrampfend. 3. Emotionen werden unbeschwert, überschwenglich, temperamentvoll und ohne Scham ausgetauscht. 4. Temperamentvolles, vitales, ausdrucksvolles Verhalten wird bewundert. 5. Körperkontakt, Gestikulieren und starkes Mienenspiel sind die Regel. 6. Feststellungen werden in fließender, dramatischer Rede deklamiert.
Tips für Geschäftsbeziehungen mit	
Neutralen (für Affektive)	*Affektiven (für Neutrale)*
1. Bitten Sie bei Konferenzen und Verhandlungen um Unterbrechungspausen, in denen Sie sich untereinander einig werden und von dem Pokerspiel mit den allzeit gelassenen Partnern erholen können.	1. Verlieren Sie nicht Ihre Linie, wenn Ihre Partner Szenen machen und schauspielerische Talente zeigen. Bitten Sie um Pausen zur gründlichen Überlegung und genauen Bestandsaufnahme.

2. Fixieren Sie soviel wie möglich vorher schriftlich. 3. Das Fehlen jeden emotionalen Tones bedeutet nicht Desinteresse oder Blasiertheit, sondern nur, daß man sich nicht in die Karten schauen lassen will. 4. Die ganze Verhandlung bezieht sich in der Regel auf den konkreten Gegenstand oder das Angebot, nicht so sehr auf Sie als Person.	2. Zeigen Sie guten Willen, dann reagiert man darauf mit Wärme. 3. Begeisterung, Bereitschaft zuzustimmen oder vehemente Ablehnung bedeuten nicht, daß man sich bereits entschieden hat. 4. Die ganze Verhandlung bezieht sich in der Regel auf Sie als Person, nicht so sehr auf das zur Rede stehende Thema oder Angebot.
Als Manager oder vom Management Betroffener	
Neutrale	*Affektive*
1. Vermeiden Sie persönliches, ausdrucksvolles oder enthusiastisches Verhalten. Dies wird interpretiert als Mangel an Gefühlskontrolle und unvereinbar mit gehobenem Status. 2. Wenn Sie sich gründlich vorbereiten, ist es leichter für Sie, »bei der Stange zu bleiben«, das heißt, die Themen der anderen zu diskutieren. 3. Achten Sie auf kleine Hinweise darauf, ob der Betreffende erfreut oder verärgert ist, und nehmen Sie sie ernst.	1. Vermeiden Sie zu sachliches, undurchschaubares und kühles Verhalten. Dies wird interpretiert als negative Einstellung, Antipathie, Mißachtung und soziale Distanzierung. Sie schließen die anderen damit aus »der Familie« aus. 2. Wenn Sie herausfinden, wessen Energie und Einsatz in welche Projekte investiert wurden, dann können Sie Hartnäckigkeit in bestimmten Fragen richtig einschätzen. 3. Tolerieren Sie eine große Bandbreite emotionaler Äußerungen, und fühlen Sie sich dadurch nicht eingeschüchtert oder erpreßt, sondern nehmen Sie sie nicht so wichtig.

Betroffenheit und Engagement

7

Eng verbunden mit der Frage, ob und wie wir Gefühle zeigen im Umgang mit anderen Menschen, ist das Maß der Betroffenheit, ob wir also anderen in bestimmten *spezifischen* Lebensbereichen oder Aspekten ihrer Persönlichkeit direkt begegnen oder aber unbestimmt allgemein, *diffus*.

Spezifische contra diffuse Kulturen

In spezifisch orientierten Kulturen trennt ein Manager säuberlich die dienstliche Beziehung zu Untergebenen von Beziehungen anderer Natur. Nehmen wir einen Manager, dem der Verkauf integrierter Schaltkreise untersteht. Trifft er jemanden von seinem Verkaufspersonal in der Bar, auf dem Golfplatz, im Urlaub oder im örtlichen Supermarkt, dann wird diese private Begegnung nicht von seiner beruflichen Autorität beeinflußt. Es kann sogar sein, daß er sich von seinem praktisch erfahreneren Mitarbeiter beim Shopping oder beim Einlochen Rat holt. Jedes Gebiet, auf welchem sich die beiden begegnen, wird als von dem anderen deutlich getrennt erfahren, als ein *spezifischer* Fall.

In manchen Ländern jedoch gibt es die Tendenz, daß jeder Lebensbereich und jeder Aspekt der Persönlichkeit alle anderen durchdringt. »Monsieur le directeur« ist eine gewichtige Autorität, wo immer man ihm begegnet. Da er die Firma leitet, hält man auch seine Ansichten über die »Haute cuisine« für maßgeblicher als die seiner Untergebenen. Seine Wertschätzung als Staatsbürger und der Stil seiner Kleidung, all das wird von seinem Direktorenamt beeinflußt, und sicher erwartet er, gebührend behandelt zu werden von allen, die ihn kennen, sei es auf der Straße, im Club oder in einem Geschäft. Natürlich fließen Reputation und Status immer in einem gewissen Maße auch in andere Lebensbereiche ein. Das jeweilige Ausmaß ist es aber, das wir als spezifisch (gering) oder aber diffus (beträchtlich) charakterisieren.

Der deutschamerikanische Psychologe Kurt Lewin[1] stellte die Persönlichkeit dar als eine Reihe konzentrischer Kreise, die »Lebensbereiche« oder »Persönlichkeitsebenen« umschließen. Die persönlichsten und privatesten Bereiche befinden sich im Zentrum, die mehr gemeinschafts- und öffentlichkeitsorientierten Bereiche an der Peripherie des Kreises. Als deutschjüdischer Flüchtling in Amerika lebend, wies Lewin den Unterschied zwischen den Lebensbereichen eines *U-Typs* (US-Amerikaner) und eines *G-Typs* (German, Deutscher) nach. Sie werden in Abbildung 7.1 skizziert.

Lewins U-Typ-Kreis zeigt, daß Amerikaner weit mehr als Privatsphäre Öffentlichkeitsraum aufweisen, der in viele spezifische Segmente gegliedert ist. Amerikanische Bürger können Rang und Ansehen haben am Arbeitsplatz, im Kegelclub, im Elternbeirat der Schule,

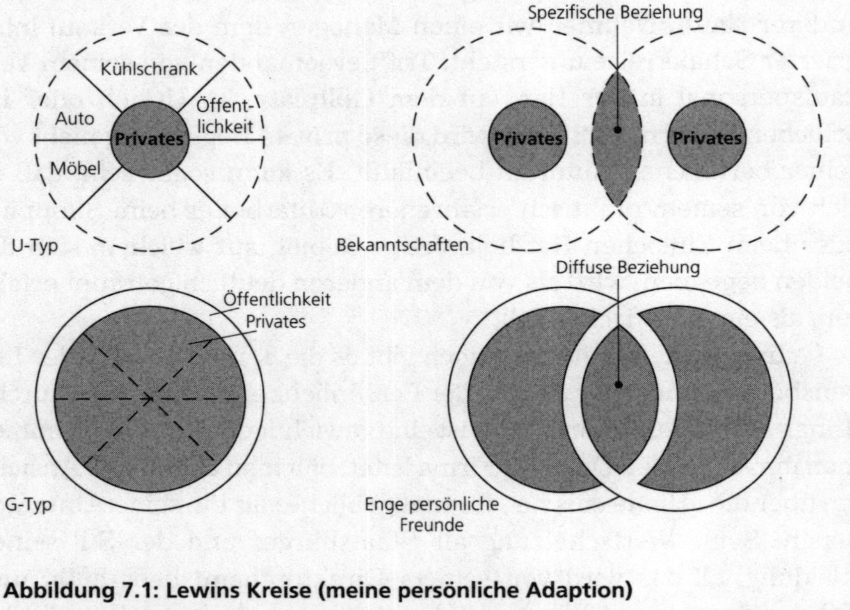

Abbildung 7.1: Lewins Kreise (meine persönliche Adaption)

im Seniorenverein, unter gleichgesinnten Computerhackern oder im Ortsverein der Kriegsveteranen. Menschen, die sich einem solchen Bereich zugesellen, sind nicht notwendigerweise enge oder lebenslange Freunde. Sie rufen sich auch meist nicht einander an, wenn es sich um etwas anderes als Computer oder Kegeln handelt. Ein Grund dafür, warum die amerikanische Persönlichkeit so freundlich und zugänglich ist (deshalb die gestrichelten Kreislinien), ist dadurch gegeben, daß der Eintritt in die öffentliche Sphäre eines anderen nicht mit besonders großen Verpflichtungen verbunden ist. Man »kennt« den anderen nur für bestimmte Zwecke.

Im Gegensatz dazu steht der G-Kreis. Hier wird der Zugang zu den Lebensbereichen von einer dicken Linie bewacht. Man findet schwerer Zutritt und bedarf der Erlaubnis des anderen. Die öffentliche Sphäre ist relativ klein. Die Privatsphäre ist groß und *diffus*, was bedeutet, daß eine einmal geschlossene Freundschaft Zugang zu allen oder fast allen Privatbereichen erlaubt. Mehr noch, jemandes Rang und Ansehen strahlt in all diese Bereiche aus. Herr Dr. Müller bleibt Herr Dr. Müller an seiner Universität, beim Metzger und an der Tankstelle. Auch seine Gattin ist Frau Dr. Müller im Lebensmittelladen, an der örtlichen Schule und wo immer sie geht und steht. Sie wird dabei nicht einfach diffus auf ihren Ehemann bezogen, sondern auf sein Amt und seinen Rang. Im Gegensatz dazu Amerika: Beim Empfang anläßlich einer akademischen Feier zur Diplomverleihung wurde ich als Dr. Trompenaars vorgestellt, doch bei der Party wenige Stunden später für fast den gleichen Personenkreis als Fons Trompenaars. Ich bin auch schon so vorgestellt worden: »Ich möchte Sie alle bekannt machen mit meinem sehr guten Freund Fons . . . wie war eigentlich Ihr Nachname?« In Amerika ist ein Titel ein *spezifisches* Etikett für einen *spezifischen* Job an einem *spezifischen* Ort.

Aus all diesen Gründen werden Deutsche von Amerikanern oft für verschlossen gehalten und schwer zu verstehen. Für Deutsche wiederum, die oft nur Zugang zu einem kleinen Bereich ihrer öffentlichen Sphäre gestatten und andere als »außenstehend« ansehen, sind Amerikaner immer gut aufgelegt, schwatzhaft, ja oberflächlich.

Grenzlinien und Schranken zwischen »Lebensbereichen« können sogar räumliche Ausmaße annehmen. Ich erinnere mich an meine Ankunft als Student an der Wharton School in Philadelphia, Pennsylvania. Bill, ein neuer amerikanischer Freund, half mir beim Einzug. Als Dank für diese Anstrengung an einem heißen Sommertag fragte ich ihn, ob er noch einen Augenblick bleiben und ein Bier trinken wolle. Ich ging noch zum Aufwischen und kam zurück, um ihm ein Bier aus dem Kühlschrank zu holen. Es war nicht nötig gewesen. Er hatte bereits den Kühlschrank geöffnet und sich selbst bedient. Für ihn war der Kühlschrank Bestandteil meiner öffentlichen Sphäre, in die ich ihn eingeladen hatte. Für mich und die meisten meiner niederländischen Mitbürger gehört das eindeutig zum Privatbereich. Wenige Tage später wurde ich durch ein ähnliches Erlebnis überrascht. Ich erkundigte mich nach einer Transportmöglichkeit zur Stadt, als Denise, eine Mitstudentin, mir ihre Autoschlüsel zuwarf und sagte, ich solle Bescheid geben, wenn ich meine Einkäufe erledigt hätte. Ich konnte es kaum fassen. Für mich wäre ein Auto absolute Privatsache gewesen. Haben Sie jemals versucht, sich den Mercedes eines deutschen Bekannten auszuleihen?

In Amerika, wo die Menschen relativ mobil sind, können Möbel, Autos usw. halböffentliche Dinge sein. Leute, die wegziehen, veranstalten sogenannte »Garagenverkäufe«, bei denen sie, auf Tischen ausgebreitet, oft sehr persönliche Dinge zum Kauf anbieten. Genauso offen können sie sich auch bei intimen persönlichen Erfahrungen zeigen. Nicht selten kann man auf einer Stehparty von einem völlig Fremden mit Geständnissen sexueller Absonderlichkeiten beglückt werden. Und man kann sicher sein, daß er Ihren Namen schon vergessen hat, bevor er noch auf dem Höhepunkt seiner Abenteuer angelangt ist. In einem amerikanischen Cartoon von Jules Feiffer[2] muß der Antiheld Bernard Mergendeiler seinen Zuhörern erklären: »Ich traf dieses *wundervolle* Mädchen. All meinen Freunden und Kollegen habe ich davon erzählt. Ich habe wildfremde Leute auf der Straße angesprochen und von ihr geschwärmt. Inzwischen weiß es fast *jeder* von mir – außer ihr. Warum soll *sie* diesen Vorteil haben?«

Sicher, eines solchen Menschen öffentliche Sphäre hat seine private ganz okkupiert. In der einen macht er seine Bekenntnisse, um in der anderen Kommunikation zu vermeiden.

In Frankreich oder Deutschland ist die Lage völlig anders. Man braucht nur die hohen Hecken und geschlossenen Fenster zu sehen, um die Vorliebe der Franzosen für einen ausgedehnten Privatbereich zu erkennen. Ist man in Frankreich zum Essen in häuslicher Umgebung eingeladen, so erstreckt sich diese Einladung nur auf die Räume, wo die Gastlichkeit stattfindet. Sollte man beginnen, im Hause herumzuwandern, würde das als Verstoß gegen die guten Sitten betrachtet werden. Sollte Ihre Gastgeberin in ihr Zimmer gehen, um nach einem Buch zu suchen, über das gerade diskutiert wird, und Sie ihr folgen, würde das wahrscheinlich als Einbruch in ihre Privatdomäne angesehen.

Die konzentrischen Kreise sind also nicht allein eine Sache des Bewußtseins, sie beziehen sich auch auf die Räume, in denen wir konkret leben.

Das Konzept des Spezifischen und des Diffusen bringt uns auch mehr Klarheit über den bereits beschriebenen Disput im Konferenzraum der MCC, in welchen Mr. Johnson (ein Amerikaner), Herr Bergman (ein Niederländer) und die Signori Gialli und Pauli (Italiener) verstrickt sind. Wenn auch Johnson und Bergman nicht über den zulässigen Grad emotionalen Ausdrucks übereinstimmen (Johnson ist affektiver), so sind sie sich doch darin einig, daß man Verstand und Gefühl trennen sollte. Amerikaner und Niederländer glauben beide, daß es besondere zeitliche und räumliche Gelegenheiten gibt, wo der Verstand Vorrang hat, und besondere Situationen und Augenblicke für das Gefühl. Mit Überraschung und Unmut mußten sie erleben, welche »Stolpersteine« die Italiener für ihre Konferenz über seriöse, professionelle Themen aufgebaut hatten.

Verfolgen wir die Geschichte weiter:

> Als Vertreter der Zentrale fühlte sich Mr. Johnson in hohem Maße verantwortlich für den positiven Weitergang des Treffens. Das Verhalten der Italiener kam ihm seltsam vor. Da wollte Bergman gerade einen wichtigen Aspekt im Gesamtgefüge des Prämiensystems diskutieren, und sie gaben ihm nicht einmal Gelegenheit, seinen Standpunkt darzulegen. Noch befremdlicher war, daß die Italiener selber es ablehnten, ihrerseits irgendwelche handfesten Argumente vorzutragen.
>
> Als Johnson Giallis Zimmer betrat, sagte er: »Paolo, wo liegt das Problem? Sie sollten das alles nicht gar zu ernst nehmen. Es ist doch nur eine geschäftliche Diskussion.«

»Nur eine geschäftliche Diskussion?« fragte Gialli mit unverhohlenem Ärger. »Das hat nichts mehr mit einer geschäftlichen Besprechung zu tun. Es ist typisch für diesen Holländer, wie er uns angegriffen hat. Wir haben unsere eigenen Methoden, um erfolgreich zu sein, und dann nennt er uns verrückt.«

»So etwas habe ich nicht gehört«, antwortete Johnson. »Er hat nur gesagt, daß er Ihre Idee von einem Gruppenbonus verrückt findet. Ich kenne Bergman und weiß, daß er das nicht persönlich gemeint hat.«

»Wenn dem so ist«, entgegnete Gialli, »warum benimmt er sich dann so grob?«

Johnson merkte, wie stark verletzt sich seine italienischen Kollegen durch den Vorgang fühlten. Er ging zurück zu Bergman, nahm ihn zur Seite und berichtete ihm von dem Gespräch mit Gialli.

»Verletzt?« sagte Bergman. »Sie sollten genug Selbstbeherrschung haben, um auf professionelle Argumente einzugehen. Ich kann nicht verstehen, warum sie so hitzköpfig sind. Sie wissen, daß wir zu dem zur Debatte stehenden Thema ausführliche Untersuchungen angestellt haben. Da sollten sie erst einmal zuhören! Vergessen Sie nicht, daß diese Latinos niemals mit Fakten belästigt werden wollen.«

Die italienische Reaktion wird dann verständlich, wenn wir begreifen, daß ihre Sympathien für einen Gruppenbonus im Gegensatz zu einem Individualbonus, ihre Solidarität mit ihrem Verkaufspersonal und ihren Kunden und ihre darauf basierenden Vorschläge Bestandteile eines *diffusen Ganzen* sind. Eine »Idee« verrückt zu nennen heißt, *sie* verrückt zu nennen und ihre Fähigkeit zu bezweifeln, die kulturelle Einschätzung ihrer Landsleute zu vertreten. Das kränkt tief. Ihre Ideen sind nicht getrennt von ihnen zu sehen. Wenn sie »daran gedacht« haben und wenn sich damit »italienisches Denken« ausdrückt, dann ist der Vorschlag eng verknüpft mit ihrer persönlichen Ehre.

Wenn sich U-Typen und G-Typen überschneiden, entsteht ein Problem dadurch, daß der U-Typ etwas als unpersönlich ansieht, was der G-Typ für höchst persönlich hält. Die italienische Meinung über den Erfolg von Gruppenboni ist eng verknüpft mit ihrer diffusen Auffassung von Privatsphäre. Es ist nicht »nur eine geschäftliche Diskussion«, die in einem Bereich stattfindet, der mit ihrem privaten nichts zu tun hat, sondern diese Diskussion berührt das, was einen fühlenden und denkenden Italiener ausmacht. Freude und Schmerz, Anerkennung und Zurückweisung sind im diffusen System viel weiter verzweigt. Man kann nicht Italiener als »Urheber einer verrückten Idee« kritisieren, ohne gleichzeitig ihr ganzes System an der Wurzel zu treffen. Wenn ein Amerikaner deutsche, französische oder italienische Kollegen in einen Bezirk seiner öffentlichen Sphäre »einläßt« und dabei seine gewohnte Offenheit und Freundlichkeit zeigt, dann werden diese Menschen vermuten, sie seien zu der diffusen Privatsphäre zugelassen. Sie wollen dem Amerikaner gleiche Freundschaft in allen Lebensbereichen erweisen und sind verletzt, wenn er in ihre Stadt kommt, ohne mit ihnen Kontakt aufzunehmen. Sie können auch getroffen werden durch rein professionelle Kritik, die sie als Angriff eines nahen Freundes auffassen.

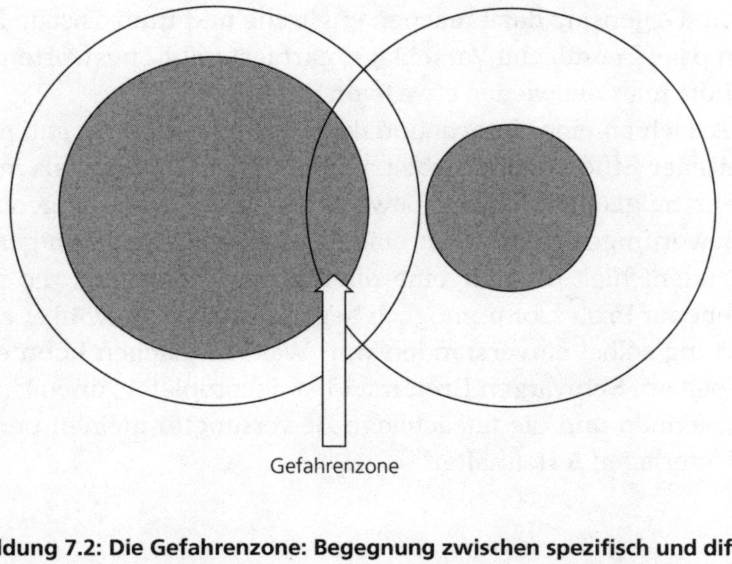

Abbildung 7.2: Die Gefahrenzone: Begegnung zwischen spezifisch und diffus

Gesichtsverlust

Spezifische Kulturen mit ihrer geringeren Zone vom Öffentlichen klar abgegrenzter Privatheit haben einen beträchtlichen Freiraum für offenes Sprechen. »Nehmen Sie das nicht persönlich« ist eine gängige Redensart. Bei Beziehungen mit diffusen Menschen kann diese Haltung beleidigend wirken. Amerikanische und niederländische Manager haben es dabei besonders leicht, ihre diffusen Partner von der Gegenseite zu verletzen (siehe das oben geschilderte Problem des Mr. Johnson mit den Italienern). Der Grund ist ihr Unverständnis für den Vorgang des Gesichtsverlustes, wenn etwas öffentlich gemacht wird, das andere Menschen für privat halten. Da es wichtig ist, Gesichtsverlust zu vermeiden, braucht es in diffusen Kulturen so viel mehr Zeit, auf den Punkt zu kommen. Es ist unerläßlich, private Konfrontation zu vermeiden, da es den Teilnehmern unmöglich ist, die Dinge *nicht* persönlich zu nehmen. Ich versuche es meist zu vermeiden, eine niederländische Zuhörerschaft nach meinen Seminaren um Kritik zu bitten – man fühlt sich sonst wie von einem Maschinengewehr durchlöchert. Danach allerdings erwarten die Teilnehmer, daß die Leiche willig für den nächsten Termin wieder zur Verfügung steht.

Im Gegensatz dazu machen englische und französische Manager ein paar freundliche Vorschläge, garniert mit Lobesworten – und dann hört man nie wieder etwas von ihnen.

Als ich an einer internationalen Universität lehrte, gab mir ein ghanaischer Student eine Arbeit ab, die ich nicht besser als mit vier von zehn möglichen Punkten bewerten konnte, sie war ungenügend. Alle Bewertungen wurden an einer Anschlagtafel bekanntgegeben. Der Student hielt dies für eine öffentliche Beleidigung, die ich als angesehener Professor unmöglich begehen könne, obwohl er mit der Bewertung selbst einverstanden war. Was ich machen konnte, war, die Arbeit am Schwarzen Brett mit »I« (»incomplete«, unvollständig) zu bezeichnen und die tatsächliche Bewertung in meinen persönlichen Unterlagen festzuhalten.

Nationale Unterschiede

Unter den Aspekten spezifisch und diffus zeigen sich nationale Unterschiede besonders ausgeprägt. Die Spannbreite wird deutlich bei den Antworten auf die folgende Situation.

Ein Chef bittet einen Mitarbeiter, ihm bei der Renovierung seines Hauses zu helfen. Der Untergebene hat keine Lust dazu und bespricht die Lage mit einem Kollegen.

A: Der Kollege sagt: »Sie brauchen ihm nicht zu helfen, wenn Sie keine Lust dazu haben. Chef ist er nur hier. Außerhalb der Firma hat er Ihnen wenig zu sagen.«

B: Der Untergebene sagt: »Auch wenn ich keine Lust dazu habe, werde ich ihm helfen. Er ist mein Chef, und das bleibt er auch außerhalb der Firma.«

In spezifischen Gesellschaften, wo Arbeit und Privatleben deutlich voneinander getrennt sind, wären Manager keineswegs bereit zu helfen. Die Antwort eines Niederländers war: »Hausrenovierung ist nicht Bestandteil meines Arbeitsvertrages.« Abbildung 7.3 zeigt den Anteil der Manager, die nicht bei der Renovierung helfen würden: rund 90 Prozent oder mehr in Großbritannien, Amerika, Australien und den meisten nordeuropäischen Ländern. Auch 83 Prozent der Japaner wären nicht dazu bereit, während in den diffusen asiatischen Gesellschaften von China, Nepal und Indonesien die Mehrheit sich der Bitte nicht verweigern würde. (Überrascht über die Einstellung der Japaner, fragten wir bei einigen von ihnen nach. Sie antworteten, daß das wahrscheinlich damit zu tun habe, daß Japaner ihre Wohnungen nicht mit Pinsel und Farbe renovieren, was auf die Relativität empirischer Daten hinweist.) Die Bandbreite der Unterschiede ist nicht so weit auseinandergezogen wie in den Beispielen der Kapitel 3 und 4, wo wir uns mit grundlegenden kulturellen Unterschieden befaßten, aber dennoch wird klar, daß es sich auch hier um eine Quelle möglicher großer Mißverständnisse handelt.

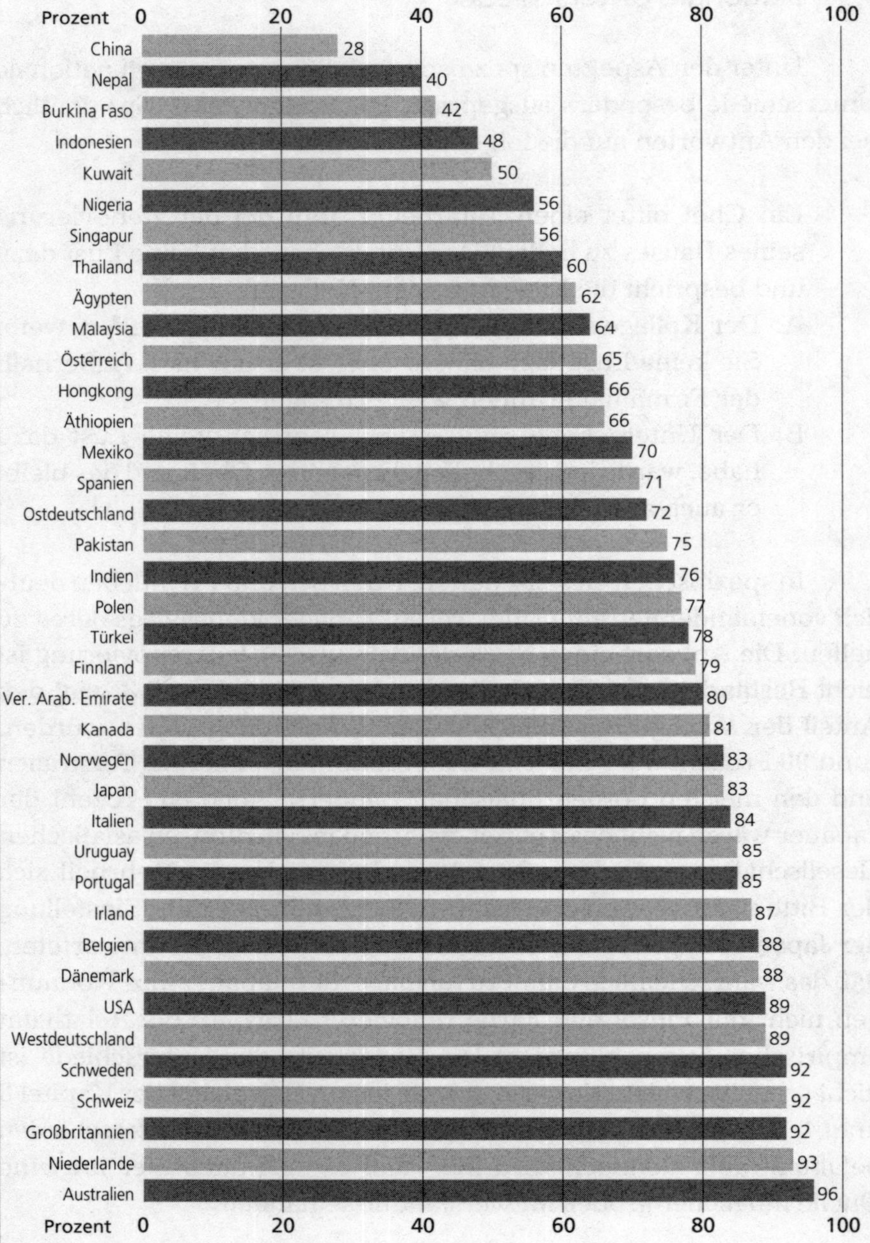

Abbildung 7.3: Hilfe beim Renovieren
Prozentsatz der Befragten, die ihrem Chef nicht helfen würden

Verhandeln im Konflikt spezifisch/diffus

Geschäftskontakte mit einer diffuseren als unserer eigenen Kultur erscheinen als eine sehr zeitraubende Angelegenheit. Manche Völker weigern sich, Geschäfte zu betreiben in einer mentalen Unterabteilung, genannt »Kommerz« oder »Arbeit«, die ein Sonderdasein neben dem übrigen Leben führt. In diffusen Kulturen ist alles mit jedem verbunden. Ihr Geschäftspartner interessiert sich dafür, wo Sie zur Schule gingen, welche Freunde Sie haben, was Sie über das Leben, Politik, Kunst, Literatur und Musik denken. Das ist keine »Zeitverschwendung«, denn solche Neigungen sagen etwas aus über den Charakter und können Freundschaften schaffen. Das macht Täuschung fast unmöglich.

Wie in Kapitel 1 an dem Beispiel der schwedischen Firma gezeigt wurde, die bei Verhandlungen mit einem argentinischen Kunden eine amerikanische Firma trotz eines technisch überlegenen Produkts aus dem Feld schlug, ist die *Anfangs*investition in das Aufbauen von Beziehungen in solchen Kulturen mindestens so wichtig, wenn nicht wichtiger, als der eigentliche Handel. Die Schweden hatten sich eine ganze Woche Zeit für die Verkaufsreise genommen und die ersten fünf Tage sich nicht um das Geschäft gekümmert, sondern die diffusen Lebenssphären ihrer Gastgeber geteilt und mit ihnen über allgemeine Dinge gesprochen. Erst *nachdem* mit den Argentiniern eine persönliche Beziehung entstanden war, waren sie bereit, über Geschäfte zu reden. Und »persönliche Beziehung« umfaßte mehr als oberflächliche Bekanntschaft. Die Amerikaner dagegen investierten in ihren »Trip« nur zwei Tage, verließen sich auf ihre Überlegenheit bei Produkt und Präsentation – und verfehlten dabei ihr Ziel.

Es ist in der Tat eine Frage der Prioritäten. Ist der Ausgangspunkt ein spezifisches und neutrales Angebot und wird man später erst mit dem daran Interessierten näher bekannt? Oder stehen am Beginn Menschen, denen man vertrauen kann, weil sie der Einladung in viele verschiedene Lebenssphären gefolgt sind, und geht man dann zum Geschäft über? Beide Einstellungen sind sinnvoll für diejenigen, die in einer entsprechenden Kultur leben, aber verheerend für die andere. Das amerikanische Team fühlte sich immer wieder durch »persönliche« Fragen und »gesellschaftliche Ablenkungen« aus dem

Konzept gebracht. Als der Firmenjet termingerecht zum Heimflug eintraf, hatten sie nicht annähernd ihren Aufgabenkatalog erfüllt. Den Amerikanern schien es, als seien die Argentinier nicht fähig oder nicht willens, zur Sache zu kommen. Die Argentinier wiederum empfanden die Amerikaner als zu direkt, unpersönlich und drängend. Sie wären erstaunt gewesen über die dem amerikanischen Denken zugrunde liegende Überzeugung, daß man mit Hilfe der Logik jemanden quasi zur Zustimmung zwingen kann.

Mit anderen Worten, *spezifisch* und *diffus* bestimmen die Art des Vorgehens, wie man einander kennenlernt.

Das Diagramm auf der linken Seite von Abbildung 7.4 zeigt die typische diffuse Strategie, wie sie in Japan, Mexiko, Frankreich, in vielen Ländern Südeuropas und Asiens üblich ist. Hier »kreist« man »um« den Fremden, versucht ihn auf diffuse Weise kennenzulernen und kommt erst später zu den Besonderheiten des Geschäfts, wenn vertrauensvolle Beziehungen geschaffen sind. Im rechten Diagramm kommt man »direkt zum Punkt«, zu den neutralen, »objektiven« Aspekten des Geschäfts, und erst wenn der andere interessiert ist,

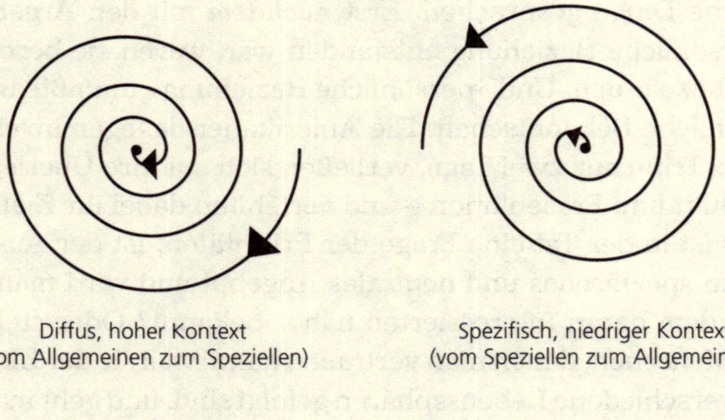

Abbildung 7.4: Umkreisen oder direkt zur Sache

dann »erweitert man den Kreis« und versucht ihn so gut kennenzulernen, daß die Abwicklung des Geschäfts dadurch erleichtert wird.

Beide Einstellungen beanspruchen für sich, Zeit zu sparen. Mit der diffusen Strategie vermeidet man, in die Falle einer achtjährigen Verbindung mit einem unseriösen Partner zu tappen, weil man rechtzeitig warnende Hinweise entdeckt. Mit der spezifischen Strategie verliert man keine Zeit bei Tafelrunden mit einer Person, der es nicht ganz um die eigentliche Sache des Geschäfts zu tun ist.

Spezifische und diffuse Kulturen unterscheidet man bisweilen auch mit den Begriffen *niedriger* und *hoher Kontext*. Kontext, Zusammenhang, hat damit zu tun, wieviel man wissen muß, bevor befriedigende Kommunikation stattfinden kann, wieviel gemeinsames Wissen für als gegeben erachtet werden kann bei denen, die sich miteinander unterhalten, wie weit sie unausgesprochen auf gemeinsamer Grundlage stehen. Kulturen mit hohem Kontext wie Japan und Frankreich glauben, daß Fremdheit überwunden sein muß, bevor man ordentlich über das Geschäft diskutieren kann. In Amerika und den Niederlanden glaubt man, daß auch für jeden Fremden die allgemeinen Spielregeln gelten – und je niedriger Anfangshürden seien, desto besser sei es. Niedrigkontextkulturen sind anpassungsfähig und flexibel, Kulturen mit hohem Kontext sind reich und subtil, aber tragen eine Menge »Ballast« mit sich und werden wahrscheinlich nie bequem sein für Fremde, die nicht voll assimiliert sind. Es zeigt sich beispielsweise immer deutlicher, daß Westler, die für japanische Firmen arbeiten, nie ganz »dazu«gehören. Ebenso schwer ist es, sich innerhalb einer so reichen Kultur wie der französischen mit ihren tausenderlei diffusen Verbindungen voll akzeptiert zu fühlen.

Bei spezifischen Kulturen gibt es die Tendenz, zuerst auf die Zwecke, die Dinge und ihre Besonderheiten zu sehen, bevor man über ihre geheimen Zusammenhänge nachdenkt. Die vorherrschende Tendenz in diffusen Kulturen ist die, zunächst auf Beziehungen und Zusammenhänge zu achten, bevor alle einzelnen Bestandteile in Augenschein genommen werden. Auch hier ist die Stellung beider zueinander zirkular.

Geschäftliche Auswirkungen spezifischer/diffuser Orientierung

Daß Amerikaner sich am liebsten für Methoden wie MBO (Management by Objectives) und Pay for Performance zur Motivation ihrer Mitarbeiter entscheiden, ist zum Teil Ergebnis ihrer spezifischen Orientierung. Bei MBO stimmt man zunächst mit den »Objectives«, d. h. den spezifischen Zielvorgaben, überein. Vorgesetzter A ist sich mit dem Untergebenen B einig, daß B im kommenden Quartal nach akzeptierten Zielvorgaben arbeitet und daß diese als Maßstab für seine Arbeit herangezogen werden. Sind gute Zielvorgaben zufriedenstellend erfüllt, entsteht eine fruchtbare Beziehung zwischen A und B. Könnte etwas fairer und logischer sein? Warum kann nicht der Rest der Welt sich darauf einigen?

Dieses System findet bei diffusen Kulturen keinen Gefallen, weil sie die Aufgabe von der entgegengesetzten Seite angehen: Es ist die Beziehung zwischen A und B, die den Erfolg fördert oder mindert, nicht der umgekehrte Weg. Ziele und Besonderheiten können längst überholt sein, wenn die Bewertung der Arbeit ansteht. B mag nicht so erfolgreich gewesen sein wie erhofft, hat aber unter anderen Bedingungen weit wertvollere Leistungen erbracht. Nur dauerhafte und feste Beziehungen können mit unerwarteten Veränderungen dieser Art fertig werden. Verträge und Schmalspurverhalten gelten in solchen Kulturen als rückwärtsgewandt.

Japanische Firmenkultur beispielsweise, die klar darauf zielt, das Diffuse dem Spezifischen voranzustellen, gebraucht Begriffe, die westlichen Menschen unvertraut sind. Man spricht von *Akzeptanzzeit*, der Zeit, die zur Diskussion vorgeschlagener Veränderungen notwendig ist, bevor diese eingeführt werden. Man spricht von *nemawashi*, was wörtlich das Zusammenbinden des Wurzelballens von Büschen und Bäumen bedeutet, bevor sie umgepflanzt werden. Man meint damit ausführliche Konsultationen, bevor Veränderungen durchgeführt werden. All das bewirkt das »Umkreisen einer Sache, bevor man zum Punkt kommt«, welches wir in Abbildung 7.4 sahen.

In diffusen Kulturen ist Pay for Performance nicht sonderlich beliebt, denn es zerreißt künstlich bereits bestehende Beziehungen. Es bedeutet: »Sie sind einzig dafür verantwortlich, was Sie in diesem

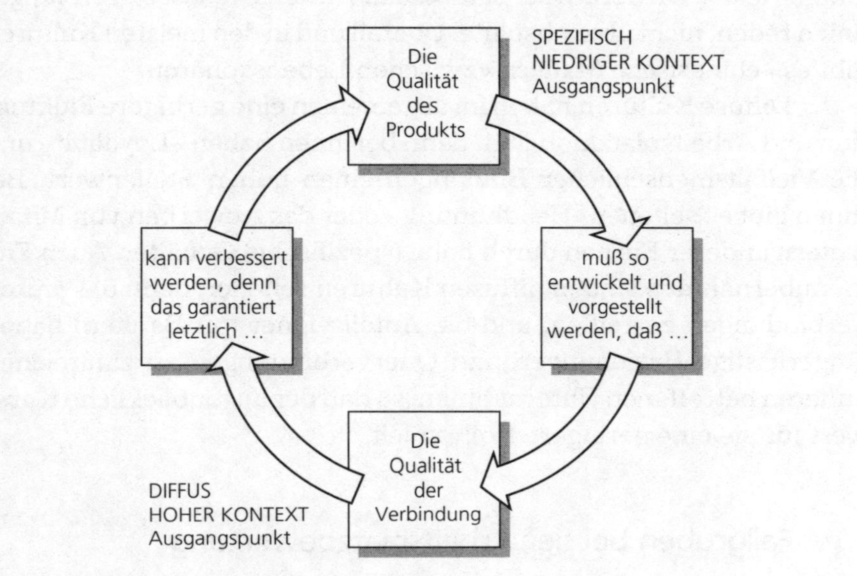

Abbildung 7.5: Der spezifisch-diffuse Zirkel

Monat verkauft haben«, obwohl in Wirklichkeit andere Mitglieder des Verkaufspersonals Ihnen dabei geholfen haben können und Ihre Vorgesetzten Sie vielleicht mit Rat und Tat motivierten, mit noch erfolgreicheren Methoden zu arbeiten. Dann den Löwenanteil oder gar die ganze Prämie für sich selber zu beanspruchen verkennt die Bedeutung von Beziehungen und Verbindungen, die auch Gefühle der Zuneigung und des Respekts für Vorgesetzte und Gleichgestellte einschließen, mit denen Sie diffuse Kontakte und manche private Gemeinsamkeit haben.

Normen wie »Man soll das Geschäft nicht mit dem Vergnügen verbinden« oder »Nur nicht über das Geschäft reden« zeugen von dem in etlichen Kulturen latenten Wunsch, spezifische Lebensbereiche voneinander zu separieren. Einleuchtend ist das Argument, daß es viel schwerer fällt, Menschen auszubeuten und zu unterdrücken, wenn ihr Leben wie Bienenwaben in verschiedene Bereiche gegliedert ist. In so einer Situation kann nur ein Lebensbereich eines Betroffenen dominiert werden, während er aus anderen Bereichen neue Kraft schöpfen kann. Diffuse Kulturen dagegen haben »all ihre Eier in einem Nest«. Wiederum sei betont, daß wir über *relative* Trennungslinien reden, nicht über absolute. Überall und in den meisten Kulturen gibt es »chinesische Mauern« zwischen Lebenssphären.

Diffuse Kulturen haben im allgemeinen eine geringere Fluktuation und Arbeitsplatzmobilität, denn bei ihnen haben »Loyalität« und die Vielfalt menschlicher Bindungen einen hohen Stellenwert. Bei ihnen gibt es seltener »Headhunting« oder das Abwerben von Mitarbeitern anderer Firmen durch hohe (spezifische) Gehälter. Auch Firmenübernahmen sind in diffusen Kulturen seltener, denn das würde Verbindungen zerreißen, und die Anteilseigner (oft Banken) haben längerfristige Beziehungen und Querverbindungen zu zahlreichen anderen betroffenen Unternehmen, so daß der augenblickliche Kurswert für sie eine geringere Rolle spielt.

Fallgruben bei der Arbeitsplatzbewertung

In spezifischen Kulturen fällt es viel leichter, Menschen zu kritisieren, ohne dabei durch eine gezielte Kritik ihren ganzen Lebensbereich zu beschädigen. Ich kenne mindestens zwei tragische Vorfälle, wo Kritik anläßlich einer Leistungsbewertung durch westliche Vorgesetzte als so verletzend empfunden wurde, daß sie zu dem Tod des Betreffenden führte.

In dem einen Fall hatte ein niederländischer Arzt, dessen Aufgabe die Bewertung der Arbeit eines chinesischen Untergebenen in der Firmenklinik war, mit jenem – ebenfalls Arzt – eine »offene Aussprache« über dessen Unzulänglichkeiten. Aus seiner Sicht konnten diese Schwächen leicht durch einen vom Unternehmen angebotenen Trainingskurs beseitigt werden. Für den chinesischen Arzt aber, der eng mit dem niederländischen Arzt zusammengearbeitet hatte und ihn als eine Art »Vaterfigur« achtete, war diese Kritik eine grausame Verurteilung, eine totale Zurückweisung und ein Bruch gegenseitigen Vertrauens. Am nächsten Morgen erstach er seinen Kritiker.

Im zweiten Fall wurde ein britischer Manager, der in Zentralafrika einen Angestellten gefeuert hatte, später vergiftet, augenscheinlich mit dem Einverständnis der anderen afrikanischen Mitarbeiter. Der entlassene Mann hatte eine große Zahl hungriger Kinder und für diese Fleisch aus der Kantine des Unternehmens gestohlen. In einer diffusen Kultur kann »Stehlen« nicht unabhängig von den häuslichen Umständen gesehen werden. Die westliche Einstellung der Trennung eines »Offizialdelikts« von »häuslichen Problemen« wird hier daher nicht akzeptiert.

Wir müssen sehr darauf achten, diffuse Kulturen nicht für »primitiv« zu halten. Japanische Firmen zahlen Mitarbeitern mit größeren Familien höhere Gehälter, helfen bei der Wohnungssuche und sorgen oft für Erholungsmöglichkeiten, Urlaubsreisen und verbilligte Einkäufe von Alltagswaren.

Hier nun ein anderes Fragenpaar, mit dem wir kulturelle Diffusheit testen wollen:

A: Manche Menschen denken, ein Unternehmen sei auch verantwortlich für die Wohnverhältnisse seiner Mitarbeiter. Daher hat eine Firma ihren Angestellten bei der Wohnungssuche zu helfen.

B: Andere Menschen wiederum meinen, es sei einzig Sache der Angestellten, sich um ihre Wohnverhältnisse zu kümmern.

Ist es zuviel des Guten, wenn die Firma dabei hilft?

Abbildung 7.6 zeigt den Anteil der Manager, die keine Verantwortung für die Wohnverhältnisse ihrer Mitarbeiter sehen. Nur 45 Prozent der befragten Japaner verneinen eine Verpflichtung, aber 85 Prozent der Amerikaner. Die große Mehrheit der nordeuropäischen Manager erwartet keine Hilfestellung, aber die Mehrheit in den meisten asiatischen Ländern. Die Ausnahme ist Singapur, wo westliche Vorstellungen sich viel stärker durchgesetzt haben. Von Interesse ist auch der Einfluß kommunistischer Regime auf die europäischen Länder, die an der Spitze der Tabelle erscheinen.

Japanische Kunden und Verbraucher lehnen importierte westliche Güter gerade wegen ihres spezifischen Wertes ab. Japanische Firmen produzieren Güter, die für die *gesamte* Gesellschaft von Nutzen sind. So kauft ein Japaner mit einem Honda-Motorrad mehr, er »kauft« ökonomische und soziale Entwicklung für seine Gesellschaft, eine im höchsten Maße diffuse Vorstellung.

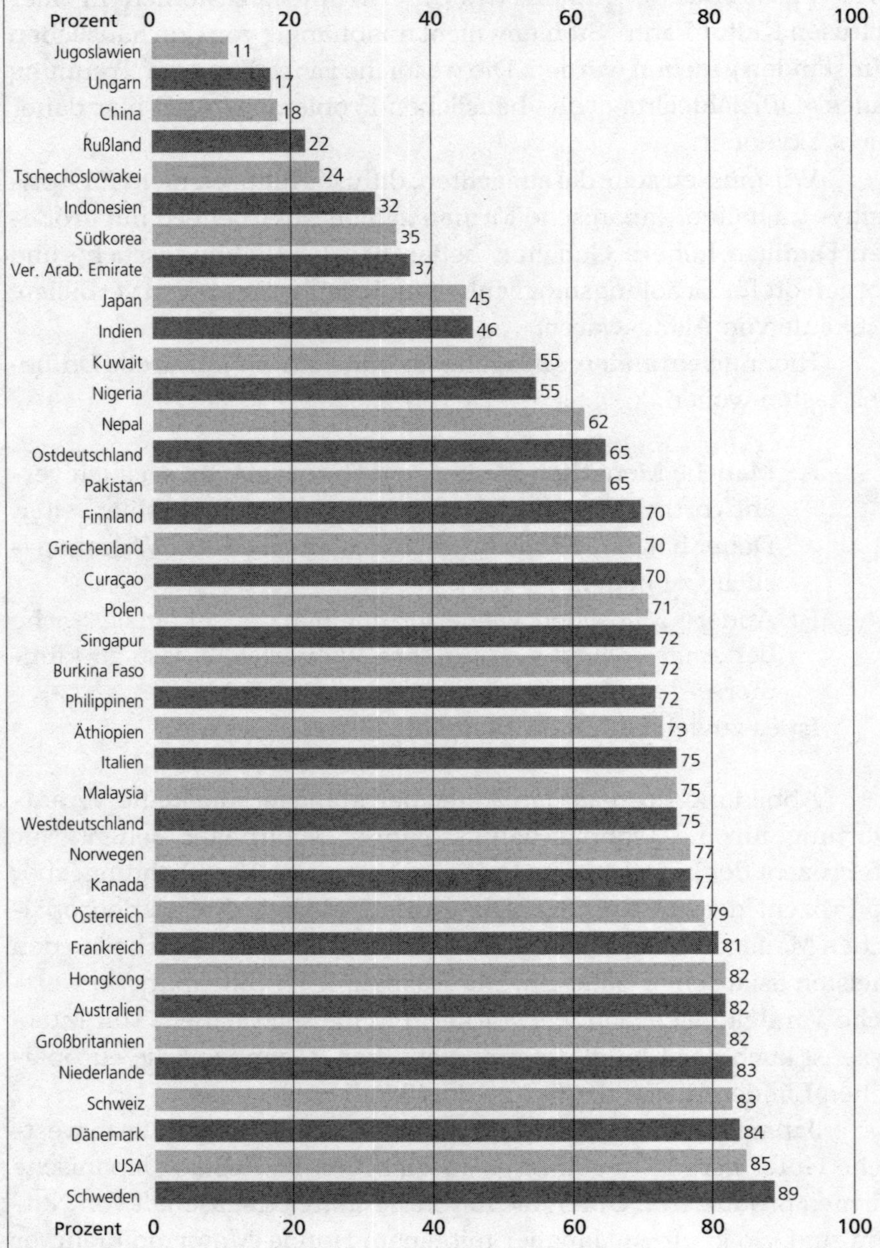

Abbildung 7.6: Soll die Firma für die Wohnung sorgen?
Prozentsatz der Befragten, die das verneinen

Die Mischung von Emotion und Betroffensein

Es gibt natürlich viele verschiedene Möglichkeiten, wie Grade der Emotion oder Affektivität (hoch bis niedrig oder neutral) mit ihrer »Reichweite« oder Ausdehnung (verschiedene Lebensbereiche werden diffus einbezogen oder bleiben spezifisch) kombiniert sein können. Ein Geschäftspartner kann emotional und expressiv sein, aber nicht *durch Sie* betroffen. Er kann kühl und neutral sein, aber dennoch stark in Ihr Privatleben einbezogen. Er kann expressiv *und* betroffen sein oder neutral und *nicht* betroffen. Vier Kombinationen wurden von Talcot Parsons[3] beschrieben. Abbildung 7.7 zeigt, wie sich die vier verschiedenen Grundkonstellationen ergeben.

Bei diffus-affektiven (DA) Interaktionen wird als Lohn *Liebe* erwartet, ein stark empfundenes Wohlgefühl, das in verschiedene Lebensbereiche ausstrahlt. Bei diffus-neutralen (DN) Interaktionen ist das Ziel *Wertschätzung*, welche als ein weniger starker Ausdruck von Bewunderung ebenfalls verschiedene Lebenssphären berührt. Spezifisch-affektive (SA) Interaktionen zielen auf *Zuneigung*, eine

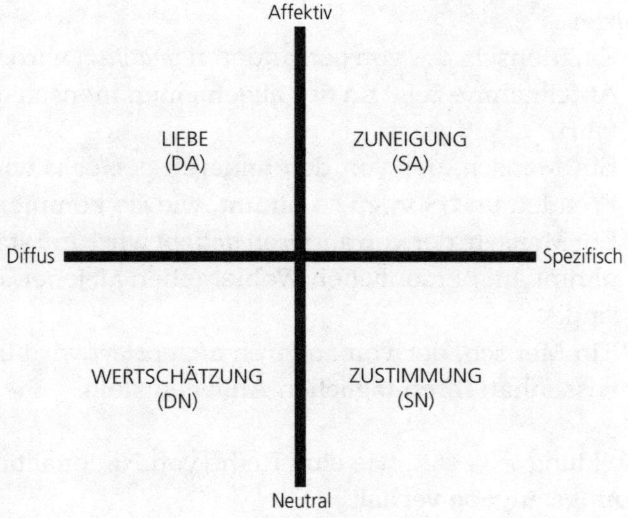

Abbildung 7.7: Der Quadrant der Emotionen
Quelle: Talcot Parsons: The Social System, The Free Press, New York 1951

stark empfundene Freude anläßlich bestimmter Ereignisse oder Erfolge. Bei spezifisch-neutralen (SN) Interaktionen winkt als höchster Preis *Zustimmung*, ein berufs-, aufgaben- oder situationsspezifisches, aber neutrales Erfolgserlebnis.

Natürlich können diese vier Quadranten auch negative Bewertungen enthalten: *Haß* (DA), *Enttäuschung* (DN), *Ablehnung* (SA) und *Kritik* (SN). Es ist wichtig, sich zu erinnern, daß Liebe und Zuneigung ihre Kehrseiten Haß und Ablehnung haben, während mehr neutrale Kulturen sich vor solch extremen Gefühlsschwankungen eher hüten.

Wir haben versucht, mit der folgenden Frage relative nationale Präferenzen für Liebe, Achtung, Zuneigung und Zustimmung zu erkunden. Das Beispiel verdanken wir einer frühen Arbeit von L. R. Dean.[4]

> Hier sind vier Grundtypen von Menschen, wie wir ihnen im täglichen Leben begegnen. Lesen Sie sorgfältig die Beschreibungen, dann machen Sie einen Kreis um diejenige, die Ihnen im Augenblick am meisten entspricht. Dann machen Sie einen Haken bei der Beschreibung, der Sie am liebsten ähneln würden, und zwei Haken bei jener, der Sie den zweiten Rang geben würden.
>
> A: Ein Mensch, der von den anderen *geachtet* wird und ständig Anteilnahme zeigt an der allgemeinen menschlichen Wohlfahrt.
>
> B: Ein Mensch, der von den anderen *gemocht* wird und ihre Freuden und Sorgen so nimmt, wie sie kommen.
>
> C: Ein Mensch, der von anderen *geliebt* wird und ständig Anteil nimmt am persönlichen Wohlergehen all jener, die ihm lieb sind.
>
> D: Ein Mensch, der von anderen *akzeptiert* wird und sich gewissenhaft ihren täglichen Anliegen stellt.

Abbildung 7.8 zeigt, wie eine Reihe von Nationalitäten sich bei dieser Übungsaufgabe verhält.

Die typisch amerikanische Einstellung ist etwa gleich nahe an der emotionalen Grenze wie an der Trennungslinie zwischen spezifisch und diffus. Ost- und Westdeutschland sind sich ähnlich im Grad

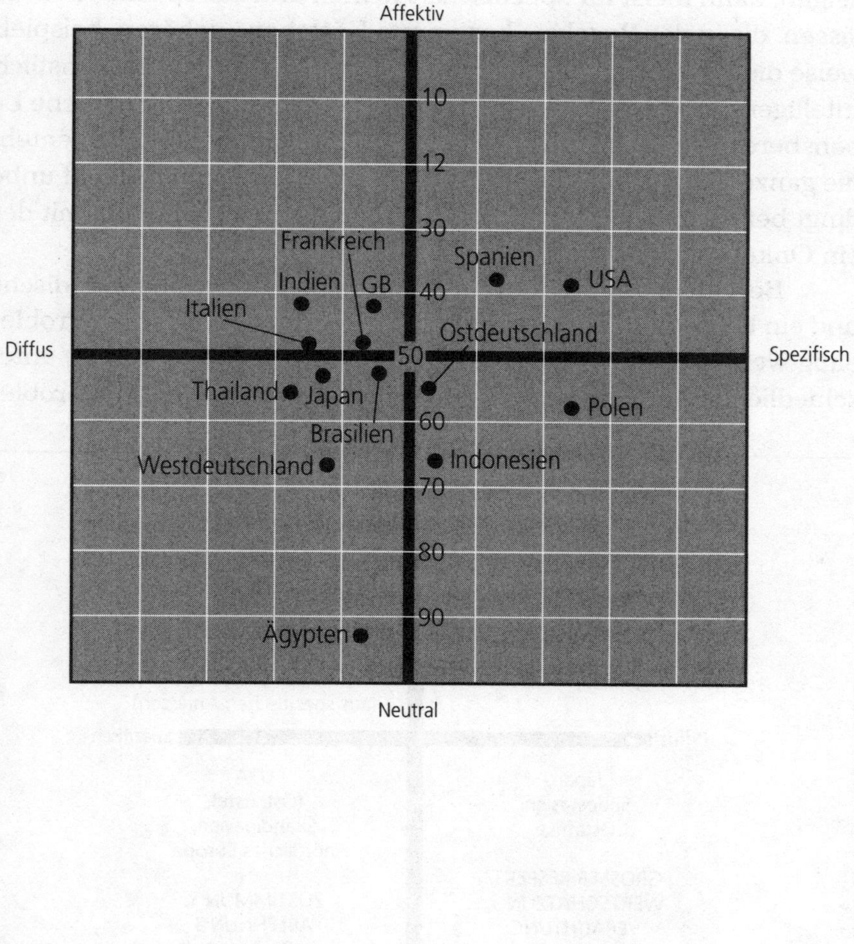

Abbildung 7.8: Wer möchten Sie sein?
(Antworten auf die Fragen A bis D über Wertschätzung contra Liebe)

des Emotionalen, aber Ostdeutsche sind weitaus spezifischer, wenn auch nicht in dem Maße wie die Polen oder Japaner. Auch hier gelten keine einheitlichen Regeln für einen Erdteil. Wenn wir trotzdem versuchen, die wichtigsten regionalen Kulturunterschiede herauszuarbeiten, ergibt sich das in Abbildung 7.9 gezeigte Bild.

Wenn (Westküsten-)Amerikaner Begeisterung und Engagement zeigen, dann meist für spezifische Themen und aus spezifischen Anlässen, die in der Regel in »bestimmte Kästchen« gehören, beispielsweise die Bewahrung der Mammutbäume, Wiedergeburt, künstliche Intelligenz usw. DA-Kulturen dagegen verknüpfen verschiedene Lebensbereiche miteinander. Schande für ein Familienmitglied entehrt die ganze Familie und muß gerächt werden. Und man ist nicht unbedingt bereit, in derselben Firma mit jemandem zu arbeiten, mit dem ein Onkel seit zehn Jahren einen Streit hat.

Bei einem bestimmten Anlaß konnten sich ein niederländischer und ein belgischer Manager nicht über ein finanzpolitisches Problem einig werden. Der niederländische Manager beließ es bei der unterschiedlichen Auffassung, weil die Sache für ihn nur ein Detailproblem

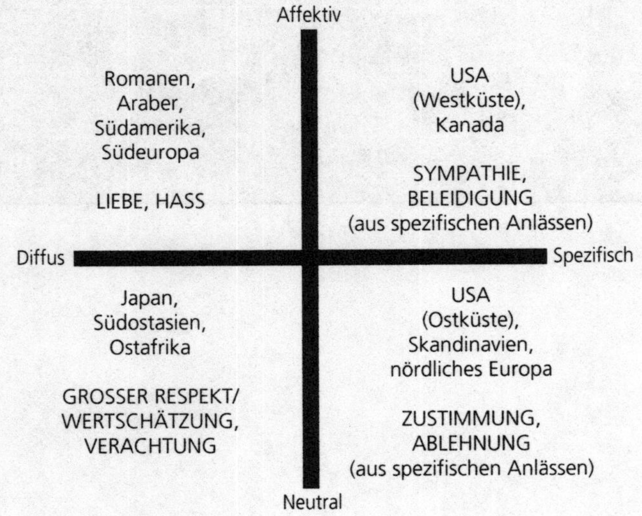

Abbildung 7.9: Regionale kulturelle Unterschiede

war, und versuchte über andere Geschäftsfragen weiterzuverhandeln. Doch für den Belgier warf dies ein Schlaglicht auf die ganze Angelegenheit. Er konnte dem niederländischen Manager nicht als Partner vertrauen, wenn der ihn in der Steuerfrage so mißverstand. Der Wunsch des Niederländers, zu anderen Fragen überzugehen, war dem Belgier Indiz dafür, daß er seine Einschätzung der Probleme auf die leichte Schulter nahm. So wurden ihre Geschäftsverbindungen abgebrochen.

Nordeuropäer, vor allem Skandinavier, sind etwas weniger spezifisch als Amerikaner, aber reagieren ablehnender auf offen gezeigte Emotion. Wie die Japaner jedoch haben sie nichts dagegen, wenn die Stimmung mit Alkohol aufgelockert wird. Das Fehlen ausgeprägten emotionalen Ausdrucks heißt nicht, daß solche Menschen kein Mitgefühl füreinander haben. Es bedeutet nur, daß mit dem Austausch von Gefühlen behutsam umgegangen wird, aber auch diese leisen Signale können natürlich für den Bände sprechen, der sie zu deuten weiß.

Der *spezifisch-diffuse Ausgleich* ist vielleicht das schwierigste Terrain, um eine Versöhnung herbeizuführen, sowohl vom persönlichen Standpunkt aus wie von dem eines Unternehmens. Das spezifische Extrem kann zur Zerreißprobe führen, das diffuse Extrem zu einem Verlust der Perspektive, ein Zusammenprall beider führt zum absoluten Stillstand. Nur im Wechselspiel beider Einstellungen kommt man zum besten Ergebnis, wenn man also lernt, daß Privatheit notwendig ist, daß aber die vollständige Abschottung des privaten Lebens zu Entfremdung und Oberflächlichkeit führt, daß Geschäft zwar Geschäft ist, aber stabile und intensive Beziehungen auch das Engagement verstärken.

Praktische Tips für das Handeln in spezifischen und diffusen Kulturen	
Unterschiede erkennen	
Spezifisch	*Diffus*
1. Direkt, zur Sache, absichtsvolle Beziehung. 2. Genau, unverblümt, eindeutig und transparent. 3. Prinzipien und Moralvorstellungen sind Wert an sich, nicht abhängig von dem Betroffenen.	1. Indirekt, umkreisend, anscheinend »zwecklose« Formen der Beziehung. 2. Ausweichend, taktvoll, unklar, bisweilen undurchsichtig. 3. Sehr situationsbezogenes moralisches Urteil, abhängig vom Betroffenen und Gesamtzusammenhang.
Tips für Geschäftsbeziehungen mit	
Spezifisch Orientierten (für Diffuse)	*Diffus Orientierten (für Spezifische)*
1. Die Zielvorstellungen, Prinzipien und aktuellen Vorhaben der spezifischen Organisation, mit der man zu tun hat, in Erfahrung bringen. 2. Schnell sein, sachbezogen und effizient. 3. Die Konferenz strukturieren mit Zeitplan, Tagesordnung und Pausen. 4. Keine Titel oder Kenntnisse vorführen, die mit dem aktuellen Thema nichts zu tun haben. 5. Nicht verletzt sein durch Konfrontationen, sie sind in der Regel nicht persönlich gemeint.	1. Die Geschichte, die Hintergründe und die Zukunftsvorstellungen der diffusen Organisation, mit der man ins Geschäft kommen will, in Erfahrung bringen. 2. Sich Zeit lassen und daran denken, daß »viele Wege nach Rom führen«. 3. Die Besprechung »laufenlassen«, von Fall zu Fall leichte Kurskorrekturen. 4. Achtung vor jemandes Titel, Alter, Hintergrundverbindungen, gleich, um welches Thema es geht. 5. Nicht ungeduldig werden, wenn Gesprächspartner indirekt oder weitschweifig werden.

Als Manager oder vom Management Betroffener	
Spezifisch Orientierte	*Diffus Orientierte*
1. Management bedeutet die Realisierung von Vorgaben und Normen mit entsprechender Belohnung.	1. Management ist ein kontinuierlicher Prozeß der Verbesserung, wodurch die Qualität steigt.
2. Private und geschäftliche Angelegenheiten werden auseinandergehalten.	2. Private und geschäftliche Angelegenheiten beeinflussen einander.
3. Interessenkonflikte sind unerwünscht.	3. Eines Mitarbeiters Gesamtsituation muß bedacht werden, bevor man über ihn urteilt.
4. Klare, präzise und detaillierte Instruktionen lassen sich am besten befolgen bzw. erlauben Mitarbeitern offene Kritik.	4. Allgemeine und vage Instruktionen erlauben eindeutige und verantwortungsvolle Interpretationen durch die Mitarbeiter, die dadurch Selbständigkeit beweisen können.
5. Berichte sollten mit einem Überblick beginnen.	5. Berichte sollten mit einer abschließenden Zusammenfassung enden.

8 Statusfragen

Alle Gesellschaften verleihen einigen ihrer Mitglieder höheren Status als anderen und zeigen damit an, daß diesen Menschen und ihren Aktivitäten höhere Aufmerksamkeit gebührt. Während einige Gesellschaften Status auf der Grundlage der von den betreffenden Menschen erbrachten Leistungen gewähren, orientieren sich andere an Merkmalen wie Alter, Klasse, Geschlecht, Erziehung usw. Die erste Art von Statuszuweisung nennt man *errungenen* Status, die zweite *zugeschriebenen* Status. Errungener Status bezieht sich auf das *Handeln*, zugeschriebener Status auf das *Sein*.

Wenn wir andere Menschen betrachten, werden wir in unserer Beurteilung teilweise beeinflußt von ihrer Laufbahn (»Fünf entscheidende Jahre lang Spitzenverkäufer in der Eastern Division«). Wir können aber auch von anderen Faktoren beeinflußt werden:

- Alter (»Ein sehr erfahrener Verkäufer«),
- gesellschaftliche Verbindungen (»Freunde in höchsten Ämtern«),
- Erziehung (»Elitestudent an der École Polytechnique«),
- Beruf (»Zukunftstechnik Elektronik«).

Während es Zuschreibungen gibt, die nicht logischerweise auf geschäftlichen Erfolg hinweisen, etwa männliches Geschlecht, weiße Hautfarbe oder noble Geburt, gibt es einige, die durchaus Voraussetzung dafür sein können: Alter und Erfahrung, Ausbildung und berufliche Qualifikation. Gerade die letzten beiden Faktoren sind eng verknüpft mit des Menschen früherer schulischer und beruflicher Leistung und damit mit dem, was bereits errungen bzw. erreicht wurde. Daher kann eine Kultur ihren besser ausgebildeten Beschäftigten einen höheren Status zuschreiben in der Annahme, daß ein erfolgreiches Studium auch eine erfolgreiche Tätigkeit im Berufsleben garantiert. Dies ist eine allgemeine Erwartung, die sich dann in einer Art »Blitzkarriere« oder »Management-Training«-Programmen äußern kann, mit der man den Nachwuchs für die Spitzenpositionen heranzieht.

Denken wir an das bereits über Status Gesagte, wenn wir uns wieder den Problemen Mr. Johnsons zuwenden, der vor der Situation steht, daß die italienischen Manager die Sitzung verlassen haben. Der zornige Aufbruch der Herren Gialli und Pauli fand statt, als ihr Modifikationsvorschlag zur Einführung von Pay for Performance von dem Niederländer Bergman als »verrückte Idee« bezeichnet worden war. Um die Lage zu retten, hatte Johnson sich auf eine Art Pendeldiplomatie verlegt. Wie ein jugendlicher Henry Kissinger (Johnson ist erst 35) bewegte er sich zwischen beiden Parteien hin und her, um den Streit zu schlichten. Doch immer weniger begann er sich als Kissinger zu fühlen und immer mehr als Don Quijote.

> Die italienischen Manager waren alles andere als besänftigt. Einer von ihnen hatte gerade unfreundlich auf »den amerikanischen Jugendkult, die Rotznasen, die alles besser wissen«, angespielt. Als nun der spanische Personalmanager, Señor Munoz, seine Vermittlung anbot, war Johnson sofort einverstanden. Er dachte sich, daß die spanische Kultur und Art der italienischen viel näher stehe, ganz abgesehen von dem Umstand, daß Munoz rund zwanzig Jahre älter war und kaum als unerfahren bezeichnet werden konnte.
>
> Wenn er auch hoffte, daß Munoz Erfolg hätte, so war Johnson doch erstaunt, als dieser bereits nach wenigen Minuten die Italiener zurück in den Konferenzraum brachte. Vielleicht war Munoz nach Johnsons Meinung nicht der beste aller Personalmanager, aber er war eindeutig Experte für schwierige Fälle. Innerhalb kurzer Zeit wurde jedoch klar, daß Munoz nun die italienische Forderung nach Modifikation des Pay-for-Performance-Plans unterstützte. Aus seiner Sicht – und hier fand er die Zustimmung der Italiener – war das Hauptproblem, daß bei dem gegenwärtigen Plan die erfolgreichen Verkäufer mehr ver-

dienen würden als ihre Vorgesetzten. Nach ihrer Meinung aber sollte es Untergebenen nicht gestattet sein, auf solche Weise die Position ihrer Vorgesetzten zu unterminieren. Wenn er nach Spanien zurückkomme, erklärte Señor Munoz, würde sich sein Verkaufsteam vermutlich weigern, auf diese Art seinen Chef bloßzustellen. Vielleicht gäbe es ein oder zwei illoyale Verkäufer, die dazu bereit wären, was aber für ihren Chef so demütigend sein könne, daß er schließlich resignieren müsse. Wenn es aber so sei, daß der Verkaufsmanager in großem Maße verantwortlich sei für den überdurchschnittlichen Erfolg seines Teams, sei es dann zu guter Letzt nicht sehr eigenartig, wenn die Firma jeden belohne mit Ausnahme des Leiters?
Die Besprechung wurde für eine Lunchpause unterbrochen, wenn auch Johnson selber der Appetit vergangen war.

Wie wir sehen können, sind die Wege verschieden, auf denen unterschiedliche Gesellschaften einzelnen Menschen Status zuschreiben. Señor Munoz hatte bei den Italienern aus dem gleichen Grunde mehr Gewicht als Johnson weniger: Sie hatten mehr Respekt vor Alter und Erfahrung als vor den besonderen Leistungen, die Johnson im Unternehmen zu einer Blitzkarriere verholfen hatten. Viele Angelsachsen, Mr. Johnson eingeschlossen, glauben, daß Status, der auf anderen Ursachen beruht als persönlicher Leistung, etwas Archaisches sei und nicht tauglich im Wirtschaftsleben. Aber ist diese Art von Leistungsorientiertheit wirklich ein notwendiger Bestandteil ökonomischen Erfolges?

Leistungsstatus und wirtschaftliche Entwicklung

Fast die gesamte Literatur über Leistungsorientierung sieht sie als einen Teil der »Modernisierung«, den Schlüssel zu ökonomischem und geschäftlichem Erfolg. Die Theorie lautet, daß, wenn man einmal damit beginne, geschäftliche Leistungen besonders zu honorieren, man damit einen sich selbst verstärkenden Prozeß einleite. Die Menschen strengen sich an, um im Einklang mit ihrer jeweiligen Kultur zu sein, und nun konfrontiert man sie mit der »Leistungsgesellschaft«,

The Achieving Society, wie der Harvard-Professor David McClelland[1] in den späten fünfziger Jahren seine eigene Kultur beschrieb: Nur Nationen, die auf die empirische Untersuchung dessen, »was am besten funktioniert«, setzen und denen Status verleihen, die das in die Wirtschaftspraxis umsetzen, haben die Voraussetzungen, ihre ökonomischen Interessen erfolgreich wahrzunehmen. Das ist der Geist des Protestantismus, der Versuch, Rechtfertigung durch die Werke zu erlangen, der einst den Erfolgreichen eine Art religiöser Weihe gab und dem Kapitalismus seinen geistigen Antrieb.

Nach dieser Sicht sind Gesellschaften, die Status zuschreiben, ökonomisch gesehen altväterlich, denn die Gründe, die bei ihnen zu Ansehen führen, erleichtern nicht kommerziellen Erfolg. Katholische Länder geben Status eher passiven Lebensweisen, Hindus halten die Einseitigkeit praktischen Fortschritts für einen Irrglauben, der Buddhismus lehrt die Abkehr von allen irdischen Verstrickungen. Überall finden wir Formen der Statuszuschreibung, die man für Hindernisse auf dem Weg ökonomischer Entwicklung hält. Prestigedenken hielt man für einen Ausdruck von Gesellschaften, die noch unterentwikkelt sind oder gerade erst am Anfang ihrer Entwicklung stehen, noch deutlicher als »Gift für die wirtschaftliche Gesundung«.

Um einen Begriff zu bekommen von dem Ausmaß des Orientierungskonfliktes zwischen errungenem und verliehenem Status in verschiedenen Kulturen, benutzten wir die folgenden Feststellungen und baten die Befragten, sie mit einer Fünfpunkteskala zu bewerten (1 = totale Zustimmung, 5 = totale Ablehnung).

A: Das wichtigste im Leben ist, so zu denken und zu handeln, wie es einem selber am meisten entspricht, selbst wenn man damit nicht immer Erfolg hat.

B: Das Ansehen eines Menschen hängt stark ab von seinem familiären Hintergrund.

Die Abbildungen 8.1 und 8.2 zeigen den Prozentsatz der Befragten, die jede der beiden Feststellungen ablehnen. Die Länder in Tabelle 8.1, wo nur eine Minderheit ablehnt »zu handeln, wenn auch manchmal ohne Erfolg«, sind im weitesten Sinne askriptive Kulturen – im allerweitesten Sinne, denn es gibt in der Tat nur drei Gesellschaften (USA, Kanada und Norwegen), wo sich eine Mehrheit findet für den Weg des Erfolges selbst um den Preis der persönlichen Freiheit, nach eigenem Gusto zu leben. Die USA bilden eindeutig eine Kultur, in der Status vor allem durch Leistung errungen wird, wie Abbildung 8.2 zeigt: 77 Prozent der Amerikaner lehnen es ab, daß Status in erster Linie durch familiären Hintergrund bestimmt wird. Einige der in Abbildung 8.1 als askriptiv erscheinenden Gesellschaften (z. B. Italien) zeigen bei dieser Frage eine Mehrheit gegen die Vorstellung, daß Status stark von der Familie abhänge. Die Aspekte der Zuschreibung variieren sehr stark von Land zu Land.

Aus beiden Tabellen läßt sich ein Zusammenhang ableiten zwischen Protestantismus und Leistungsorientierung, während katholische, buddhistische und hinduistische Kulturen sich als überwiegend askriptiv darstellen. Leider ergeben unsere Gesamtdaten keine Hinweise auf Zusammenhänge zwischen der Befürwortung von errungenem oder askriptivem Status und dem Alter, Geschlecht oder der Erziehung der Befragten, obwohl es in einigen Gesellschaften dafür Indizien gibt.

Ein zweiter Blick auf die Ergebnisse zeigt, daß es schwierig wird, bei der These zu bleiben, daß leistungsorientierter Status der Schlüssel zu wirtschaftlichem Erfolg sei. Keineswegs ist es heute so, daß protestantische Kulturen ein stärkeres Wirtschaftswachstum verzeichnen als katholische oder buddhistische. Das Sozialprodukt des katholischen Belgien beispielsweise ist pro Kopf leicht höher als das der überwiegend protestantischen Niederlande. Die katholischen Länder Frankreich und Italien hatten ein schnelleres Wirtschaftswachstum als Großbritannien oder Länder des protestantischen Skandinavien. Japan, Südkorea, Singapur und Hongkong sind vom Buddhismus und Konfuzianismus geprägt. Es ist aber nun mit Sicherheit nicht so, daß die japanische Übung der Führung durch Senioren die Unternehmen inflexibel gemacht hat. Kurz, es gibt keinen schlüssigen Beleg dafür, daß eine der beiden Orientierungen ein »höheres« Entwicklungsstadium anzeigt, wie es so gern von Theoretikern der Modernisierung behauptet wird.

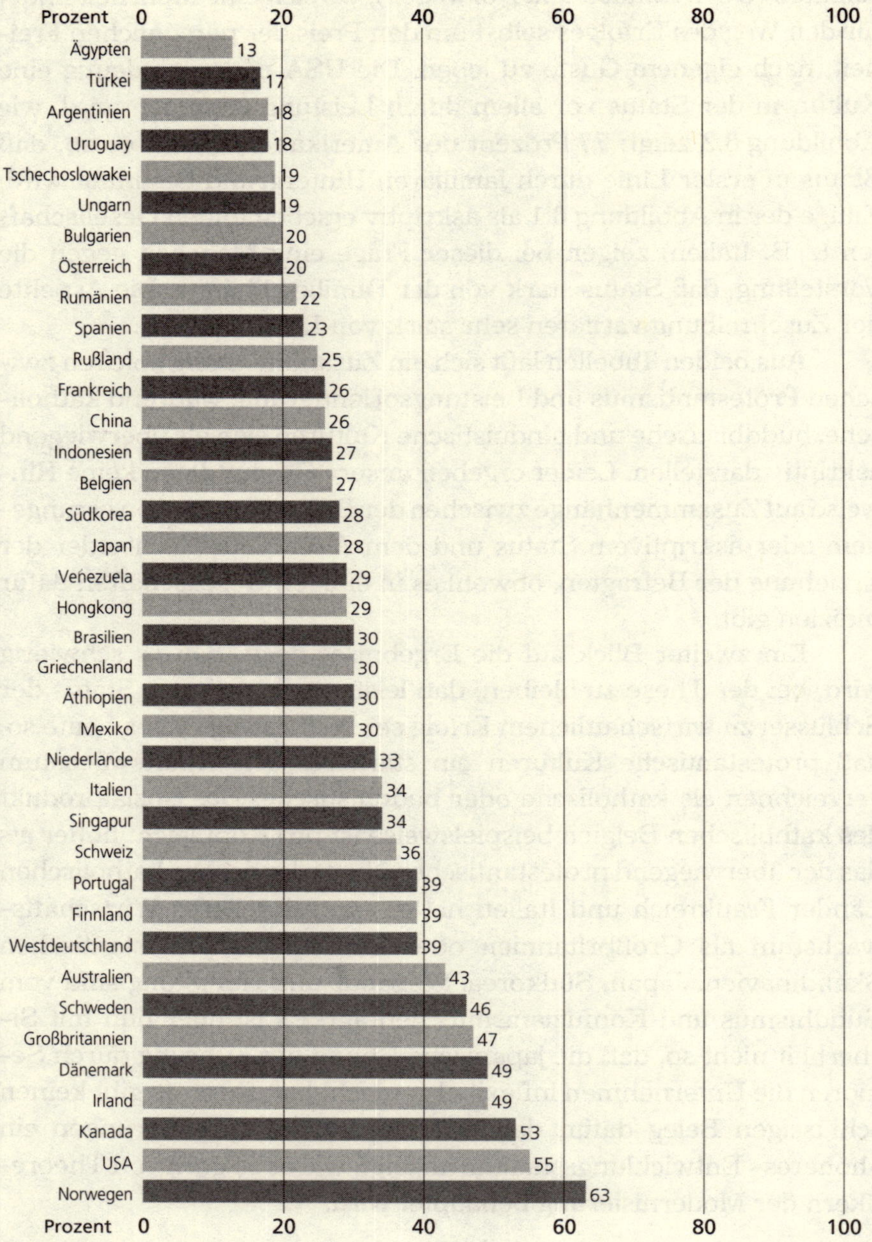

Abbildung 8.1: Seinen eigenen Weg gehen selbst ohne Erfolg
Prozentsatz der Befragten, die nicht zustimmen

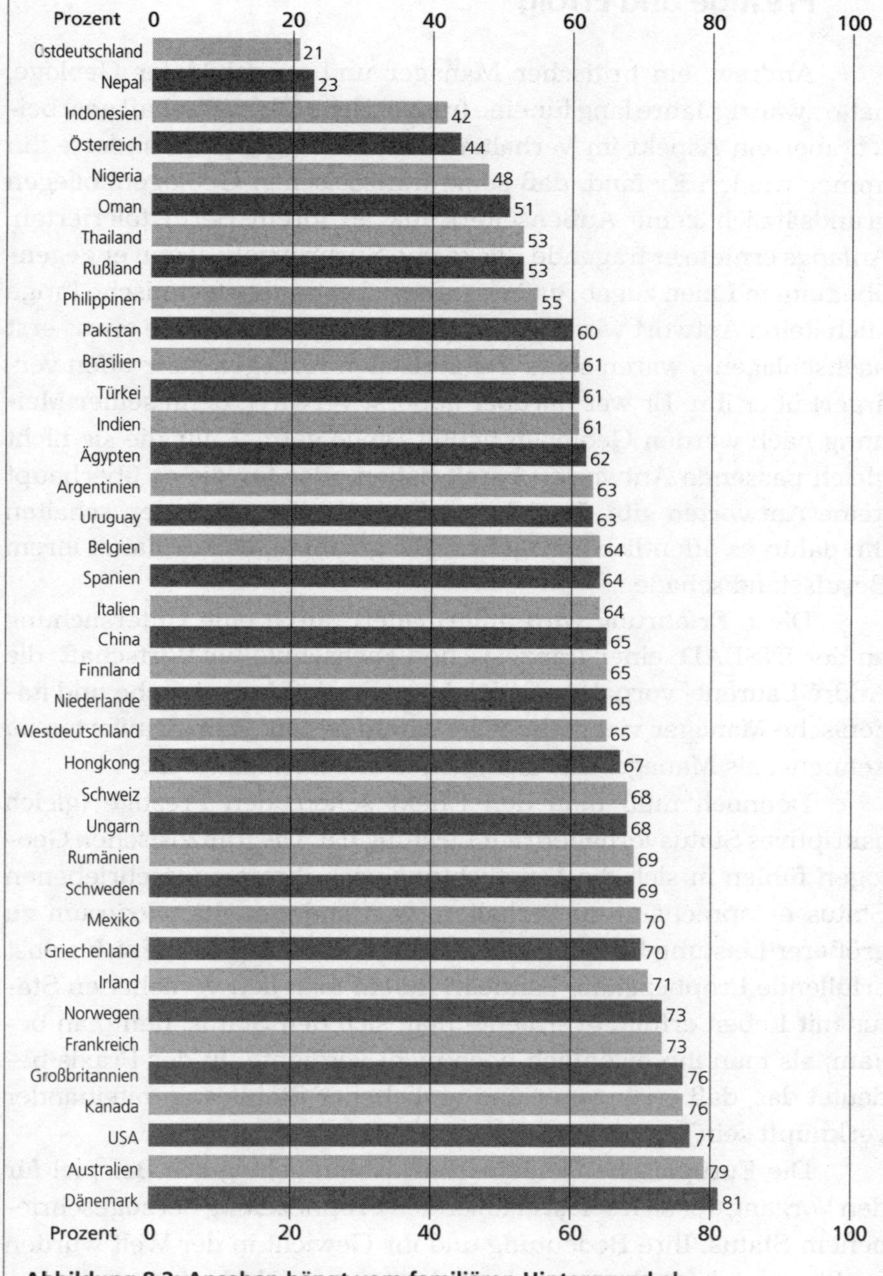

Abbildung 8.2: Ansehen hängt vom familiären Hintergrund ab
Prozentsatz der Befragten, die nicht zustimmen

Prestige und Erfolg

Andrew, ein britischer Manager und ausgebildeter Geologe, hatte zwanzig Jahre lang für eine französische Ölgesellschaft gearbeitet, aber ein Aspekt im Verhalten seiner Kollegen verwunderte ihn immer wieder. Er fand, daß seine französischen Geologenkollegen grundsätzlich keine Außenseiterkritik an ihrem Beruf tolerierten. Anfangs erntete er fragende Blicke und Stirnrunzeln, wenn er gegenüber einem Laien zugab, daß er auf eine bestimmte technische Frage auch keine Antwort wisse. Als er einmal sagte, er »müsse etwas erst nachschlagen«, waren seine französischen Kollegen ganz offen verärgert über ihn. Er war darüber äußerst verwirrt, denn seiner Meinung nach werden Geologen häufig Dinge gefragt, für die sie nicht gleich passende Antworten bereit haben oder für die es überhaupt keine Antworten gibt. Doch seine französischen Kollegen schalten ihn dafür, es öffentlich zuzugeben. Sie glaubten, daß er damit ihrem Berufsstand schade.

Diese Erfahrung wird untermauert durch eine Untersuchung an der INSEAD, einer französischen Fachschule für Wirtschaft, die André Laurent[2] vornahm. Er fand heraus, daß französische und italienische Manager viel mehr Wert darauf legten, »alle Antworten zu kennen«, als Manager aus zahlreichen anderen Kulturen.

Dennoch muß man den Effekt sehen, den Prestige (gleich askriptives Statusverhalten) auf Leistung hat. Die französischen Geologen fühlen in sich die Verpflichtung, sich ihrem zugeschriebenen Status entsprechend zu verhalten, was andererseits wiederum zu größerer Leistung führen kann. Es kann sich also um eine sich selbst erfüllende Prophezeiung handeln: Indem man den verliehenen Status mit Leben erfüllt, »verdient« man sich den Status, den man bekam, als man ihn eigentlich noch nicht verdiente. In der Praxis bedeutet das, daß errungener und verliehener Status eng miteinander verknüpft sein können.

Die Europäische Gemeinschaft ist ein sehr gutes Beispiel für den Vorgang der sich selbst erfüllenden Prophezeiung bei zugeschriebenem Status. Ihre Bedeutung und ihr Gewicht in der Welt wurden proklamiert, lange bevor sie irgend etwas erreicht hatte.

Die Verknüpfung von askriptiven und leistungsabhängigen

Orientierungen ist ein Charakteristikum der beiden führenden Ökonomien der Welt, Japan und Deutschland. In beiden Kulturen müssen die Nachwuchskräfte der Wirtschaft in Schule, Studium und Ausbildung *als einzelne* den Nachweis ihrer Leistung erbringen. Sind sie dann Manager geworden, wird von ihnen Zusammenarbeit gefordert. Leistung ist dann weniger die Sache des einzelnen, der sich zu seinem persönlichen Vorteil gegen Mitbewerber durchgeboxt hat, sondern ein Gruppenziel, wobei diejenigen führen, die sich früher (und individuell) ausgezeichnet haben.

An diese Unterscheidungen muß man denken, wenn man die zuvor präsentierten Daten untersucht. Status verleihen oder Status erringen – das können, aber *müssen nicht* notwendigerweise getrennte Wege sein. Persönliche Leistung kann das Verleihen von Status befördern, etwa wenn man »Neuland erschließt«. Aber auch das Verleihen von Status kann Leistung stimulieren, so, wenn neue Schlüsselindustrien zunächst projektiert und dann von »nationalen Helden« zum Erfolg geführt werden.

Die Meinung, daß elektronische Ausrüstung, wie sie von Olivetti, Bosch, Siemens oder Alcatel hergestellt wird, mehr Bedeutung für die EG hat als fundierte Kenntnisse über den Vertrieb von Hamburgern oder das Abfüllen von Colaflaschen, ist jedoch nicht ganz abwegig.

Man kann vermutlichen »Schlüssel«industrien größere Bedeutung geben aufgrund positiven oder negativen Urteils. Es ist schließlich einsichtig, daß eine Wirtschaft hochentwickelter Elektronik bedarf, um wettbewerbsfähig zu bleiben in einer Zeit, in der Maschinen zunehmend mehr elektronisch umgerüstet und über Monitore kontrolliert und gesteuert werden.

Nun hat man die Wahl, Elektronik einen höheren Stellenwert zu verleihen, *bevor* die Leistungsfähigkeit des herkömmlichen Maschinenbaus nachläßt oder aber *danach*. Eine Kultur, die darauf beharrt, erst die negativen Auswirkungen zu sehen, bevor sie ihren Kurs ändert, kann sich selber schaden. Intelligente Vorausschau erfordert, daß man bestimmten Vorhaben Bedeutung verleiht, genau wie uns Joint-ventures, strategische Allianzen und Partnerschaften abverlangen, einer Beziehung Wert beizumessen, *bevor* sie sich als erfolgreich erwiesen hat.

Verhandlungen zwischen beiden Statuskulturen

Es kann auf Manager aus Leistungskulturen außerordentlich irritierend wirken, wenn ein Verhandlungsteam aus einer askriptiven Kultur eine »graue Eminenz« im Hintergrund hat, der alle Vorschläge oder Änderungen unterbreitet werden müssen. Die Rolle dieser (meist männlichen) Person ist nicht immer klar. Sie wird keine eindeutigen Wünsche äußern, aber stets Rücksichtnahme erwarten, zwar nicht von Ihnen, aber von ihrem Team, das ständig auf die leisesten Zeichen von Zustimmung oder Ablehnung lauert. Natürlich wirkt es gleichermaßen befremdlich auf askriptive Kulturen, wenn ein »Leistungsteam« mit seinen aggressiven jungen Männern und Frauen anrückt, die mit Kenntnissen um sich werfen, als wollten sie ein Trommelfeuer erzeugen, das das gegnerische Team zur Kapitulation zwingen soll. Man fühlt sich dann so wie in einem Spiel mit einem Knirps mit Spielzeugpistole: Es wird eine Menge Lärm von jemandem verursacht, dessen Autorität oder Status unbekannt ist.

In der Tat wirkt es auf askriptive Kulturen oft beleidigend, wenn man ihnen junge »Naseweise« schickt, um mit zehn oder zwanzig Jahre älteren Personen zu verhandeln. Die Reaktion kann dann sein: »Denken diese Leute etwa, sie hätten unseren Erfahrungsstand bereits in der Hälfte der Zeit erreicht? Daß ein dreißigjähriger Amerikaner gerade gut genug ist, um mit einem fünfzigjährigen Griechen oder Italiener zu verhandeln?« Leistungskulturen müssen lernen, daß etliche askriptive Kulturen, besonders die japanische, sehr viel Wert auf Training und firmeneigene Weiterbildung legen, so daß ältere Menschen tatsächlich aufgrund der bereits in der Firma verbrachten Jahre und der Vielzahl der Untergebenen, die sie ständig konsultieren, informierter sind. Es verletzt die Menschen einer askriptiven Kultur, wenn man irgend etwas tut, was den Selbsterfüllungsmechanismus ihrer Annahmen außer Kraft setzt. Ältere Menschen müssen in ihrer Bedeutung gestärkt werden, *damit* sie vom Respekt der anderen zehren und sich darauf verlassen können. Von einem Fremden wird erwartet, daß er sich dieser Sitte anpaßt, nicht, daß er sie herausfordert.

Man stelle sich eine japanisch-niederländische Geschäftsverhandlung vor. Wenn die niederländischen Experten für Finanzen,

Marketing und Personalmanagement auf ihre japanischen Partner treffen, wollen die Niederländer zunächst die Fakten klären und festlegen, wer für Entscheidungen verantwortlich ist. Auf die Niederländer wirken die Japaner ausweichend und geheimniskrämerisch, als fürchteten sie, etwas preiszugeben. Den Japanern aber ist dies weniger wichtig als das Einvernehmen zwischen ihnen selber und ihren Delegationsleitern, die die Niederländer anscheinend »ausforschen« wollen, was leicht als respektlos empfunden werden kann. Wie dem auch sei, es ist auf jeden Fall Sache des Leiters des Verhandlungsteams, über Bedeutung und Gewicht der gegenseitigen Beziehungen zu befinden.

Während einer Konferenz in Rotterdam über ein japanisch-niederländisches Joint-venture-Projekt wurde einer der japanischen Teilnehmer krank. Ein Mitglied der niederländischen Delegation wandte sich an Herrn Yoshi, einen anderen japanischen Teilnehmer mit perfekten Englischkenntnissen und hervorragendem technischen Wissen, ob er den kranken Kollegen bei einem bestimmten Forum vertreten könne. Herr Yoshi reagierte ausweichend, und der Niederländer ärgerte sich über das Verweigern einer klaren Antwort. Wenige Minuten später verkündete Herr Kaminaki, der Leiter der japanischen Delegation, daß Herr Yoshi den kranken Kollegen verträte, weil er, Kaminaki, ihm diese Aufgabe übertragen habe. So war eindeutig klargestellt, um wessen Entscheidung es hier ging.

Die Rolle des Übersetzers

Bei Verhandlungen dieser und anderer Art wird oft deutlich, daß der Übersetzer aus einer askriptiven Kultur sich nach den Maßstäben von Leistungskulturen »unprofessionell« verhält. Nach britischer, deutscher, nordamerikanischer, skandinavischer und niederländischer Auffassung hat der Übersetzer wie jeder andere Teilnehmer eine Aufgabe zu erfüllen, und die seine besteht in der *möglichst genauen, unbeeinflußten* Wiedergabe dessen, was in der anderen Sprache gesagt wurde. Der Übersetzer soll neutral sein, ein Instrument der sprachlichen Verständigung, nicht der Interessen einer Partei.

In anderen Kulturen jedoch verhält sich ein Übersetzer anders. Ein japanischer Übersetzer wird beispielsweise oft eine Minute oder mehr brauchen, um eine englische Äußerung von 15 Sekunden Dauer zu »übersetzen«. Und daran schließt sich oft eine ausführliche Diskussion an zwischen ihm und dem Team, dem er angehört, über das, was die Gegenseite gerade gesagt hat. Für die japanische Seite ist der Übersetzer ein *Interpret*, nicht einfach nur der Sprache, sondern der Gesten, des Sinns und des Kontextes. Seine Rolle ist die Unterstützung des eigenen Teams und vielleicht auch sein Schutz vor Konfrontationen, in die es die westlichen Partner verstricken könnten. Er kann Vorgesetzte vor Schroffheiten bewahren und sein Team beraten, wie es am besten der Taktik der Gegenseite begegnet. Der »Übersetzer« steht eindeutig auf der Seite des askriptiven Teams.

Wenn das leistungsorientierte Team lückenlose, wenn nicht sogar wörtliche Übersetzung wünscht, dann muß es eben seinen eigenen Übersetzer mitbringen. Dies jedoch muß nicht unbedingt der Verständigung förderlich sein, denn asiatische Teams sind es gewohnt, sich untereinander zu besprechen, weil sie glauben, daß kein Ausländer sie versteht. Hat man nun jemanden dabei, der ihre Sprache versteht, müssen sie sich damit zurückhalten, um den Konferenzverlauf nicht zu stören. So kann ein gutgemeinter Beitrag zur gegenseitigen Verständigung auf wenig Gegenliebe treffen.

Die Rolle der Titel

Der Gebrauch und die Erwähnung von Titeln auf Geschäftskarten und bei formellen Vorstellungen kann sich als kompliziert erweisen. Der niederländische Autor dieses Buches führt drei verschiedene Versionen seiner Visitenkarte bei sich, um sich einzuführen. Im Nahen Osten und in Südeuropa dienen formelle Titel, die ich während verschiedener Phasen und in verschiedenen Bereichen meiner formalen Ausbildung erwarb, der Unterstreichung meines Status. Wenn ich mich jedoch in britischen Gefilden als »Doktor« präsentieren würde, könnte man mich leicht für zu akademisch eingestellt halten für einen Unternehmensberater. Es wird nicht für besonders aussagekräftig gehalten, wenn jemand in dieser Position den Dr. phil. vorweist und dann auch noch großen Wert darauf legt (zumal der Titel für dieses Geschäft nicht unbedingt legitimiert). Akademische Leistungen können im Gegenteil sogar für Leistungen in der Wirtschaft disqualifizieren.

Man könnte eine ähnliche Situation in den USA, einer anderen leistungsorientierten, aber spezifischen Gesellschaft vermuten. Jedoch macht es die dortige »Inflation« von Qualifikationen legitim, die Aufmerksamkeit auf höhere, an guten Universitäten erworbene Grade zu lenken, vorausgesetzt, es besteht ein Bezug zur aktuellen Aufgabe. Üblicherweise wird das Spezialgebiet erwähnt: Wirtschaftswissenschaften, Soziologie usw.

In diffusen Kulturen ist es wichtig, seinen persönlichen Status mit seinem Status innerhalb seiner Organisation zu verknüpfen. In der Tat kann jemandes individuelle Leistung zweitrangig sein im Vergleich zu dem Status, den er innerhalb der Organisation hat. Es ist daher wichtig, nicht einfach nur zu sagen, daß man Chef sei, sondern Chef wovon: von Marketing, Finanzen, Personalwesen usw. Manch ein Geschäft scheiterte, weil man dem Repräsentanten der Firma keinen ausreichend hohen Rang in seinem Unternehmen beimaß. Askriptive Kulturen wollen sicher sein, daß Ihre Organisation großen Respekt vor Ihnen hat und daß Sie an oder nahe der Spitze des Unternehmens stehen.

Die Beziehung zur Muttergesellschaft

Im Wertesystem der individualistischen, leistungsorientierten Kulturen verpflichtet das durch einen Repräsentanten gegebene Wort das Unternehmen zur Einhaltung der getroffenen Abmachungen. Der einzelne hat Autorität und Vollmacht zu persönlichem Urteil. In askriptiven Kulturen hat der einzelne, auch wenn er an der Spitze seiner Organisation steht, so gut wie nie die persönliche Vollmacht, ohne ausführliche Konsultationen Verpflichtungen für seine Firma einzugehen. Daher wird der Vertreter einer askriptiven Kultur wohl niemals ernsthaft glauben, daß der Vertreter der Leistungskultur diese Vollmacht habe. Vereinbarungen werden so auf Probe getroffen und müssen »zu Hause« ratifiziert werden. Das ist ein Grund dafür, warum Ihr Titel und Einfluß »zu Hause« dem askriptiven Partner so wichtig ist. Wie können Sie Ihre Firma binden, wenn Sie keinen hohen Rang in der Hierarchie Ihrer Firma haben?

Wenn Sie einen ungestümen, wenn auch »cleveren Jungen« schicken, können Sie nicht sehr seriös sein. Wichtig ist es, ältere, gereifte Menschen als Delegierte zu einer askriptiven Kultur zu senden, auch wenn sie vielleicht weniger Detailwissen über das Produkt haben. Genauso wichtig kann es sein, bei der askriptiven Kultur sich um die persönliche Begegnung mit dem Senior der Gegenseite zu bemühen. Je näher man an die Spitze herankommt, desto wahrscheinlicher ist es, daß geschäftliche Versprechen auch eingehalten werden.

Die Differenziertheit des askriptiven Status

Nun beginnt man zu verstehen, warum Pay for Performance und Boni für Erfolgreiche – unabhängig von ihrem Rang – auf askriptive Kulturen irritierend wirken. Der Vorgesetzte ist *per Definition* verantwortlich für Leistungssteigerungen, sein relativer Status wird in dieser Hinsicht von höheren Verkaufszahlen seiner Gruppe nicht berührt. Wird die Be- und Entlohnung gesteigert, dann muß das entsprechend den Statusproportionen geschehen, nicht nach der Nähe zum tatsächlichen Verkauf. Tut der Leiter etwas, was seinen eigenen Status schmälert, fühlen sich in der Konsequenz *alle* seine Untergebenen degradiert.

Nach seiner Ankunft in Thailand wollte ein britischer General Manager nicht den Wagen seines Vorgängers übernehmen. Der thailändische Finanzmanager fragte ihn, welchen Mercedes-Typ er statt dessen wolle. Der GM bat daraufhin um einen Suzuki oder einen Kleinwagen, mit dem er besser durch den chaotischen Verkehr von Bangkok käme.

Drei Wochen später erkundigte sich der GM bei seinem Finanzmanager, wann der gewünschte Wagen geliefert werde. Für einen Augenblick gab der Thailänder seine Zurückhaltung auf und platzte heraus: »Einen neuen Mercedes können wir Ihnen schon morgen stellen, aber Suzukis brauchen viel, viel länger.« Der GM bat ihn, dafür zu sorgen, daß das schneller passieren möge. Nach vier Wochen schließlich wollte der GM die Kauforder für den Wagen sehen. Die Antwort der Einkaufsabteilung darauf war: Weil es so lange dauere, ein kleines Auto zu bekommen, hätten sie sich entschlossen, einen Mercedes zu bestellen.

Der General Manager war nun mit seiner Geduld am Ende. Beim nächsten Managementtreffen brachte er das Thema zur Sprache und fragte nach einer Erklärung. Mit einem leichten Anflug von Verlegenheit bekam er schließlich von den überwiegend thailändischen Managern zu hören, sie könnten schwerlich mit dem Fahrrad zur Arbeit kommen.

In diesem Falle hing der Status jedes einzelnen von dem der anderen ab. Hätte der britische Manager einen viel teureren Wagen bestellt, hätten auch alle anderen Manager eine Wagenklasse höher aufrücken können. In askriptiven Gesellschaften »ist« man sein eigener Status. Er gehört so zur Natur wie Geburt oder formale Ausbildung (Wiedergeburt), durch welche die einem innewohnende Kraft manifestiert wird. Verliehener, zugeschriebener Status »ist« einfach, was er ist, und bedarf keiner rationalen Rechtfertigung, auch wenn es eine solche geben mag. So muß beispielsweise die Bevorzugung von Männern, von reiferem Alter oder gesellschaftlichen Verbindungen in der Regel nicht von einer Kultur begründet oder verteidigt werden, die älteren Männer aus »guten« Familien mehr Gewicht gibt. Das muß deswegen nicht irrational sein oder gar Verzicht auf Wettbewerb bedeuten, es heißt nur, daß Begründungen weder angeboten noch erwartet werden. Es war *schon immer so* gewesen, und wenn es mit sich bringt, daß man sich verstärkt um die Weiterbildung der älteren Führungskader kümmert, dann ist das um so besser, aber es ist *nicht* die Voraussetzung dafür, daß man für die ersten Plätze ältere Menschen vorzieht.

Leistungsorientierte Organisationen rechtfertigen ihre Hierarchien damit, daß ältere Mitarbeiter für die Organisation »mehr geleistet« haben, daß ihre Autorität, durch Geschick und Wissen untermauert, der Organisation letztendlich zugute kommt. Askriptiv orientierte Organisationen rechtfertigen ihre Hierarchien durch »Befehlsgewalt«. Diese mag aus »Gewalt« *über* Menschen herrühren und autoritär oder diktatorisch sein oder aus »Gewalt« *durch* Menschen und partizipativ sein. Innerhalb askriptiver Kulturen gibt es viele Spielarten, und die Vorzüge partizipativer Macht sind wohlbekannt. In welchen Formen auch immer Macht sich ausdrückt, die Statusverleihung an bestimmte Menschen ist stets auch Machtverleihung, und von dieser Macht erwartet man, daß sie die Effizienz der Organisation vorantreibt. Das System aber ändern wollen und auf eine »Leistungsgrundlage« stellen kann zum Debakel führen.

Ein leistungsorientierter schwedischer Manager hatte ein Projekt in Pakistan zu leiten. Eine Stelle mußte neu besetzt werden, und nach sorgfältiger Prüfung wählte der schwedische Manager einen seiner beiden vielversprechendsten pakistanischen Mitarbeiter zur Beförderung aus. Beide Kandidaten verfügten über eine hervorragende Ausbildung, waren promovierte Maschinenbauingenieure und galten in Pakistan als Autoritäten auf ihrem Gebiet. Obwohl beide auf hervorragende Leistungen zurückblicken konnten, wurde Herr Kahn aufgrund jüngster Erfolge ausgewählt.

Herr Saran, der verschmähte Kandidat, war über den Lauf der Ereignisse sehr verärgert. Er ging schnurstracks zu seinem schwedischen Chef und bat um Aufklärung. Doch die ihm gegebenen Begründungen, die sich an den spezifischen Bedürfnissen der Arbeit orientierten, konnten ihn nicht beruhigen. Wie durfte ein solcher Gesichtsverlust erlaubt sein?

Der schwedische Manager warb um Verständnis dafür, daß nur einer der beiden befördert werden könne, weil nun einmal nur eine Position offen sei. Einer von beiden müsse sich verletzt fühlen, auch wenn beide wertvolle Mitarbeiter seien. Der Zurückgesetzte blieb uneinsichtig. Schließlich erfuhr der Schwede den Grund: Herr Saran hatte zwei Jahre vor Herrn Kahn an der gleichen amerikanischen Universität promoviert. Deshalb wurde der Status Sarans höher eingeschätzt als der seines Kollegen. Seine Familie würde das niemals verstehen. Was sollte man von dieser westlichen Methode halten, die so leichtfertig mit Statusfragen umging? Spielten denn nur die Leistungen der letzten paar Monate eine Rolle?

Es ist wichtig, zu erkennen, wie verschieden voneinander die Logik der Leistungs- und der askriptiven Kultur ist, aber keine von beiden deshalb für weniger gewichtig zu halten. In Leistungsländern wird der Handelnde danach ausgewählt, wie erfolgreich er die ihm übertragene Funktion ausübt. Die Beziehungen sind funktional und spezifisch: Meine Beziehung zu Ihnen ist z. B. die Ihres Verkaufsmanagers. Daß ich in dieser Rolle bin, liegt an meinen Verkaufsergebnissen. Ein anderer in dieser Rolle muß sich dem Vergleich mit mir aussetzen und ich mit ihm. Erfolg wird überall definiert als Steigerung des Verkaufs. Meine Beziehung zur Fabrikation, zu Forschung und Entwicklung, zur Planung usw. ist instrumental. Entweder verkaufe ich, was sie geplant, entwickelt und hergestellt haben, oder ich tue es nicht, ich *verkörpere* meine funktionale Rolle.

In Zuschreibungskulturen mißt man dagegen jenen Personen Status bei, die gewissermaßen *naturgegeben* bei anderen Ansehen genießen, also älteren Menschen, Männern, hervorragend qualifizierten Menschen und/oder solchen, die befähigt sind für Technologien oder Projekte von nationaler Bedeutung. Achtung vor einem Status hilft der so ausgezeichneten Person, die Erwartungen zu erfüllen, die die Gesellschaft in sie setzt. Der Status ist grundsätzlich nicht gebunden an die besondere Aufgabe oder Funktion. Der einzelne wird für sich genommen und nicht ohne weiteres mit anderen verglichen. Sein Erfolg wird mit entschieden von der Loyalität und Hingabe seiner Untergebenen, die er andererseits nach außen repräsentiert. In diesem Sinne verkörpert er die Organisation und ihren Einfluß.

Leistungsorientierte Firmen in westlichen Ländern betrauen oft junge, vielversprechende Manager mit besonders schwierigen Aufgaben in fernen Ländern, ohne zu erkennen, daß die lokale Kultur trotz Leistung weder ihre Jugendlichkeit noch etwa ihr Geschlecht akzeptiert. Eine junge (34jährige) begabte Marketingmanagerin hatte für eine amerikanische Firma bereits in Amerika und Großbritannien gearbeitet. In ihrem zweiten Jahr war sie so erfolgreich, daß man sie als »vielversprechendste Managerin in Großbritannien« ansah. Dieses Vertrauensvotum beeinflußte ihre Entscheidung zur Annahme des Angebotes, als Marketingdirektor ihres Unternehmens in die Türkei zu gehen. Sie wußte, daß es ihr bisher immer gelungen war, das Vertrauen und die Unterstützung ihrer Kollegen und Untergebenen zu gewinnen.

Die ersten Wochen in Ankara verliefen wie üblich bei einem neuen Job, sie orientierte sich über die lokalen Besonderheiten des Geschäfts, machte sich mit dem Mitarbeiterstab vertraut und dem bisherigen Stil der Arbeit. Glücklicherweise kannte sie bereits Guz Akil, einen der Marketingmanager. Er war in London ihr Marketingassistent gewesen, und sie hatten sehr gut zusammengearbeitet.

Obwohl sie hart arbeitete und ihr Bestes gab, hatte sie nach wenigen Monaten das Gefühl, als würde ihr allmählich ihre Autorität entgleiten. Der türkische Mitarbeiter mit der größten Erfahrung, der 63jährige Hasan, übernahm wie selbstverständlich immer mehr von ihren Aufgaben und sorgte für die Erledigung von Dingen, wo ihre eigenen Bemühungen gescheitert waren, obwohl er nur über ein Bruchteil ihres Marketingwissens verfügte. Sie mußte aber auch aufpassen, weil seine Art der Einflußnahme oft zu wenig befriedigenden Ergebnissen führte. Durch Guz Akil erfuhr sie, daß die Zentrale mit diesem Arrangement einverstanden war und sich immer häufiger direkt an Hasan wandte statt an sie. So hörte sie, daß zehn Jahre zuvor ein amerikanischer Manager, der in ihrem Alter war, wieder abberufen wurde, weil er nicht in der Lage war, das lokale Management effektiv zu leiten. Nun arbeitete dieser Manager, und zwar sehr erfolgreich, wieder in Amerika für ein Konkurrenzunternehmen.

Als ich in einem Seminar in San Francisco diesen Fall vortrug, um auf die Fallstricke eines universalistischen Systems bei der Personalplanung hinzuweisen, zeigte sich ein weiblicher Manager persönlich betroffen: »Sie sollten dieses Thema nicht immer wieder breittreten. Sie akzeptieren damit Diskriminierung aufgrund von Geschlecht und Alter oder gestatten sie zumindest unseren ausländischen Filialen. In diesem Land könnte man Sie deswegen verklagen.«

In der Tat haben kulturelle Präferenzen oft die Macht von Gesetzen oder die Kraft von Traditionen. Die Weigerung, junge weibliche Manager in die Türkei zu schicken, weil sie jung und Frauen sind, ist vielleicht ungesetzlich, sie aber hinzuschicken bedeutet, sie mit Schwierigkeiten zu konfrontieren, denen sie möglicherweise nicht gewachsen sind, auch wenn dies nicht ihre persönliche Schuld ist. Je tüchtiger sie sind, desto mehr scheinen sie den askriptiven Prozeß zu stören. Es könnte eine bessere Taktik sein, eine junge Frau als Assistentin oder Beraterin einem einheimischen Manager zur Seite zu stellen. Sie kann auf diese Weise dessen eventuelle Wissenslücken füllen und das Gewicht der lokalen Größen so einsetzen, daß die Aufgaben richtig erledigt werden. Eine solche Position könnte ebenso bewertet und bezahlt werden wie eine Chefposition in einer leistungsorientierten Kultur, vielleicht zuzüglich eines Bonus für den Kulturschock. Wenn man in der Türkei erfolgreich sein will, kann man nicht türkische kulturelle Normen durch amerikanische ersetzen. Auf lange Sicht führt das zum Mißerfolg, und auf kurze Sicht kann es sehr teuer werden.

Ungeachtet größeren Nachdrucks auf das askriptive oder aber das Leistungselement in gewissen Kulturen entwickeln sich nach meiner Sicht beide aufeinander zu. Diejenigen, die mit askriptivem Status »starten«, honorieren in der Regel nicht nur Status als solchen, sondern als Garanten für zukünftige Leistung und Erfolg, den sie damit befördern wollen. Diejenigen, die mit Leistung »starten«, verleihen in der Regel jenen Personen und Projekten Bedeutung und Priorität, die schon Erfolg hatten. Doch in allen Gesellschaften geht es nicht ohne Leistung und Prestige. Es ist wiederum nur die Frage, von wo der Zyklus seinen Ausgang nimmt.

Praktische Tips für das Handeln in askriptiven und leistungsorientierten Kulturen	
Unterschiede erkennen	
Leistungsorientiert	*Askriptiv*
1. Titel nur benutzen, wenn sie Kompetenz bedeuten für die jeweilige Aufgabe. 2. Achtung vor hierarchisch Übergeordneten beruht auf ihren Arbeitserfolgen und ihren entsprechenden Kenntnissen. 3. Die meisten Seniormanager haben unterschiedliches Alter und Geschlecht und haben sich in spezifischen Aufgaben ausgezeichnet.	1. Extensiver Gebrauch von Titeln, besonders wenn sie den Status in der Organisation klären. 2. Achtung vor hierarchisch Höherstehenden ist Maßstab für das Engagement für die Organisation und ihre Ziele. 3. Die meisten Seniormanager sind männlich, mittleren Alters und durch ihren »Background« qualifiziert.
Tips für Geschäftsbeziehungen mit	
Leistungsorientierten (für Askriptive)	*Askriptiven (für Leistungsorientierte)*
1. Sorgen Sie dafür, daß Ihr Verhandlungsteam genug Datenmaterial, technische Ratgeber und kenntnisreiche Leute aufweist, damit der Gesprächspartner sieht, daß das gemeinsam angegangene Projekt auch gelingt. 2. Respektieren Sie Wissen und Kenntnisstand Ihrer Verhandlungspartner, auch wenn Sie vermuten, daß sie zu Hause nicht sehr viel zu sagen haben.	1. Sorgen Sie dafür, daß Ihr Verhandlungsteam genug ältere, erfahrene und mit formalem Status ausgestattete Mitglieder umfaßt, damit die andere Seite merkt, wie wichtig Ihnen diese Verhandlung ist. 2. Respektieren Sie Status und Einfluß Ihrer Verhandlungspartner, auch wenn Sie vermuten, daß ihr Wissen nicht sehr umfangreich sei. Vermeiden Sie jeden Anschein von Überheblichkeit.

3. Benutzen Sie den Titel, der Ihre persönliche Kompetenz am besten widerspiegelt. 4. Unterschätzen Sie nicht das Bedürfnis Ihrer Verhandlungspartner, mehr zu erreichen als vorgegeben. Herausforderungen motivieren.	3. Benutzen Sie den Titel, der Ihren Einfluß in Ihrer Firma am besten widerspiegelt. 4. Unterschätzen Sie nicht das Bedürfnis Ihrer Verhandlungspartner, ihren Status zu rechtfertigen. Herausforderungen sind destruktiv.
Als Manager oder vom Management Betroffener	
Leistungsorientiert	*Askriptiv*
1. Respekt vor einem Manager beruht auf Wissen und Geschick. 2. MBO und Pay for Performance sind gute Führungsinstrumente. 3. Entscheidungen werden in Frage gestellt durch technische und funktionale Ursachen.	1. Respekt vor einem Manager beruht auf dem Senioritätsprinzip. 2. MBO und Pay for Performance sind weniger wirksam als die persönliche Anerkennung durch den Manager. 3. Entscheidungen werden nur in Frage gestellt durch Personen höheren Ranges.

Der Umgang mit der Zeit

9

Weil Manager ihre geschäftlichen Aktivitäten miteinander koordinieren müssen, brauchen sie auch ein Mindestmaß an Gemeinsamkeit hinsichtlich ihrer Einstellung zur Zeit. So wie verschiedene Kulturen verschiedene Auffassungen von der Art menschlicher Beziehungen haben, so unterschiedlich ist auch ihr Umgang mit der Zeit. Dieses Kapitel handelt von der jeweiligen Bedeutung von Vergangenheit, Gegenwart und Zukunft für sie. Glaubt eine leistungsorientierte Kultur, daß die Zukunft besser sein müsse als die Vergangenheit oder Gegenwart, weil dann ihre Pläne verwirklicht sind? Sieht andererseits eine beziehungsorientierte Kultur die Zukunft als etwas Bedrohliches, den Verlust aller gewohnten emotionalen Bindungen? Unsere jeweilige Vorstellung von der Zeit hat ihre jeweiligen Konsequenzen. Besonders wichtig ist, ob unser Zeitverständnis *konsekutiv* ist, Zeit also als Folge von vorübergehenden Geschehnissen sieht, oder ob es synchron ist und Vergangenheit, Gegenwart und Zukunft miteinander verbunden sieht. So können sowohl Vorstellungen über die Zukunft als auch Erinnerungen an Vergangenes unser gegenwärtiges Handeln gestalten.

Das Zeitkonzept

Primitive Gesellschaften kommen mit einer Zeitordnung aus, die nach Monden, Jahreszeiten, Sonnenauf- und -untergängen mißt. Bei fortgeschrittenen Gesellschaften wird das Zeitkonzept zunehmend komplizierter. Durch unsere Vorstellungen von Zeit ziehen sich zwei gegensätzliche Erfahrungen: Zeit als eine *Aneinanderreihung* einzelner Augenblicke, Minuten, Stunden, Tage, Monate, Jahre, die in unendlicher Folge vorbeiziehen, und Zeit als ein *Zirkel*, ein sich drehender Kreis, in dem die Minuten der Stunde wiederkehren wie die Stunden des Tages, die Tage der Woche und so fort.

Im griechischen Mythos fragte die Sphinx, ein Ungeheuer mit dem Antlitz einer Frau, dem Leib eines Löwen und den Schwingen eines Vogels, alle auf der Straße nach Theben Vorbeiziehenden: »Welches Geschöpf geht am Morgen auf vier Beinen, am Mittag auf zweien und am Abend auf dreien?« Wer die Frage nicht beantworten konnte, den nahm sie zum Fraß. Ödipus jedoch gab die Antwort »Der Mensch«, und die Sphinx stürzte sich in den Tod. Er hatte begriffen, daß dieses Rätsel eine Metapher war für die Zeit. Auf vier Beinen krabbelt das Kind, auf zwei Beinen geht der Erwachsene, und der alte Mensch braucht als drittes Bein: einen Stock zur Stütze. Durch sein Nachdenken über die längere Abfolge der Zeit wurde das Rätsel gelöst. Ödipus hatte gleichfalls verstanden, daß durch das Rätsel Erfahrung von Zeit komprimiert oder synchronisiert worden war und daß uns das mit Hilfe von Sprache möglich ist.

Immer wieder haben Anthropologen darauf hingewiesen, daß die Einstellung zur und der Umgang mit der Zeit der Schlüssel dazu sei, wie die Angehörigen einer Kultur den Sinn des Lebens und die Natur der menschlichen Existenz deuten. Kluckhohn und Strodtbeck[1] haben drei Kulturtypen unterschieden: die gegenwartsorientierte, die verhältnismäßig zeitlos, traditionslos ist und sich nicht um die Zukunft kümmert; die vergangenheitsorientierte, die vor allem damit beschäftigt ist, Traditionen in die Gegenwart weiterzureichen und sie zu pflegen; die zukunftsorientierte, die eine wünschenswertere Zukunft als Ziel hat und sich anschickt, sie zu verwirklichen. Es sind vor allem Menschen der letzten Kategorie, die ökonomische und soziale Entwicklung erfahren.

Zunehmend mehr wird Zeit als ein Faktor begriffen, mit dem sich Organisationen auseinandersetzen müssen. Es gibt *Time-and-motion*-Studien, *Time to market, Just in time* und die Vorstellung, daß Produkte altern oder reifen und einen Lebenszyklus haben ähnlich dem des Menschen. Von allen Geschöpfen der Welt ist nur der Mensch sich der Zeit bewußt und versucht sie zu kontrollieren. Die Menschen denken universell in den Kategorien von Vergangenheit, Gegenwart und Zukunft, ohne ihnen jedoch deshalb überall die gleiche Bedeutung zu geben. Unsere Auffassung von Zeit wird stark von unserer Kultur beeinflußt, denn Zeit ist eher eine Idee als ein Objekt. Wie wir über Zeit denken, ist eng damit verwoben, wie wir planen, vorgehen und unser Handeln mit anderen koordinieren. Es wirkt sich stark auf die Weise, wie wir mit Erfahrungen umgehen und Aktivitäten organisieren, aus.

Wenn wir Geräte erfinden, um die Zeit zu messen, geben wir damit unserer Zeiterfahrung Gestalt. Wir können Unterschiede machen zwischen Dauer und Abfolge und Feinmessungen vornehmen mit Hilfe der astronomischen Zeit, der Zeit eines Erdumlaufs um die Sonne. Wir können uns vorstellen, die Zeit sei auf diese Weise durch die Bewegung der Erde fixiert, oder wir betrachten Zeit als subjektive Erfahrung. In Düsenjets wird die Position des Flugzeuges manchmal auf einer Erdkarte angegeben, und man sieht sich sehr, sehr langsam dem Ziel näher kriechen.

Erfahrung von Zeit bedeutet, daß wir jetzt über ein vergangenes Ereignis nachdenken, das wir aus seinem Zeitzusammenhang nehmen, oder ein zukünftiges Ereignis ins Auge fassen. Auf diese Weise sind Vergangenheit, Gegenwart und Zukunft komprimiert. Wir können überlegen, welchen Schachzug wir heute machen, gestützt auf vergangene Erfahrung und mit Erwartungen für die Zukunft. Das ist ein interpretativer Gebrauch von Zeit.

Zeit ist nicht nur für den einzelnen Menschen, sondern für ganze Gruppen oder Kulturen von Bedeutung. Der französische Soziologe Émile Durkheim[2] hielt sie für ein gesellschaftliches Konstrukt, das es den Mitgliedern einer Kultur ermöglicht, ihre Aktivitäten zu koordinieren. Dies hat auch wichtige Auswirkungen für Wirtschaft und Industrie. Die für eine Besprechung vereinbarte Zeit kann annähernd oder präzis sein. Die für die Erfüllung einer Aufgabe zugewiesene Zeit kann lebenswichtig sein oder nur ein Anhaltspunkt. Es kann sich um die Erwartung einer gegenseitigen Anpassung handeln oder um die exakte Zeit, wann eine Maschine mit ihrem Mikroprozessor zur Montage bereit ist. Es kann sogar eine Vertragsstrafe von Tausenden von Dollar pro Tag vereinbart sein für eine säumige Partei. Intervalle zwischen Inspektionen können Indikatoren sein für den Verantwortungsgrad eines Managers. Läßt man ihm oder ihr drei Monate oder drei Jahre Zeit, um mit ihrem Job voranzukommen? Organisationen können sehr langfristig denken, aber auch besessen sein von einem System monatlicher Berichte.

Orientierung an Vergangenheit, Gegenwart und Zukunft

Schon Augustinus hatte darauf hingewiesen, daß Zeit als subjektives Phänomen beträchtlich abweichen kann von Zeit als abstrakter Konzeption. In ihrer abstrakten Form können wir die Zukunft nicht erkennen, weil sie noch nicht da ist, und auch die Vergangenheit ist nicht mehr erkennbar. Wir mögen Erinnerungen haben, bruchstückhaft und selektiv, aber die Vergangenheit ist vergangen. Was allein existiert, das ist die Gegenwart, die unser einziger Zugang ist zu Vergangenheit und Zukunft. Augustinus schrieb: »Die Gegenwart hat daher drei Dimensionen . . .: die Gegenwart der vergangenen Dinge, die Gegenwart der gegenwärtigen Dinge und die Gegenwart der zukünftigen Dinge.«

Die Vorstellung, daß zu jedem gegebenen Augenblick die Gegenwart die *einzig reale* Sache sei, mit Vergangenheit und Zukunft als Bereichen, wo sie aufhört zu sein oder beginnen wird zu sein, muß ergänzt werden durch die Feststellung, daß es die Gegenwart ist, in der wir *über* Vergangenheit und Zukunft nachdenken. Wie unvollkommen auch unsere Vorstellungen über Vergangenheit und Zukunft sind, sie beeinflussen doch nachhaltig unser Denken. Diese subjektiven Zeiten sind allgegenwärtig, wenn wir bewerten und entscheiden. Auch wenn unser Leben sich vor allem an dem zukünftigen Erfolg einer Unternehmung orientieren mag, so haben doch vergangene Erfahrungen unsere Vorstellung von dieser Zukunft stark beeinflußt, ebenso wie es unsere gegenwärtige Verfassung tut.

Es gibt eine potentiell produktive Spannung zwischen den drei Bereichen, die einhergeht mit der immer neuen Frage, in welchem Maße die Zukunft von vergangener und gegenwärtiger Erfahrung lernen kann (obgleich, wie oft gesagt wurde, Firmen kein Gedächtnis haben). Alle drei Zeitzonen fließen in unserem Tun zusammen. Es ist ebenso richtig, zu sagen, daß unsere Erwartungen an die Zukunft unsere Gegenwart bestimmen, wie zu sagen, daß unser gegenwärtiges Tun die Zukunft bestimmt, wie zu sagen, daß unsere gegenwärtige Erfahrung unsere Sicht der Vergangenheit bestimmt, wie zu sagen, daß die Vergangenheit uns zu dem gemacht hat, was wir heute sind. Das ist kein Jonglieren mit Begriffen, sondern beschreibt, *wie* wir denken. Wir können uns im gegenwärtigen Augenblick elend fühlen, weil eine lang erwartete Zahlung in die Zukunft verlegt wurde. Wir können heute einen Umstand entdecken, der eine unserer Handlungen in der Vergangenheit noch mehr rechtfertigt. Tatsächlich ist es ein wichtiger Part der Kreativität, zurückliegendes und gegenwärtiges Tun zusammenzubringen und für zukünftige Perspektiven neu zu kombinieren.

Einzelne Menschen und einzelne Kulturen mögen mehr oder weniger Affinität zu Vergangenheits-, Gegenwarts- oder Zukunftsorientiertheit aufweisen. Einige leben ganz im Heute oder versuchen es zumindest. »Geschichte ist Mumpitz«, wie Henry Ford meinte, und über vergangene Dinge nachzugrübeln läßt man am besten. Andere träumen von einer noch nie gesehenen Welt und versuchen sie aus ihren eigenen Vorstellungen und Sehnsüchten zu erschaffen. (Oder aber sie begeben sich auf die Suche nach dem verlorenen »Goldenen Zeitalter«.) Sie glauben, die Zukunft käme *zu* ihnen wie das Schicksal oder daß sie allein zu ihrer Gestaltung berufen seien.

Konsekutiv und synchron organisiertes Handeln

Wir haben gesehen, daß mindestens zwei Vorstellungen aus dem Konzept der Zeit abgeleitet werden können. Zeit kann aus gutem Grund aufgefaßt werden als eine Reihe von Sequenzen, eine Abfolge von Ereignissen, die in regelmäßigen Abständen an uns vorbeiziehen. Zeit kann aber auch verstanden werden als zyklisches und sich wiederholendes Geschehen, das Vergangenheit, Gegenwart und Zukunft zusammenschließt durch das, was ihnen gemeinsam ist: Jahreszeiten und Rhythmen. In dem einen Extrem finden wir die Menschen, die Zeit sich vorstellen wie eine gestrichelte Linie mit regelmäßigen Abständen. Die Ereignisse werden geordnet durch die Zahl der Intervalle vor oder nach ihrem Eintreten. Alles hat seine Zeit und seinen Platz, soweit es den *konsekutiv* (oder *sequentiell*) Denkenden betrifft.

Jede Veränderung oder Turbulenz in dieser Sequenz wird den konsekutiven Menschen verunsichern. Man wage es nur, sich in England in eine Warteschlange zu drängen, dann wird man feststellen, daß die ordentliche Sequenz hartnäckige Verfechter hat. Jeder muß seine Zeit abwarten: Wer zuerst kommt, mahlt zuerst. Das ist Bestandteil der »guten Form«. Ich sah einmal in London eine lange Schlange von Menschen, die auf den Bus warteten, als es plötzlich anfing zu regnen. Sie alle blieben stur stehen und ließen sich naß regnen, obwohl ein Dach in der Nähe war, wofür sie aber ihren Platz in der Reihe hätten verlassen müssen. Sie zogen es vor, die Sache richtig zu machen, statt die richtige Sache zu machen. In den Niederlanden könnten Sie die Königin höchstpersönlich sein, wenn Sie aber beim Fleischer sind und die Nummer 46 haben und sich bedienen lassen wollen, wenn Nummer 12 aufgerufen wird, werden Sie großen Ärger bekommen. Es spielt auch keine Rolle, wenn Sie einen Notfall haben: Ordnung bleibt Ordnung!

Von A zu B in gerader Linie mit minimalem Aufwand und maximalem Erfolg zu gehen wird als Effizienz gesehen. Das hat einen großen Einfluß auf die Art der Geschäftsführung im Westen. Der Denkfehler dabei ist, daß »gerade Linien« nicht immer der beste Weg sein müssen, um etwas zu tun, es verrät Blindheit für die Effizienz gemeinsamen Handelns und von Querverbindungen.

In einer Metzgerei in Italien erlebte ich einmal, wie der Metzger die Salami hervorholte, einem Kunden davon abschnitt und dann rief: »Noch jemand Salami?« Die Sequenzvorstellung ist nicht ganz absent. Die Menschen zahlen der Reihe nach, wenn ihr Einkauf erledigt ist. Wenn eine Kundin alles hat, was sie braucht, kann sie zahlen und früher gehen als jemand, der vor ihr an der Reihe war, aber noch zusätzlich Aufschnitt will. Mit dieser Methode werden mehr Leute in weniger Zeit bedient.

In meiner Metzgerei in Amsterdam ruft der Fleischer eine Nummer auf, holt hervor, schneidet, legt weg, was der Kunde jeweils wünscht, und dann ruft er die nächste Nummer auf. Einmal wagte ich den Vorschlag: »Wenn Sie schon die Salami in der Hand haben, können Sie mir auch gleich ein Pfund abschneiden.« Kunden und Verkäufer waren schockiert. Das System mag ineffizient sein, aber man läßt nicht zu, daß irgendein Neunmalkluger es ändert.

Die synchrone Methode jedoch erfordert, daß die Menschen verschiedene Dinge parallel verfolgen, etwa wie ein Jongleur mit sechs fliegenden Bällen, von denen jeder im Rhythmus gefangen und geworfen wird. Für Kulturen, die so etwas nicht gewohnt sind, ist es nicht leicht. Der amerikanische Anthropologe Edward T. Hall[3] definierte das, was wir *synchron* oder *polychron* nennen, als Aufmerksamkeit für parallel sich vollziehende Handlungen. Es gibt ein feststehendes Endziel, aber zahlreiche und auch unterbrechbare Schritte, um es zu erreichen. Auf dem Weg zum Ziel kann jeder den Pfad wechseln.

Im Gegensatz dazu hat der konsekutive Mensch eine »Richtlinie«, im voraus ausgearbeitet mit Fristen für das Erreichen jeder Etappe – und wehe, wenn er durch unvorhergesehene Ereignisse aus seinem »Fahrplan« geworfen wird. In seinem Buch *The Silent Language* enthüllt Hall, daß japanische Unterhändler gern dann um wesentliche Zugeständnisse bitten, *nachdem* ihre amerikanischen Partner bereits verbindlich ihren Rückflug von Tokio gebucht haben. Oft gehen die Amerikaner dann lieber auf japanische Forderungen ein, als daß sie ihren Zeitplan gefährden.

Synchrone oder polychrone Verhaltensweisen erscheinen den darin Ungeübten exotisch. So kaufte ich einmal in Argentinien ein Flugticket von einer Frau, die, während sie mein Ticket (korrekt) ausfertigte, mit einem Freund telefonierte und gleichzeitig das Baby der Kollegin bewunderte. Menschen, die mehr als eine Sache zur gleichen Zeit erledigen, können unabsichtlich solche Menschen kränken, die es gewohnt sind, ein Ding nach dem anderen zu tun.

Umgekehrt können aber auch Menschen, die immer nur eine Sache auf einmal erledigen, solche kränken, die es gewohnt sind, sich gleichzeitig um verschiedene Dinge zu kümmern. Ein südkoreanischer Manager drückte seinen Schock und seine Enttäuschung, als er in die Niederlande zurückkehrte und seinen Chef sehen wollte, so aus: »Er war beim Telefonieren, als ich sein Büro betrat, und als er mich sah, hob er nur leicht seine Hand. Dann führte er ungerührt sein Gespräch fort, als sei ich überhaupt nicht anwesend. Erst als er nach über fünf Minuten sein Gespräch beendet hatte, stand er auf und begrüßte mich überschwenglich, aber unaufrichtig: ›Kim, wie froh bin ich, Sie wiederzusehen.‹ Ich finde das unglaublich.«

Ein synchroner Mensch empfindet es als Geringschätzung, wenn er nicht spontan und unmittelbar begrüßt wird, selbst wenn man gerade am Telefonieren ist. Der Eindruck, man ordne seine Emotionen und stelle sie zurück, bis andere Dinge erledigt sind, wird als Unaufrichtigkeit interpretiert. Man zeigt, wie sehr man einen Menschen schätzt, wenn man sich Zeit für ihn nimmt – selbst wenn er unerwartet auftaucht.

Konsekutive Menschen neigen dazu, sehr eng zu planen mit nur kleinen Abständen zwischen einzelnen Terminen. Selbst wenige Minuten Verspätung werden dann zum Delikt, weil der ganze Tagesablauf dadurch ins Stocken kommt. »Ich komme zu spät«, klagt der Planer, als ob er selber ein Zug oder Flugzeug sei. Zeit wird als eine *Ware* angesehen, die ge- und verbraucht werden muß, Verspätungen berauben die Wartenden kostbarer Minuten in einer Welt, in der das Wort »Zeit ist Geld« gilt.

Synchrone Kulturen legen weniger Nachruck auf Pünktlichkeit. Nicht daß der Zeitablauf unwichtig ist, vielmehr steht Pünktlichkeit in Konkurrenz mit einigen anderen kulturellen Wertvorstellungen. Häufig ist es notwendig, Menschen, mit denen man in partikularer Beziehung steht, »Zeit zu lassen« (siehe die Diskussion über Universalismus contra Partikularismus in Kapitel 4). Es kann von einem erwartet werden, daß man affektiv sich freut über ein unerwartetes Treffen mit einem Freund oder Bekannten (siehe die Diskussion über affektive contra neutrale Haltung in Kapitel 6). Ihr Terminplan ist keine Entschuldigung dafür, sie links liegenzulassen. Ihre Mutter, Verlobte oder Ihr Freund könnten dadurch tief verletzt werden. Der französische Anthropologe Raymond Carroll[4] erzählt von einem amerikanischen Mädchen, das seinem französischen Liebhaber eine Nachricht zukommen ließ. Ob er sie wissen lassen könne, ob er sich heute abend mit ihr treffen möchte, wenn nicht, würde sie sich gern etwas anderes vornehmen? Der Franzose war verletzt. Ihr Terminplan sollte eigentlich nicht ihrer spontan affektiven und partikularen Beziehung im Wege stehen. Auch für hierarchisch hervorgehobene Menschen muß man »Zeit haben«, wenn man ihnen begegnet (siehe Leistungsstatus contra askriptiver Status in Kapitel 8). Aus all diesen Gründen können Verabredungstermine in synchronen Kulturen nur Orientierungsangaben sein. Die Spannbreite reicht von 15 Minuten im romanischen Europa bis zu mehreren Stunden oder einem ganzen Tag im Nahen Osten oder in Afrika. Berücksichtigt man die Tatsache, daß die meisten neben ihren Verabredungsterminen noch anderen Dingen nachgehen, wird auferlegtes Warten nicht zur Qual, ja, kann spätes Erscheinen sogar gelegen kommen, weil man noch Zeit für nicht vorhergesehene Dinge hat.

Selbst die Art der Essenszubereitung wird von Zeitorientierungen beeinflußt. In konsekutiven, punktuellen Kulturen wird in der Regel genau die erforderliche Menge an Nahrung vorbereitet, und zwar so, daß sie verkochen oder wieder abkühlen kann, wenn die Gäste nicht rechtzeitig kommen. In synchronen Kulturen dagegen sorgt man meist so reichlich vor, daß auch unerwartete Gäste noch satt werden können, und man sorgt für Gerichte, die nicht verderben können, oder kocht erst auf Wunsch.

Die in diesem Buch benutzte Methode zur Messung von Zeiteinstellungen stammt von Tom Cottle[5], der den »Kreistest« entwikkelt hat. Die gestellte Aufgabe lautete:

> »Stellen Sie sich Vergangenheit, Gegenwart und Zukunft als Kreise vor. Zeichnen Sie bitte in den vorgesehenen Rahmen drei Kreise, die für Vergangenheit, Gegenwart und Zukunft stehen sollen. Ordnen Sie diese Kreise nach eigenem Belieben so an, daß sie am besten zeigen, wie Sie sich die Verbindung von Vergangenheit, Gegenwart und Zukunft denken. Sie dürfen dabei verschieden große Kreise verwenden. Wenn Sie damit fertig sind, kennzeichnen Sie jeden Kreis so, daß man sieht, ob er für die Vergangenheit, die Gegenwart oder die Zukunft steht.«

Cottle kam auf vier mögliche Konstellationen. Als erste nannte er das Fehlen von Wechselbeziehungen. Abbildung 9.1 zeigt, daß dies nach unseren Untersuchungen eine typisch russische Einstellung zur Zeit ist: Es gibt keine Berührung zwischen Vergangenheit, Gegenwart oder Zukunft, obwohl nach dieser Sicht die Zukunft viel wichtiger ist als die Gegenwart und wichtiger als die Vergangenheit. Cottles zweite Konstellation war die Integration der Zeiten, die dritte eine teilweise Überlappung der Zeitzonen und die vierte eine Berührung, aber

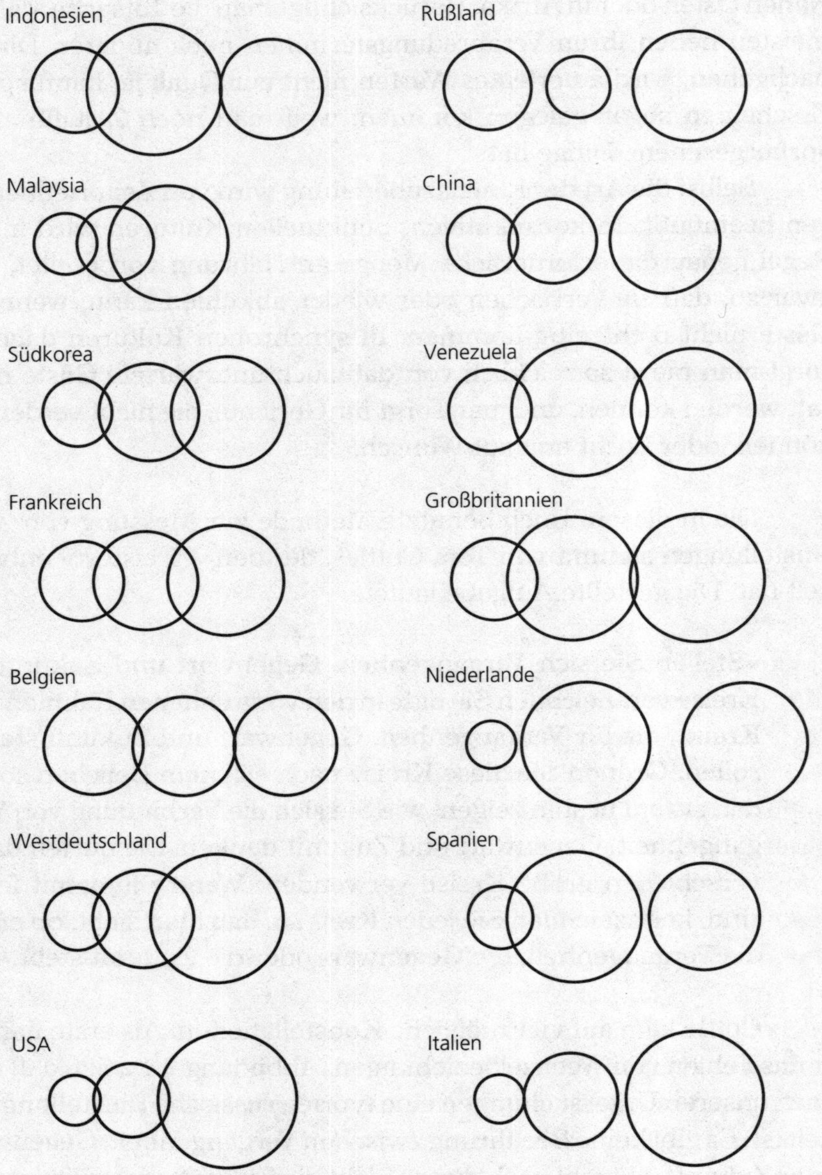

Abbildung 9.1: Vergangenheit, Gegenwart und Zukunft

keine Überschneidung der Zonen, also ohne »gemeinsame« Zeitregionen zwischen ihnen.

Abbildung 9.1 zeigt diese letzte Konstellation als charakteristische Einstellung für Belgier, die eine minimale Überschneidung bei Gegenwart und Vergangenheit sehen, aber Gegenwart und Zukunft nur in loser Berührung. Darin sind sie den Briten nicht unähnlich, die eine engere Verbindung mit der Vergangenheit haben, aber sie als relativ unwichtig ansehen, während die Belgier alle drei Aspekte der Zeit für gleich wichtig halten. Ganz anders als die beiden zeigen sich die Franzosen, bei denen alle drei Aspekte sich beträchtlich überlappen. Diese Einstellung teilen sie mit den Malaysiern und Venezolanern. Die Deutschen halten Gegenwart und Zukunft für eng miteinander verknüpft. Die Abbildung zeigt nicht, daß die Hälfte der Japaner die drei Kreise als konzentrisch ansieht.

Zeitorientierung und Management

Wirtschaftsorganisationen sind so strukturiert, wie es ihrem Zeitkonzept entspricht. Firmen haben ganze Abteilungen damit beauftragt zu planen, das Umfeld auf neue Trends hin zu beobachten, das Produktionstempo zu erhöhen, die Markteinführungsfristen zu verkürzen, d. h. den Zeitraum zwischen der Kundennachfrage nach einem Produkt und dessen Gestaltung, Herstellung und Auslieferung. Strategien und Zielvorgaben sind alle *zukunfts*orientiert. Joint-ventures und Partnerschaften sind Vereinbarungen darüber, wie Zukunft gemeinsam gestaltet werden soll. Motivation ist etwas, was wir heute einem Menschen vermitteln, damit er oder sie morgen besser arbeitet. Fortschritt, Studium und Entwicklung gehen alle davon aus, daß man mit der Zeit seine Möglichkeiten erweitert, was auch die Gepflogenheit begründet, ältere Menschen besser zu bezahlen wegen der im Laufe der Zeit ständig angewachsenen Erfahrung. Wenn daher innerhalb von Unternehmen, die verschiedene Kulturen umfassen, Zeitorientierungen differieren, kann das sehr verwirrend werden.

Kehren wir zurück zu den Sorgen des jungen Mr. Johnson von MCC. Ein gutes Essen kann selbst die fundamentalsten interkulturellen Mißverständnisse wie ein leichtes Wasserkräuseln auf dem See erscheinen lassen. Johnson hatte gebeten, daß die Gruppe um genau 14 Uhr sich wieder zusammenfinden solle, weil für den Nachmittag noch ein umfangreicher Themenkatalog zu behandeln sei.

Um 13.50 Uhr waren die meisten Teilnehmer in den Konferenzraum zurückgekehrt. Um 14.05 Uhr begann Johnson unruhig auf und ab zu gehen. Munoz und Gialli waren noch beim Empfang und telefonierten. Sie erschienen gegen 14.20 Uhr. Johnson sagte: »Nun, meine Herren, können wir nun endlich mit der Besprechung beginnen.« Die Vertreter aus Singapur und Afrika schauten verwundert. Sie dachten, die Besprechung habe bereits begonnen.

Der erste Tagesordnungspunkt betraf die Zeiträume, auf die sich die Boni und Prämien beziehen sollten. Alle außer dem Amerikaner, dem Niederländer und anderen nordwesteuropäischen Repräsentanten beklagten, daß diese jeweils zu kurz seien. Für Johnson und seine holländischen und skandinavischen Kollegen erschienen sie genau richtig bemessen. »Belohnungen müssen einen engen Bezug auf das Verhalten haben, das sie verstärken sollen, sonst geht der Bezug verloren.« Der Manager aus Singapur dagegen meinte: »Vielleicht, aber diese ›Schnelle-Mark-Mentalität‹ hat uns schon Kunden gekostet. Sie mögen nicht den Druck, den wir zum Quartalsende ausüben. Sie möchten, daß unsere Vertreter sie bedienen, statt eigene Angelegenheiten im Sinn zu haben. Wir müssen unsere Kunden langfristig halten, nicht sie zum Kauf drängen, damit ein Verkäufer einen anderen überflügeln kann.«

Aus amerikanischer Sicht ist es *jedem einzelnen* möglich, seine Zukunft durch persönliche Leistung und selbstbestimmte Anstrengung zu gestalten. Das ist der Grund, warum Johnson, unterstützt von den niederländischen und skandinavischen Managern, so sehr daran liegt, Pay for Performance in regelmäßigen Intervallen zu gewähren. Da der individuelle Leistungsträger nicht sehr viel in Hinsicht auf die *ferne* Zukunft ausrichten kann – es wären dabei einfach zuviel unvorhersehbare Ereignisse einzukalkulieren –, ist die amerikanische Vorstellung von Zukunft eher kurzfristig, ist Zukunft etwas, was von derGegenwart aus kontrollierbar ist. Daher der Vorwurf, man strebe nach der »schnellen Mark«, und daher die große Bedeutung, die man den Zahlen des jeweils nächsten Quartals beimißt. Wenn die Zukunft besser werden soll, dann nur durch stetigen Anstieg von Verkauf und Gewinn. Es gibt keine Ausrede dafür, etwas nicht besser sofort zu tun, denn Erfolg von heute verspricht größere Erfolge für morgen.

Es ist aufschlußreich, die Antwort der Franzosen mit der der Amerikaner zu vergleichen. In der französischen Kultur nimmt Vergangenheit einen viel größeren Raum ein und ist der notwendige Kontext, aus welchem die Gegenwart verstanden wird. Vergangenheit, Gegenwart und Zukunft überlappen sich synchron, so daß Vergangenheit der Gegenwart und beide zusammen der Zukunft Lehrmeister sind. Ich besuchte einmal das futuristische Gebilde von La Defense in Paris. Da sich mein französischer Kollege verspätete, nahm ich mir eine Broschüre vom Empfangstisch. Sie handelte von den Leistungen der Gesellschaft in den achtziger Jahren. Ich las sie mit Interesse, und da mein Kollege immer noch auf sich warten ließ, fragte ich die Rezeptionistin nach einer aktuelleren Ausgabe. Sie gab mir die gleiche Broschüre, die ich gerade gelesen hatte. Sie erklärte, sie sei erst vor zwei Monaten gedruckt worden und die derzeit aktuellste. Für diese Firma waren die zukünftigen Möglichkeiten ganz offensichtlich eng verknüpft mit den Erfolgen der Vergangenheit.

Menschliche Beziehungen und Zeitorientierungen

Die Qualität menschlicher Beziehungen innerhalb einer Organisation und zwischen ihr und ihren Partnern ist ebenfalls ein Spiegel unterschiedlicher Orientierungen. Jede dauerhafte Beziehung verbindet Vergangenheit, Gegenwart und Zukunft mit Banden des Gefühls und der Erinnerung. Die Beziehung trägt ihre Rechtfertigung in sich selbst und wird erlebt als eine Art dauerhafter Kameradschaft, die für beide Seiten weit zurück und weit voraus weist. Kulturen mit synchroner Zeitmentalität sind mehr wirorientiert (kollektivistisch) und in der Regel mehr partikularistisch in der Wertschätzung von Menschen, die man besonders gut kennt.

Die Kulturen mit konsekutiver Zeitmentalität neigen dazu, Beziehungen eher instrumental einzuschätzen. Das Denken in Zeitintervallen scheint auch die Auffassung von Mittel und Zweck zu prägen, so daß höhere Bezahlung noch höhere Leistung bezweckt und die Order eines Kunden das Mittel ist, mit dem man einen höheren Bonus erreichen will. Die Beziehung entsteht nicht um ihrer selbst willen, sondern um das Einkommen jeder Seite und den Gewinn der Organisation zu steigern. Die Zukunft ist groß im Visier, denn das gegenwärtige Handeln ist nichts als ein Mittel zu ihrer Realisierung. Wichtig ist das Ergebnis in der (nahen) Zukunft. Belohnung wird zurückgestellt, weil sie bald noch größer ausfällt.

Es stellt sich natürlich die höchst interessante Frage, ob Beziehungen, die nicht durch Gewinnerwartungen bestimmt sind, enger und dialogfähiger sind. Nimmt man die unerhörte Kompliziertheit des modernen Wirtschaftslebens und den immer größer werdenden Berg von zu verarbeitenden Informationen, dann kann die dauerhafte synchrone Beziehung, in welcher Vergangenheit, Gegenwart und Zukunft der Partner im Sinne einer Koevolution miteinander verbunden sind, zu einer effektiveren Methode des Managens führen. Gewiß, die Vorstellung lebt immer noch fort, daß synchrone Kulturen in gewisser Weise »primitiv« seien, weil sie Planung viel laxer handhaben. Konsekutive Kulturen, wo man die menschlichen Ressourcen ähnlich sieht wie die von Produktionsanlagen, von Ausrüstung und Kapital, neigen mehr zu *Wir-ihr-* oder, um Martin Buber[6] zu zitieren, *Ich-es*-Beziehungen.

Zeitorientierung und Autorität

Bei Nationen, in denen die Vergangenheit eine große Rolle spielt und sich die Zeitvorstellungen überschneiden, wird Status eher durch einen askriptiven Rückgriff auf feststehende Charakteristiken wie Alter, Klasse, Geschlecht, ethnische Herkunft und berufliche Qualifikation legitimiert. In der Vergangenheit erworbene Qualifikationen, beispielsweise durch Studium an *les grandes écoles*, erklären die aktuelle Bedeutung und den Wechsel auf die Zukunft, weil all das miteinander in engem, synchronem Zusammenhang steht.

Wenn auf der anderen Seite die Karriere eines Menschen in Hollywood nur so gut ist wie der letzte Erfolg, dann ist die Zukunft eine Folge von Episoden relativen Erfolges und relativer Fehlschläge. Menschen mit einer derartigen Anschauung wollen sich nicht mit Beziehungen und Abhängigkeiten belasten, die ihnen beim nächsten Karriereschritt nicht nützlich sind, ganz so wie die echten Auswanderer nach Amerika hinter sich alle Brücken abbrachen. Die Autorität des einzelnen hängt dann von seinen jüngsten Leistungen ab; wer heute oben ist, kann morgen »weg vom Fenster« sein. Was hat er in der letzten Zeit getan? Wir finden einen Niederschlag dessen in dem Organisationsmodell von Projektgruppen, wie es etwa von der NASA entwickelt worden war und das in Nordamerika und Nordwesteuropa sehr populär geworden ist. Verschiedene Teile der Organisation werden mit den Zukunftschancen der von ihnen verfolgten Projekte identifiziert und entsprechend honoriert. Erfolgreiche Bereiche werden immer mehr ausgebaut, Mißerfolge führen zur Abtrennung. Innerhalb der Gruppe werden diejenigen, die am meisten zu dem Projekt beitragen, auch entsprechend prämiiert.

Methoden der Bewertung und Beförderung

Konsekutive und synchrone Kulturen sowie jene, die mehr mit der Vergangenheit oder der Zukunft im Sinn haben, zeigen auch Unterschiede bei der Arbeitsbewertung und Beförderung. In konsekutiven Kulturen fragt der Bewerter nach den Leistungen eines Beschäftigten in der letzten Zeit. Je deutlicher die direkte Verantwortung eines Beschäftigten für einen geschäftlichen Erfolg oder Mißerfolg ist, desto besser. Die Bewerter brauchen dann ihre Rolle oder ihre Beziehung zu ihm nicht auszuspielen, denn er braucht ihre Hilfe nicht, um zu erkennen, in welchem Maße seine jüngsten Leistungen – für sich betrachtet – zu Gewinn oder Verlust des Unternehmens beigetragen haben. In mehr synchronen Organisationen andererseits kann der Beschäftigte günstiger beurteilt und befördert werden – wegen der positiven Beziehung, die er zu den Bewertern unterhält, die berücksichtigen, wie sich diese Beziehung im Laufe der Zeit entwickelt hat und wie Kenntnisse und Engagement sich erweitert haben. Die Bewerter sehen ihre gern übernommene Rolle darin, die Karriere ihres Untergebenen zu steuern wie in dem Meister-Lehrling-System in Deutschland.

Wandel in vergangenheitsorientierten Kulturen

Kürzlich war ich mit einem niederländischen Manager in Äthiopien. Er war außerordentlich frustriert über den Mißerfolg seiner Bemühungen, ein Seminar über ein »Management des Wandels« für äthiopische Manager zu organisieren. Sie alle verharrten in der Rückschau auf eine lange vergangene Zeit der Blüte und des Wohlstands der äthiopischen Zivilisation und waren nicht bereit, irgendwelche Entwicklungsprinzipien einzuführen, die die Vergangenheit nicht berücksichtigten. Nach Diskussionen mit äthiopischen Kollegen entschlossen wir uns, einige historische Werke zur Geschichte des Landes zu Rate zu ziehen und sie unter dem Blickwinkel modernen Managements zu betrachten. Was hatte Äthiopien in dieser Epoche richtig gemacht, so daß seine Städte und sein Handel diese Blüte erlebten? Auch das betroffene Unternehmen hatte bereits langjährige Erfahrungen in Äthiopien, und auch die Berichte darüber mußten analysiert werden. Der niederländische Manager stellte nun die Aufgabe neu. Die Zukunft wurde nun interpretiert als die Chance, einiges von dem Glanz der Vergangenheit wiederzuerwecken. Plötzlich fand das Seminar über »Management des Wandels« begeisterte Zustimmung bei jedem.

Dies ist kein exotischer Fall, der sich nur auf Äthiopien beziehen läßt. Aber Wandel braucht Kontinuität, man muß in gewisser Hinsicht sich selbst treu bleiben können und seine Identität bewahren. Viele Kulturen lehnen den Wandel nach den Vorstellungen westlicher Berater ab, wenn ihnen nicht klar ist, wie sie dabei *ihre* Identität bewahren können. Synchrone Kulturen tragen ihre Vergangenheit durch die Gegenwart in die Zukunft und werden sich daher weigern, Veränderungen zu planen, wenn sie nicht davon überzeugt sind, daß ihr Erbe davor sicher ist.

Ein großes amerikanisches Telekommunikationsunternehmen führte ein technisches Spitzenprodukt auf dem Weltmarkt ein. Man plante, sich vor allem auf eine Ausweitung des Verkaufs in Lateinamerika zu konzentrieren, wo man früher nicht besonders erfolgreich tätig war. Der einzige ernsthafte Konkurrent war eine französische Gesellschaft mit einem zwar weniger guten Produkt, aber einem als hervorragend angesehenen Kundendienst.

Die Amerikaner verwandten große Mühe auf ihre erste Präsentation in Mexiko. Der »Gerichtstag« sollte mit einer Videodokumentation über die Firma und ihr mittelfristiges Wachstumspotential beginnen. Danach würde der Vizepräsident des Konzerns persönlich für den mexikanischen Kommunikationsminister eine Einführung geben. Auch das zweistündige Essen war minuziös geplant. Da sie die mexikanische Kultur kannten, glaubten sie, daß hier die eigentliche Schlacht ausgetragen werden würde. Der Nachmittag war Fragen und Antworten vorbehalten. Der Firmenjet stand dann am Abend für den letztmöglichen Abflugtermin aus Mexiko City bereit. Das war konzentriert, effizient und überzeugend geplant, war es aber deshalb auch richtig?

Nein: Die Mexikaner warfen den Zeitplan regelrecht über den Haufen, indem sie erst eine Stunde später erschienen. Dann, als die Amerikaner gerade eine Tagesordnung vorschlagen wollten, wurde der Minister wegen eines dringenden Anrufs aus dem Raum gerufen. Als er eine Weile später zurückkam, mußte er sehen, daß die Konferenz ohne ihn weitergegangen war. Die Mexikaner waren verstimmt, daß die Präsentation weitergelaufen war, daß der Kundendienst-und-Service-Vertrag von dem Verkaufsvertrag abgetrennt war und daß die Präsentation sich nur auf die ersten zwei Jahre nach der Übernahme des Produkts bezog statt auf eine langfristig geplante gemeinsame Zukunft.

Die Franzosen dagegen bereiteten einen locker strukturierten Rahmenplan vor. Sie entschieden, daß einige der Hauptziele am Ende des zweiwöchigen Besuches erreicht sein sollten. Die Zeitplanung, der Ort und die näheren Umstände hingen von Faktoren ab, die sich ihrer Kontrolle entzogen, also ließen sie sie offen. Für den Minister und sein Team wurde eine ausführliche Dokumentation über den historischen Hintergrund der staatseigenen Firma vorbereitet. Sie war schon 1930 am Ausbau des mexikanischen Telefonsystems beteiligt gewesen und wollte eine historische Partnerschaft wiederbeleben.

Und man schlug vor, daß der anschließende Kundendienst auf unbefristete Dauer Teil des Vertrags sein sollte. – Es waren die Franzosen, die den Auftrag erhielten für ein Produkt, das in der Branche als weniger hoch entwickelt bekannt war.

Was war für die Amerikaner schiefgelaufen? Der Hauptfehler war die Aufstellung einer straffen, konsekutiven Tagesordnung, die fast unvermeidbar von den mexikanischen Offiziellen beiseite gefegt wurde, die wohlüberlegt Pufferzonen eingebaut hatten in ihre Prozeduren und Terminpläne, die vielschichtig waren und (auf die Amerikaner) verwirrend wirkten. Die Überzeugung, daß das technologisch überlegene Produkt in der Vertragsverhandlung gewinnen *müsse*, ist Bestandteil der vom Ursprung her kulturellen Neigung, jede Episode in einer Sequenz für sich zu betrachten. Die Mexikaner waren an dem Produkt nur interessiert als Bestandteil einer fortdauernden Verbindung, eine Auffassung, die von den synchronen Franzosen mit Bedacht bestärkt wurde. So wie die Amerikaner den Servicevertrag vom Verkaufsvertrag abgetrennt hatten (vermutlich weil er erst später aktuell werden würde), so sieht die französische und mexikanische Kultur diese Zeiträume als miteinander verbunden an.

Daß die Franzosen so großen Nachdruck auf die Erneuerung der historischen französisch-mexikanischen Bande legten, hatte ebenfalls seine Wirkung bei einer Kultur, die sich mit Spanien identifiziert und tiefe Wurzeln in Europa hat. Die amerikanische Folgerichtigkeit erscheint synchronen Kulturen als aggressiv, ungeduldig und Mißbrauch des Kunden als Sprosse auf der Leiter persönlichen Vorteils. Wenn die Beziehung wirklich auf Dauer angelegt ist, warum die Eile? Da die Mexikaner nicht die Auffassung teilten, daß technologische Perfektion das wichtigste sei, wollten sie auch nicht lediglich die Empfänger einer detaillierten Information sein, die so terminiert war, daß sie kurz vor dem Abflug der Amerikaner beendet wurde. Sie wollten eine Beziehung erleben, in der sie ein Mitspracherecht hatten. Aus synchronem Zeitverständnis gab das Verhalten der amerikanischen Firma während ihrer Präsentation einen Vorgeschmack ihres zukünftigen Verhaltens – und das mißfiel den Mexikanern.

Was jedoch am eindrucksvollsten die Chancen der Franzosen begünstigt hatte, war ihre Bereitschaft, zwei Wochen Zeit darauf zu verwenden, handelseinig zu werden, und es ihren Gastgebern zu überlassen, von dieser Zeit in einem flexiblen Programm Gebrauch zu machen, um Gemeinsamkeiten zu erkennen und aufeinander abzustimmen, statt im voraus einen Terminplan durchzusetzen. Den Franzosen und Mexikanern war es nur wichtig, *daß* sie zum Ziel kamen, *nicht* der spezielle Weg oder die Reihenfolge, auf dem oder in der das Ziel erreicht wurde. Ebenso waren den Mexikanern technische Details weniger wichtig als die Verantwortungsbereitschaft des Lieferanten, denn sie konnten nicht wissen, welche Probleme in der Zukunft auftreten würden. Was sie in dieser Hinsicht in Erfahrung bringen konnten war die Bereitschaft ihres Partners, einen vorgefaßten Plan zu ihren Gunsten zu verändern.

Darüber hinaus hatten die Amerikaner einen viel engeren Begriff davon, wie die Verhandlungen enden sollten. Sie sollten beendigt werden, sobald die Mexikaner ja gesagt hatten. Für die Franzosen, und ganz allgemein für synchrone Kulturen, gibt es kein wirkliches »Ende«. Die Partnerschaft geht weiter. Statt der Effizienz, in der kürzestmöglichen Zeit von A nach B zu gelangen, geht es bei ihnen um die *Effektivität* der langfristigen Entwicklung engerer Beziehungen. Auch hier begingen die Amerikaner einen schweren Fehler. In der Annahme, daß wie so oft die Mexikaner erst spät vom Lunch zurückkehren würden, hatten sich die Amerikaner eine halbe Stunde für eine interne Beratung zurückgezogen. Man »läßt den anderen Zeit«, indem man auf sie wartet. Man nutzt nicht selber diese Zeit auf eine Weise, daß man nicht zur Verfügung steht, falls sie den Raum betreten. »Bereitschaft zur Anpassung« ist wichtiger als eine kleine Verzögerung im Ablauf.

Geplante Abläufe oder geplante Konvergenz?

In konsekutiv organisierten Kulturen beruht Planung weitgehend auf Voraussagen, d. h. auf der Verlängerung vorhandener Trendlinien in die Zukunft und der Einschätzung, dort gebe es »mehr davon«. Strategie besteht aus der Wahl wünschenswerter Ziele und der analytischen Suche nach den logischsten und effizientesten Wegen, zu diesen Zielen zu gelangen. Es ist allgemeine Auffassung, daß Gegenwart und Zukunft kausal miteinander verknüpft sind, so daß die Belohnung von heute die Leistung von morgen hervorbringt, welche noch größere Leistung bringt – und die wiederum noch größeren Lohn. Fristen sind wichtig, weil sie das Ende eines Glieds in einer Kausalkette bezeichnen und den Beginn des nächsten und weil man durch sie »im Plan« gehalten wird.

Zwischen konsekutiven und synchronen Kulturen gibt es beträchtliche Unterschiede in der Art des Planens. Für konsekutive Planung ist es elementar wichtig, daß alle Schritte richtig und rechtzeitig vollendet werden. Eine italienische Unternehmensforscherin erzählte mir einmal: »In England muß jedes Ding von Anfang bis Ende geplant werden. Wenn sich die Bedingungen ändern, muß jede Sache von Anfang an neu kalkuliert werden.« Den mehr synchronen Italienern sind das wichtigste die Ziele, und je mehr Wege man zu ihrem Erreichen kennt, um so besser ist man gewappnet gegen unvorhergesehene Ereignisse, die den einen oder anderen Weg versperren oder abschneiden.

Die *Mundialito*, die Fußballweltmeisterschaft von 1990 in Italien, bot ein interessantes Beispiel für italienische Organisation. Die Aufgabe war, die Meisterschaft an einem bestimmten Tag enden zu lassen, an dem das Finale stattfinden sollte. Zum Mißvergnügen der Briten und anderen Nordwesteuropäer modelten die Italiener in periodischen Abständen das ganze Programm immer wieder um, um zu diesem Ziel zu gelangen. Zur Überraschung der Kritiker jedoch waren die Italiener durchaus fähig, die Weltmeisterschaft adäquat zu gestalten. (Die Olympischen Spiele von 1992 in Spanien zeigten manche Parallelen zur italienischen Planungsmethode.)

Es wird immer deutlicher, daß konsekutive Planungsprozesse unter schwierigen Bedingungen weniger gut funktionieren. Der Umstand, daß sie sich meist auf die nahe Zukunft konzentrieren, zeugt von der Anfälligkeit längerfristigen Planens. Synchrone Planung neigt dazu, sich vorbestimmten Zielen anzunähern oder sie »einzuholen«, und berücksichtigt dabei Veränderungen und Kombinationen von Trends, die konsekutive Planung oft übersieht.

Ein außerordentlich interessantes Beispiel, wie ein bedeutender Konzern zu einem synchronen Planungsstil übergeht, war die Anwendung der *Szenarioplanung* durch die Shell International Petroleum Corporation. In dieser Studie[7] wurden Szenarios für drei

Zukunftsalternativen aus einer Sicht geschrieben, als sei der Verfasser ein zeitgenössischer Kommentator, der erklärt, warum sich das Geschäft so und nicht anders entwickelt hat. Mit anderen Worten, es wurden Vergangenheit, Gegenwart und Zukunft in der Vorstellung miteinander verbunden, und drei mögliche Entwicklungslinien wurden aus der Vergangenheit durch die Gegenwart in unterschiedliche Zukünfte weitergeführt und wie Geschichten erzählt.

Hier ein Szenariobeispiel für das Jahr 2003: »In der Rückschau war es folgerichtig, daß Kalifornien zum Wegbereiter des elektrischen Autos wurde. Die Umweltverschmutzung im Gebiet um Los Angeles hatte solche Ausmaße angenommen, daß die strengsten Emissionsauflagen der Welt, die noch aus den achtziger Jahren stammten, zur Einführung teilweise elektrifizierter Autos im Jahre 1995 und voll elektrifizierter acht Jahre später führte. Allmählich begann sich die Dunstwolke über der Stadt zu lichten. Den endgültigen Durchbruch brachte der ›1000-Meilen-Elektrowagen‹ mit Batterien, die über Nacht nachladbar waren. Bedeutete dies das Ende des Verbrennungsmotors?«

In dieser Art von Planung findet man konsekutives und synchrones Denken miteinander kombiniert. Sie macht es möglich, Voraussagen in das Szenario aufzunehmen, so daß jede »synchrone Szene« eine unterschiedliche Abfolge von Ereignissen aufweist.

Wieder einmal bestätigt sich, daß Unterschiede in kultureller Orientierung in Wirklichkeit keine Alternativen sind, sondern durchaus miteinander verbunden und genutzt werden können. Der erfahrene »Cross-cultural-Manager« nimmt *alle* Methoden wahr, die von verschiedenen Kulturen bevorzugt werden, mit Szenarioplanung und der konsekutiven Synchronisierung von Zusammenarbeit.

Praktische Tips für das Handeln in vergangenheits-, gegenwarts- und zukunftsorientierten Kulturen

Unterschiede erkennen

Vergangenheit	*Gegenwart*	*Zukunft*
1. Über Geschichte sprechen, Herkunft der Familie, Ursprung der Firma, der Nation.	1. Jetziges Tun und Vergnügen sind am wichtigsten (kein »Mañana«).	1. Viel von Aussichten sprechen, Potentialen, Erwartungen, künftigen Leistungen.
2. Motivation durch die Aussicht auf eine Wiederkehr des »Goldenen Zeitalters«.	2. Nichts gegen Pläne, sie werden nur kaum ausgeführt.	2. Man betreibt mit Begeisterung Planung und Strategie.
3. Achtung zeigen vor Ahnen, Vorfahren und älteren Menschen.	3. Intensives Interesse zeigen für aktuelle Beziehungen, »hier und heute«.	3. Großes Interesse zeigen für die Jugend und die zukünftigen Potentiale.
4. Alles wird im Kontext von Tradition und Geschichte gesehen.	4. Alles wird unter dem Aspekt seiner aktuellen Bedeutung und seines aktuellen Stils gesehen.	4. Gegenwart und Vergangenheit werden genutzt, oft ausgeschlachtet, zugunsten zukünftiger Chancen.

Tips für Geschäftsbeziehungen

Vergangenheits- und gegenwartsorientiert	*Zukunftsorientiert*
1. Betonen Sie die Geschichte, Tradition und das reiche kulturelle Erbe jener, mit denen Sie zu tun haben, als Zeichen ihres großen Potentials.	1. Betonen Sie die Freiheit, die Möglichkeiten und den unbegrenzten Horizont für diese Gesellschaft und ihre Menschen in der Zukunft.

2. Finden Sie heraus, ob bereits bestehende interne Bezüge die Art von Wandel sanktionieren, den Sie vorantreiben wollen. 3. Stimmen Sie künftigen Treffen im Prinzip zu, aber legen Sie keine abschließenden Fristen fest. 4. Machen Sie Ihre Hausaufgaben über Geschichte, Traditionen und frühere Glanztaten der Gesellschaft, und überlegen Sie, welche »Neuauflage« Sie vorschlagen möchten.	2. Finden Sie heraus, welche Grundkompetenz oder Kontinuität die Gesellschaft in der angepeilten Zukunft weiterführen will. 3. Akzeptieren Sie spezifische Fristen, und erwarten Sie nicht, daß die Arbeit ohne Sie vollendet wird. 4. Machen Sie Ihre Hausaufgaben über die Zukunft, die Aussichten und das technologische Potential der Gesellschaft, überlegen Sie eine angemessene Aufgabenstellung.

Zeitorientierungen wahrnehmen

Konsekutiv	*Synchron*
1. Nur eine Sache auf einmal erledigen. 2. Verabredungen sind pünktlich einzuhalten. Vorausplanen und nicht verspäten! 3. Beziehungen sind immer Zeitplänen unterworfen. 4. Vorrang hat der ursprüngliche Plan.	1. Mehr als eine Sache gleichzeitig erledigen. 2. Verabredungstermine sind Zirkaangaben und lassen wichtigen Partnern Zeit. 3. Zeitpläne sind Beziehungen untergeordnet. 4. Vorrang hat das Eigengewicht der Beziehung.

Als Manager oder vom Management Betroffener

Konsekutiv	*Synchron*
1. Die Mitarbeiter fühlen sich belohnt und bestätigt, wenn sie bei MBO gesteckte Ziele erreichen.	1. Die Mitarbeiter fühlen sich belohnt und bestätigt, wenn eine bewährte Partnerschaft mit Vorgesetzten/Kunden erreicht wird.

2. Die jüngsten Leistungen sind ausschlaggebend, sofern sie verläßliche Auskunft über die zukünftige Arbeit geben.	2. Der ganze Werdegang innerhalb der Firma und die Zukunftschancen sind der Kontext, in dem die gegenwärtige Leistung zu bewerten ist.
3. Planen Sie die Karriere eines Mitarbeiters mit ihm gemeinsam, stecken Sie Ziele ab innerhalb bestimmter Fristen.	3. Besprechen Sie mit dem Mitarbeiter seine Fernziele innerhalb der Firma und wie sie zu erreichen sind.
4. Das Ideal der Firma ist die gerade Linie und der direkteste, effizienteste und schnellste Weg zur Erreichung der Zielvorgaben.	4. Das Ideal der Firma ist der fruchtbare Kreislauf, der die Erfahrung der Vergangenheit, die Möglichkeiten der Gegenwart und die Chancen der Zukunft umschließt.

Der Bezug zur Natur 10

Die letzte kulturelle Dimension, die wir in diesem Buch erörtern, betrifft die Rolle, die Menschen ihrer natürlichen Umgebung zuschreiben. Diese Dimension berührt ebenso wie die anderen ein Zentrum der menschlichen Existenz. Von Anbeginn an war der Mensch Elementen der Natur ausgesetzt: Sturm, Fluten, Feuer, Kälte, Erdbeben, aber auch Dürre, Pest und Raubtieren. Überleben hieß handeln müssen *gegen* die *und mit* der Umwelt auf eine Weise, daß sie ihre Schrecken verlor und zur Lebensgrundlage wurde. Beharrliches Handeln war von Beginn an eine unausweichliche Notwendigkeit.

Die ökonomische Entwicklung der Menschheit kann als ein stufenweiser Fortschritt in der Beherrschung der Natur gesehen werden. Im Verlauf der menschlichen Geschichte hat es einen Umschlag gegeben von der vorherrschenden Furcht, daß die Natur die menschliche Existenz zerstören könne, zu der gegensätzlichen Befürchtung, daß der Mensch die Natur überwältigen und vernichten könne, daß – um nur ein Beispiel zu nennen – ein unglaublich reiches genetisches Reservoir wie der Regenwald des Amazonas für immer von Bulldozern niedergewalzt werden kann, bevor wir es überhaupt richtig erforscht haben.

Sollen wir die Natur »kontrollieren«?

Gesellschaften mit regem Wirtschaftsleben haben in bezug auf die Natur zwei Hauptorientierungen entwickelt. Die einen glauben, daß sie die Natur *kontrollieren* können und sollten, indem sie ihr ihren Willen aufzwingen, und sie berufen sich dabei auch noch auf die Bibel: »Mehret euch, und macht euch die Erde untertan!« Die anderen glauben, daß der Mensch ein Teil der Natur ist und *im Einklang* handeln müsse mit ihren Gesetzen, Bedingungen und Kräften. Die erste dieser Orientierungen nennen wir selbstbestimmt, sie neigt dazu, Kultur als Mechanismus zu verstehen, das bedeutet, daß die Organisation als eine Art Maschine aufgefaßt wird, die allein dem Willen ihrer Bediener gehorcht. Die zweite oder außengeleitete neigt dazu, die Organisation selber als etwas Naturwüchsiges zu sehen, die ihre Entwicklung den Kräften ihrer Umwelt und einer günstigen ökologischen Balance verdankt.

Der amerikanische Psychologe J. B. Rotter[1] entwickelte in den sechziger Jahren eine Skala, um zu messen, ob Menschen sich einem *inneren* Kontrollmechanismus verpflichtet fühlen, typisch etwa für erfolgreiche Amerikaner, oder einem *äußeren* Kontrollmechanismus, typisch für weniger erfolgreiche Amerikaner, die durch äußere Umstände benachteiligt oder von den Wettbewerbsanstrengungen ihrer Rivalen an den Rand gedrängt wurden. Die von ihm formulierten Fragen benutzten wir nun, um die Beziehung unserer 15 000 befragten Manager zu natürlichen Gegebenheiten festzustellen. Die Antworten deuten darauf hin, daß es hier einige sehr signifikante Unterschiede zwischen verschiedenen Ländern gibt. Die Fragen sind alle in der Form von Alternativen gefaßt, die Manager werden gebeten, sich für die Feststellung zu entscheiden, die nach ihrer Meinung am besten die Realität wiedergibt. Hier das erste dieser Fragenpaare:

A: Der Versuch lohnt sich, die wichtigsten Naturkräfte, wie etwa das Wetter, zu kontrollieren.
B: Natur sollte man gewähren lassen und akzeptieren, wie sie waltet, und das Beste daraus machen.

Abbildung 10.1 zeigt den Prozentsatz der Befragten, die sich für A entschieden, die Selbstbestimmten. In keinem Land gibt es eine völlige Zustimmung zu dieser Äußerung, der höchste Wert beträgt nur 53 Prozent. Wir sehen aber beträchtliche Unterschiede zwischen einzelnen Ländern und können wiederum für keinen Kontinent ein einheitliches Grundmuster feststellen. Nur 10 Prozent der Japaner glauben, daß es lohnend sei, das Wetter zu beeinflussen, aber 43 Prozent der Chinesen, nur 21 Prozent der Schweden, aber 35 Prozent

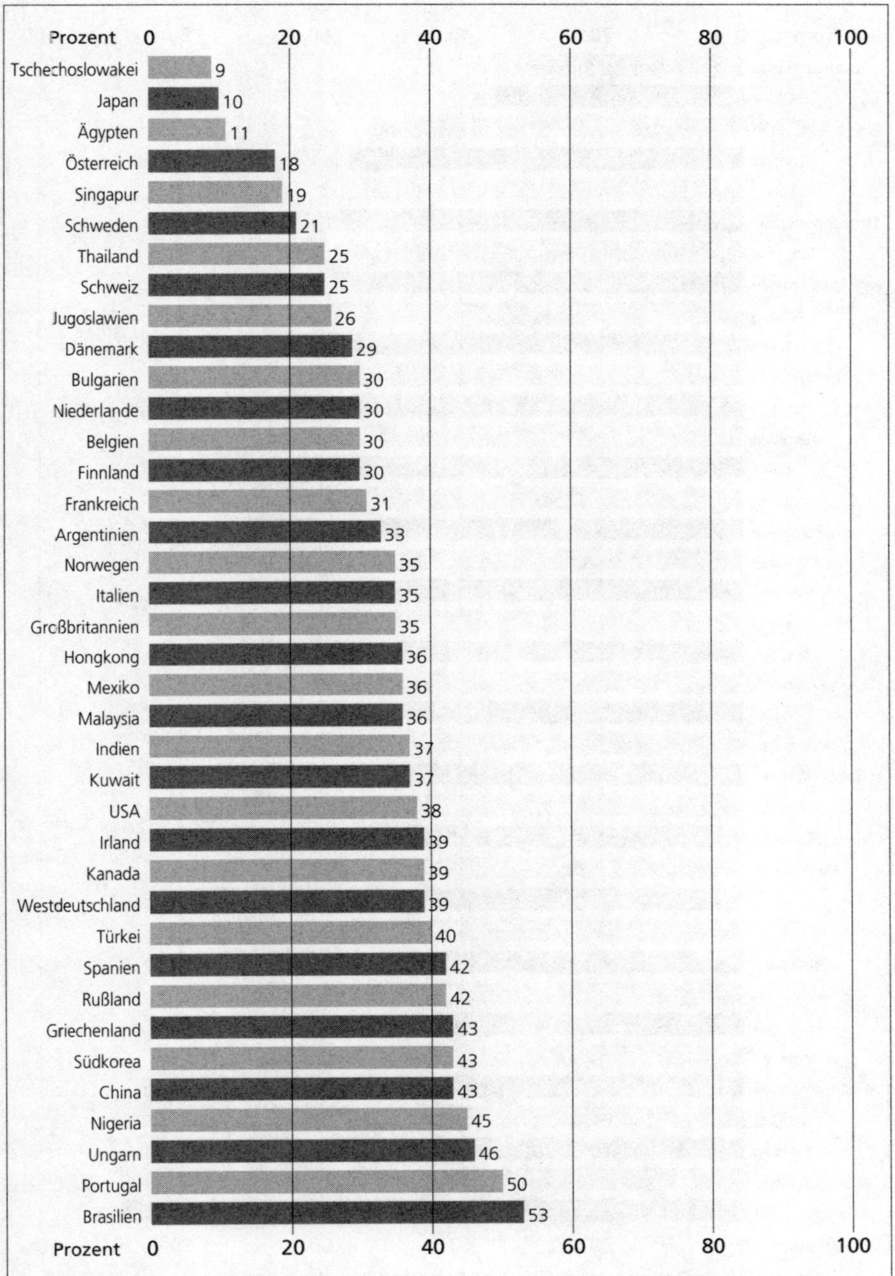

Abbildung 10.1: Kontrolle der Natur
Prozentsatz der Befragten, die den Versuch befürworten

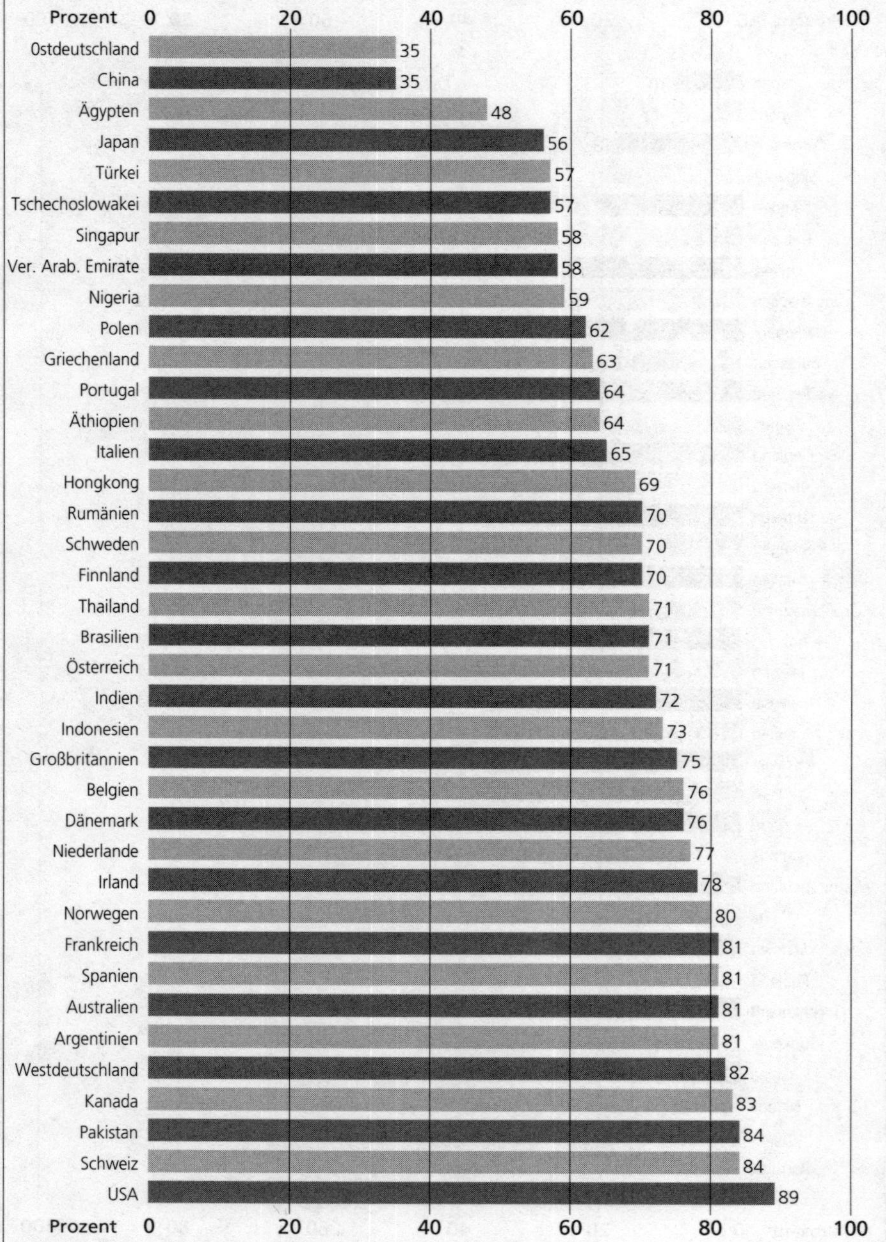

Abbildung 10.2: Des eigenen Glückes Schmied
Prozentsatz der Befragten, die glauben, daß alles, was ihnen geschieht, auf ihr eigenes Handeln zurückzuführen sei

der Briten. Die Briten, Deutschen und Amerikaner rangieren über dem Durchschnitt, befinden sich damit aber keineswegs in der Spitzengruppe.

Wenn die Alternativen jedoch mehr personenbezogen formuliert werden, kommt man zu einem anderen Ergebnis.

A: Was mir geschieht, steht in meiner eigenen Verantwortung.
B: Manchmal habe ich das Gefühl, daß ich nicht genug Kontrolle über den Lauf meines Lebens habe.

Auf der Basis dieser Fragen erscheint eine ganze Anzahl von Ländern fast vollständig verinnerlicht: In den USA beispielsweise glauben 89 Prozent der Manager, sie hätten ihr Geschick in den eigenen Händen, desgleichen 82 Prozent der Westdeutschen. Die meisten europäischen Länder zeigen in der Tat hohe Werte, allerdings nicht die Ostdeutschen, auf die 45 Jahre Kommunismus wohl nicht ihre Wirkung verfehlten. Ebenso rangieren die Chinesen viel niedriger als die Japaner, obwohl die Manager aus Japan ebenso wie die aus Singapur viel weniger an Selbstkontrolle glauben als jene aus Nordamerika oder Europa.

Kontrolle und Erfolg

Die extremen Pole möglicher menschlicher Beziehungen zur Natur werden vielleicht am besten deutlich, wenn man die Griechen der Antike mit den Amerikanern des 20. Jahrhunderts vergleicht. Für die Griechen wurde die Welt von natürlichen, gottähnlichen Kräften gelenkt: Schönheit (*Aphrodite*), Wahrheit (*Apollo*), Gerechtigkeit (*Athene*), Leidenschaft (*Dionysos*). Diese Kräfte bemühten sich um menschliche Gefolgschaft und standen oft untereinander im Konflikt, der zur Tragödie führen konnte. Höchstes Ziel war *harmonía*, das Erreichen von Harmonie im Einklang mit den durch einen selber wirkenden natürlichen Kräften. Menschen wie Ödipus oder Jason, die ihren eigenen Willen zum Sieg bringen wollten, wurden häufig in einen Kampf mit ihrem eigenen Geschick verstrickt.

Ganz anders die Gesellschaft der nachindustriellen Revolution: Sie macht Helden aus unternehmerischen Menschen, deren Kampf um die Zähmung der Natur erwartungsgemäß nicht in einer Tragödie endet. Dies trifft ganz besonders auf die amerikanische Sicht zu, die geprägt ist von der Erfahrung der Entdeckung eines neuen Kontinents von immenser Ausdehnung und der Verwandlung einer Wildnis in eine neue Nation. Erfolg wird identifiziert mit der Kontrolle über äußere Umstände.

Es ist jedoch nicht notwendigerweise der Unterschied zwischen internen und externen Kontrollmechanismen, der bei den nichtamerikanischen Kulturen die erfolgreichen von den weniger erfolgreichen scheidet. Es gibt Möglichkeiten der Anpassung an externe Einflüsse, die ökonomisch sehr effektiv sein können. Sich einstellen auf Kundenwünsche, Marktkräfte oder neue Technologien *kann* vorteilhafter sein, als ihnen die eigenen Präferenzen entgegenzusetzen. Die (für Amerikaner) »offensichtlichen« Vorteile selbstbestimmten Verhaltens müssen keineswegs auch den Managern in Japan oder Singapur einleuchten, sie erscheinen etwa auch Italienern, Schweden oder Niederländern nicht ganz so eindeutig. Außengeleitet muß nicht gottergeben oder schicksalsgläubig bedeuten, es kann bedeuten, beeinflußt zu sein von der Wissensrevolution oder der drohenden Umweltkrise oder von einem Joint-venture-Partner. Das Ideal ist die erfolgreiche *Anpassung an externe Kräfte.*

In dem ursprünglichen amerikanischen Konzept von internen und externen Kontrollmechanismen wird unterstellt, daß der außengeleitete Mensch eher eine Entschuldigung für Versagen vorbringe als eine neue Einsicht. Bei anderen Nationen wird es dagegen nicht als persönliche Schwäche ausgelegt, wenn man sich auf die Gewalt äußerer Kräfte oder die Willkür des Zufalls bezieht.

Im außengeleiteten Verhalten liegt der Bezugspunkt der Handelnden außerhalb ihrer selbst. Ein gutes Beispiel dafür ist die Geschichte des Sony Walkman, die in Kapitel 1 beschrieben wurde. 1982 erklärte Akio Morita von Sony in einem Interview, daß er das Konzept des Walkman entwickelt habe, weil er nach einer Möglichkeit suchte, Musik zu hören, ohne damit andere zu belästigen. Dies steht in scharfem Gegensatz zu der in Nordwesteuropa und Amerika normalen Motivation für den Gebrauch eines Walkman, wo die meisten Benutzer nicht von anderen Menschen gestört werden möchten. Die in Nordamerika und Teilen Westeuropas vorherrschende Selbstbestimmtheit kann uns zu erklären helfen, warum wir von der Methode abkommen müssen, wie wir »Kundenorientierung« und »Abstecken des geschäftlichen Umfelds« lehren. Für außengeleitete Kulturen wie Japan und Singapur ist dies eine so natürliche Selbstverständlichkeit, daß sie es nicht zu lehren brauchen. Ebenso bemerkenswert ist, daß Außengeleitetsein *nicht* Rivalität und Wettbewerb ausschließt, sondern eher hilft, ihnen Form und Stil zu geben.

Sich beeinflussen lassen durch einen Kunden oder durch die Kraft eines Gegners bedeutet nicht Mangel an Kampfeslust, sondern daß man die Kraft eines anderen wie in *Indo* (japanischer Ringkampf) und *Judo* für eine effektivere Kombination oder Harmonie (*wa*) einsetzt. Das Wort *do* in Judo, Indo, Kendo und Bushido bedeutet »Weg, Methode«. Man folgt dem Weg des Schwertes (*Kendo*) oder des Kriegers (*Bushido*), ihrem Handeln, Geschick und ihrer Disziplin, bis sie Teil der eigenen Natur werden.

Im Gegensatz zu vielen östlichen Sportarten, wo die Kraft des Gegners zum eigenen Vorteil benutzt wird, idealisieren westliche Sportarten wie American Football oder Baseball das Nullsummenspiel, das Aufeinanderprallen der Gegner, die Rivalität selbstbestimmten Willens, Mann gegen Mann. Nur »wenn man sie schlagen kann«, soll man »mit ihnen zusammentreffen«. Selbst Verbindungen werden »gewonnen« oder »verloren«, je nachdem, wieviel von den eigenen Vorstellungen durchgesetzt wurden, weil Nachgeben das Ansehen aller Betroffenen schmälert.

Auch unser westliches Vorurteil, daß Asiaten »unsere Ideen stehlen«, ist geprägt von unserer Besitzeinstellung zu dem, was »von uns« stammt und deshalb »uns gehört«. Asiaten können westliche Technologien als Teil der Umwelt betrachten wie Früchte eines Baumes, die kluge Menschen pflücken und sich einverleiben. Darüber hinaus genießen Konzepte wie *kaizen* (Verbesserung, Raffinement) ein sehr hohes kulturelles Prestige. Sich eine Sache aus dem externen Umfeld vornehmen und sie dann zu verfeinern oder verbessern bedeutet kein Kopieren, sondern ist eine Art Huldigung, ein charakterbildendes Sicheinlassen auf die besten Kräfte. Selbst wenn die Kräfte gewalttätig und demütigend sind, so wie die Zerstörung, Niederlage und Besetzung durch die Amerikaner, erweisen sich die Japaner als Meister der Anpassung an äußere Umstände und wie man dadurch wieder ganz nach oben kommt, ganz nach der von ihnen geschätzten Devise: »Krisen sind Chancen.«

Der Mechanismus der Selbstbestimmtheit: Das Renaissance-Ideal

Der Westen ist stark beeinflußt von der kopernikanischen und newtonschen Sicht des Universums als einer unermeßlichen, ewig sich bewegenden Maschine, die Gott aufgebaut und seinen Gläubigen zur Erforschung überlassen hat. Die Gesetze dieses Universums zu entdecken, die Gesetze von Zeit und Bewegung, war ein Ausdruck von Frömmigkeit. Um die Gesetze des Mechanismus zu verstehen, war es notwendig, Vorhersagen zu treffen und die Funktionsweise der Naturmaschine zu überwachen, d. h., das Naturgesetz für sich zu übernehmen und dann zu zeigen, daß einem die Natur gehorcht. Vor diesem Hintergrund der Selbstbestimmtheit wird der Beweis wissenschaftlicher Wahrheit erbracht. Man macht Hypothesen und Deduktionen, und wenn das erwartete Resultat eintritt, stimmt das Prinzip. Der aufgeklärte Mensch ist der Handwerksmeister, der Fahrer mit der Hand an der Schaltung.

Während die frühen Physiker die Definition des Menschen religiösen Autoritäten überließen, zerbrach diese Arbeitsteilung im 17. und 18. Jahrhundert. Auch der Mensch wurde zur Maschine, der seinen Verstand benutzte, um einen oft widerstrebenden Körper zur Erfüllung rationaler Diktate zu zwingen. Nach Jacques Ellul[2] trat an die Stelle des früheren Zauberglaubens nun die *Technik*, die nicht nur auf die äußere Natur Anwendung fand, sondern auch auf Körper und Hirn des Menschen. Ellul schreibt: »Technik ist die Umsetzung dessen, was den Menschen tief betrifft, in Aktion mit Hilfe des Verstandes, ist die Bewertung des Unbewußten, die Quantifizierung des Qualitativen, die Offenlegung und Präzisierung der Naturgesetze, der Halt im Chaos und der Versuch, es zu ordnen.«

Nach der Renaissance wurde Natur zunehmend mehr zum Objekt, so daß die Möglichkeit zur Manipulation passiver Dinge erleichtert wurde. Quantifizieren und Messen wurden zum Hauptelement der Wissenschaft, die Sozialwissenschaften eingeschlossen.

Die moderne Sicht der Natur: Die kybernetische Kosmologie

Während für die Griechen Natur ein lebendiger Organismus war und für die Renaissance eine durch den menschlichen Verstand kontrollierbare Maschine, werden in der modernen Systemdynamik oder Kybernetik beide Sichtweisen transzendiert in ein mehr ganzheitliches Konzept eines Lebenssystems, welches sowohl den einzelnen trägt wie von dem einzelnen, der von ihm abhängt, weiterentwikkelt werden kann.[3]

Hier ist ein deutlicher Wechsel zu sehen von dem Versuch, Kontrolle über die Natur zu gewinnen, zu der Identifikation mit ihrer ökologischen Selbstregulierung und ihrem natürlichen Gleichgewicht. Der Manager *interveniert*, aber ist nicht der *Urheber* des Geschehens. Das System der Organisationen und Märkte hat sein Eigenleben, das man beeinflussen, nicht aber lenken kann. In dem Maße, wie die Welt angefüllt ist von ökonomischen Kräften und Akteuren, wird man auch stärker äußeren Einflüssen ausgesetzt und ist darauf angewiesen, sich darin seinen eigenen Handlungsraum zu schaffen.

Die folgende Tabelle faßt diese Veränderungen der Perspektiven zusammen.

Die Bedeutung kultureller Naturorientierung

Naturorientierung hat viel mit dem zu tun, wie wir unser tägliches Leben gestalten und unsere Geschäfte betreiben. Kulturen können versuchen, die Natur zu meistern, sie zu akzeptieren, sich ihr zu unterwerfen oder mit ihr in wechselseitiger Harmonie zu leben. Die Natur kann sowohl vom Menschen kontrollierbar sein als auch in plötzlicher Umkehr ihre ganze Stärke zeigen und zum Herrn des Menschen werden. Keine der beiden Situationen ist sehr stabil oder sehr wünschenswert, denn auch eine unterworfene Natur kann nicht das Fortleben der Menschheit auf der Erde garantieren.

Man findet eine Analogie zwischen der engen Beziehung von Mensch und Natur und der zwischen Organisationen und Märkten.

Der Wandel der Naturanschauung				
Epoche	*Naturbe-schaffenheit*	*Produktive Tätigkeit*	*Philosophie*	*Kontrollziel*
Vorzeit	Organische Natur	Handwerk: zur Gestaltung	Naturphiloso-phie: natür-liche Welt	Äußere Kontrolle
Renaissance	Mechanisti-sche Natur	Technik: zur Veränderung	Mechanisti-sche Philoso-phie: techni-sche Welt	Selbst-bestimmte Kontrolle
Moderne	Kybernetische Natur	Angewandte Wissenschaft: zur Entwick-lung	Wissenschaft-liche Philoso-phie: soziale Welt	Ausgleich zwischen äußerer und selbstbe-stimmter Kontrolle

Ein Produkt wird nicht einfach nur erfolgreich sein, weil man es so will, noch, weil seine besondere Ausstattung Kunden erfreut. Es kann Erfolg haben aus anderen Gründen, als man gedacht hatte. Gründen, die mehr damit zu tun haben, wie *andere* Menschen im Umfeld denken, nicht wie wir selber. Sind wir dann bereit, uns an den Kunden zu orientieren (falls dies nicht schon unsere ursprüngliche Orientierung war)? Sind wir bereit, unseren Sinn zu ändern, wenn klar wird, daß die Wünsche der Verbraucher von unseren eigenen verschieden sind?

Das Außengeleitetsein verfügt über ein gewichtiges Argument: die Theorie der *Evolution.* Folgt man der Lehre der Evolutionsbiologen, so ist es die Umwelt, die entscheidet, welche Geschöpfe ihr angepaßt sind oder nicht, und in der Übertragung heißt das, die Märkte entscheiden, nicht die Manager. Im Wirtschaftsleben dominiert nicht das Überleben der Tüchtigsten, die angetrieben sind vom Mechanismus des gegenseitigen Niederringens, sondern es überleben jene, die am besten in der Lage sind, eine fruchtbare Beziehung zu äußeren

Faktoren und Bedingungen zu entwickeln. Vielleicht ist das der Grund, warum einige außengeleitete Kulturen in den Kreis der erfolgreicheren Wirtschaftsnationen gehören. Der Glaube, die Umwelt allein entscheide allmächtig über die Zukunft, kann zu Fatalismus und Resignation führen. Die Überzeugung von der alleinigen Verantwortung des Individuums wiederum kann aber dazu führen, daß man Sündenböcke sucht, Unterlegene bloßstellt und es fehlen läßt an Mitgefühl für jene, die an den Rand gedrängt wurden.

Ein wichtiger Aspekt der Selbstbestimmtheit ist die Vorstellung einer Geschäfts*strategie*, daß man also im voraus einen Plan entwirft, wie man Mitbewerbern Marktanteile wegnimmt. Die Metapher stammt aus dem militärischen Bereich und macht klar, daß die Organisation entweder ihr strategisches Vorhaben durchsetzen muß – oder sonst in ihrem Bereich den kürzeren zieht. Der offensichtliche Mangel an Interesse für Strategie an sich bei den Japanern und ähnlichen außengeleiteten Kulturen wurde bereits von Henry Mintzberg[4] festgestellt, verbunden mit einer Kritik des ganzen »militaristischen« Konzepts der Strategie. Mintzberg führt aus, daß in jeder Organisation jene, die direkt mit Kunden zu tun haben, *bereits Strategien entwickelt haben,* um die täglichen Probleme zu bewältigen. Die Aufgabe des Spitzenmanagements sei daher, diese bereits vorhandenen Strategien zu berücksichtigen und denen zu Anerkennung, Status und formaler Sanktion zu verhelfen, die sich als die wertvollsten erwiesen haben. Dies wäre ein außengeleiteter Prozeß der Übernahme bereits an der Basis des Unternehmens initiierter Strategien und ein weiteres Beispiel für die Notwendigkeit, *sich* von der Umwelt gestalten zu lassen.

Management zwischen verschiedenen Naturorientierungen

Paradoxerweise haben westliche und selbstbestimmte Manager, die einheitliche Prozeduren und Methoden bei fremden und außengeleiteten Kulturen einführen wollen, oft mehr »Erfolg« als erwartet, vermutlich weil letztlich einige dieser Kulturen es gewohnt sind, stark von äußeren Kräften beeinflußt zu werden und sich nach ihrer Umwelt zu richten. Es ist aber ein Fehler anzunehmen, daß das Akzeptieren von außen herangetragener Führung das gleiche sei wie ihre *Verinnerlichung oder Umsetzung.* Manche außengeleiteten Kulturen mögen schlicht und einfach keine Debatten oder Konfrontationen – das bedeutet jedoch nicht, daß die jeweiligen Direktiven ihrer Kultur angemessen sind. Außengeleitete Kulturen betrachten oft die Natur als *wohlgesinnt.* Die Quelle der Autorität wird als »natürlich« angesehen und ist schnell verschüttet, wenn sich der Manager »unnatürlich« benimmt, wenn er beispielsweise seinen Willen aus Prinzip durchsetzt, statt aus einem natürlich gewachsenen Wissen um den Fortbestand des Organismus heraus. Wenn dies so ist, dann benimmt er sich so, daß es als feindlich gedeutet werden kann. Er verwirkt damit seine »natürliche Macht«.

In der Niederlassung einer französischen Ölgesellschaft in Gabun stellte ich fest, daß ein von der Zentrale initiiertes »Change-Management«-Programm ein völliger Mißerfolg war. Die französischen Manager hatten auf Befragen keine stichhaltige Erklärung dafür. Die Gabuner schienen den vorgetragenen Zielen vollkommen zuzustimmen. Sie hatten auch die operativen Schritte akzeptiert, die auf lange Sicht diskutiert und geplant worden waren. Als jedoch der Plan in die Praxis umgesetzt werden sollte, geschah nichts. Die Mitarbeiter verhielten sich genauso wie zuvor. Nach gründlicher Untersuchung stellte sich heraus, daß die Gabuner tatsächlich die Veränderungen guthießen, aber daß sie nicht glaubten, daß es ihre individuelle Aufgabe sei, für ihre Einführung zu sorgen. Das Signal dazu mußte von ihren französischen Vorgesetzten kommen, die allein die natürliche Autorität besaßen, das Handeln zu befehlen. Wenn kein Befehl kam, wurde auch nicht gehandelt. Die Vorstellung, daß selbstbestimmte Veränderung aus Einsicht in Prinzipien erwächst, war *keine* kulturelle Gemeinsamkeit.

Es war das gleiche wie mit dem von MCC initiierten Pay-for-Performance-Programm. Ein solches Programm unterstellt, daß jeder Mitarbeiter so agieren kann, daß der Computerverkauf zunimmt, daß jeder persönlich sich mehr Mühe geben kann und dadurch mehr verkauft. Diese Annahme wurde jedoch von einem asiatischen Manager in Frage gestellt.

Herr Djawa aus Indonesien brachte im Verlauf der Diskussion gegenüber Mr. Johnson seinen Einwand vor: »Pay for Performance funktioniert nicht in unserem Verkaufsgebiet. Es führt dazu, daß die Kunden überfüttert werden mit Produkten, die sie niemals wollten und nicht brauchen. Darüber hinaus ist es ein Fehler, wenn die Dinge bei unseren Leuten nicht so gut laufen, sie zu drängen oder bloßzustellen. Es gibt gute Zeiten, und es gibt schlechte Zeiten. Bezahlt man die Leute nach Erfolg, so ändert man damit doch keine unausweichlichen Trends.«
Das Argument machte keinen Eindruck auf Mr. Johnson und seine westlichen Kollegen. »Wir wollen von der Zentrale aus etwas entwickeln, das jeden motiviert. Wollen Sie behaupten, daß eine Koppelung der Belohnung an den Erfolg überhaupt keinen Einfluß hat? Sie werden doch sicher zustimmen, daß es da eine Verbindung gibt.«
Herr Djawa jedoch antwortete: »Natürlich hat das Auswirkungen, aber diese werden nivelliert vom ökonomischen Auf und Ab. Es ist viel wichtiger, daß dem Kunden geholfen und er bewahrt wird vor solchen Schwankungen. Es ist nicht klug, Kunden dazu zu bringen, mehr zu kaufen, als sie sollten. Wir müssen schlechte Zeiten gemeinsam durchstehen und dann gemeinsam günstigere Bedingungen nutzen.«
Damit stimmten viele von Herrn Djawas östlichen und romanischen Kollegen überein. Mr. Johnson war empört: »Warum schlagen Sie dann nicht eine Methode vor, die *wirklich* funktioniert?«

Das Beispiel zeigt, wie in diesem Fall die Indonesier, die sich selber als mehr von äußeren Einflüssen bestimmt sehen, versuchen, Einvernehmen mit ihren Kunden herzustellen und »gemeinsam schlechte Zeiten durchzustehen«. Man kann sie motivieren, aber auf eine Weise, die zu ihrer Kultur paßt, und das bedeutet geschickte Anpassung an die Auf- und Abschwünge, die sie als »natürlich« erleben und nicht verursacht von ihrer eigenen größeren oder geringeren Hingabe an den Erfolg. Sie scheinen die Turbulenzen ihres Umfelds als ausreichende Herausforderung an die Mitglieder ihrer Organisation zu betrachten, ohne daß es notwendig wäre, jene anzuprangern, die einen Abschwung erwischen, oder jene zu belohnen, die gerade in einem Aufschwung sind. Ein solches Vorgehen würde die Gruppenmoral untergraben, man würde den Zufall zum Schiedsrichter machen und das Verkaufspersonal verführen, seinen eigenen Vorteil dem des Kunden voranzustellen.

Im Gegensatz dazu steht die mechanistische Auffassung von Menschen; sie sieht den Verkäufer wie ein Schiff, das die Wellen durchkreuzt auf dem Weg zu seinem vorgegebenen Ziel und sich nicht durch welches Wetter auch immer vom Kurs abbringen läßt. Der gute Ingenieur oder MBA beweist sich dadurch, daß die richtigen Dinge zuerst getan und dann durch das Ergebnis bestätigt werden müssen. Ein gutes Unternehmen verspricht: »Sie können selbst das Steuer in die Hand nehmen.« Ideale Mechanismen gehorchen dem Willen dessen, der sie bedient, und setzen ihn in die Lage, natürliche Hindernisse auf dem Weg zu persönlichen Zielen zu überwinden.

Modernes Management, ein Konflikt zwischen privaten Zielsetzungen?

Dem selbstbestimmten Menschen, der nach Beherrschung der Natur strebt, erwächst ein Problem dadurch, daß auch *jeder andere* für »Natur« stehen kann. Wir alle wollen Macht, sie kann aber nur erreicht werden, wenn andere als Mittel zu unserem Zweck angesehen werden. Natürlich können wir nicht *alle* aus uns heraus die Umwelt gestalten, schon weil wir selber einen beträchtlichen Teil dieser Umwelt darstellen. Die Einladung an andere teilzuhaben verliert einiges an Überzeugungskraft, wenn man in Wirklichkeit die anderen nur zu einem Entschluß hinlenken will, den man selber schon vor Beginn der Diskussion gefaßt hat. Aber der unerbittliche selbstbestimmte Manager hat keine andere Option. Er muß soziale Beziehungen so versachlichen, als habe er es mit Figuren auf einem Schachbrett zu tun. Chris Agyris[5] nennt das *Model I behaviour*, ein Verhalten, das dazu dient, daß der Mitarbeiter motiviert wird, das zu tun, was der Manager im voraus beschlossen hat. Auch Mr. Johnson gebraucht Motivation in diesem Sinne als eine Methode, Verkäufer zu überreden, unter allen Umständen mehr zu verkaufen – ohne Rücksicht auf das, was sie sagen oder wollen oder woran ihre spezifischen Kulturen glauben.

Die *HAY-Methode* der Personalbewertung ist ebenfalls selbstbestimmt, indem sie Manager mit ihren Funktionen identifiziert. Bei diesem System ist es nicht der Mitarbeiter, der bewertet wird, sondern die Effizienz, mit der er eine Aufgabe erfüllt, die von seinen Vorgesetzten, seiner Organisation gestellt wird. Das ist, woraus Autorität ihre Begründung und Legitimation ableitet. Angenommen, der Firmenzweck besteht darin, natürliche Rohstoffe in Produkte umzuwandeln. Zur Erfüllung seiner Funktion braucht das Unternehmen eine Fabrikationsabteilung. Es stellt Leute ein, die bereit sind, die entsprechenden Arbeitsaufgaben zu übernehmen. Sie werden geleitet von einem Fabrikationschef, der die selbstbestimmte Zielsetzung der Organisation personifiziert. Die Menschen, die die gestellten Aufgaben zu bewältigen versuchen, werden bezahlt entsprechend der Ansprüche und Schwierigkeiten ihrer jeweiligen Funktion und danach, wie gut sie sie ausfüllen und wie sie sich dabei (selbstbestimmt) engagieren. Das alles ist logisch, sachdienlich und einsehbar, aber es behandelt physische und soziale Umwelt, als seien es Objekte, und ist nicht die Weise, wie in großen Bereichen der Weltwirtschaft gedacht wird. Es verrät auch Blindheit vor einigen ganz offensichtlichen sozialen Fakten, daß nämlich im Verlauf einer Konversation beide Parteien ihre Meinung ändern und mit Hilfe ihres gemeinsamen Denkprozesses zu etwas Neuem und Besserem gelangen können.

Ein notwendiger Kompromiß

Kulturen sind unterschiedlich in ihrer Einstellung zur vorgegebenen Umwelt. Sie variiert von dem Glauben, daß sie durch den einzelnen kontrolliert werden könne, zu der Auffassung, daß der einzelne auf äußere Umstände reagieren muß. Man darf jedoch nicht den Fehler begehen, anzunehmen, daß selbstbestimmt und außengeleitet *einander ausschließende* Optionen seien. Notwendigerweise beachten alle Kulturen *beides*, das, was von innen, und das, was von außen kommt. Der Verzicht darauf würde selbstbestimmte Kulturen schnurstracks ins Desaster führen, während außengeleitete Kulturen ihr Mäntelchen nach dem Wind hängen und ihre Energien ziellos vergeuden würden.

Selbstbestimmte Manager sind nie glücklicher, als wenn es ihnen gelungen ist, andere Leute für ihre Art des Denkens zu gewinnen. Das ist das Ideal, nach dem sie streben, aber eines, das in außengeleiteten Kulturen für aggressiv und plump gehalten werden kann. In solchen Kuluren legen leitende Personen Wert auf das, was sie aus ihren eigenen Fehlern oder den Einwänden und der Kritik gelernt haben. Ein Grund, warum kreative Stabsarbeit manche asiatische Unternehmen so sehr bereichert und das Engagement so hoch ist, liegt darin, daß Zuhörenkönnen mehr gilt als Deklamieren. Solche Kulturen mögen nicht den offenen Schlagabtausch. Zu mißachten, was jemand sagt, heißt, Natur achtlos zu zertrampeln. Die Alternative ist, den Vorschlag aufzugreifen und ihn schrittweise zu ändern, wenn er keine Zustimmung findet.

Das Wort *Feedback* ist eine interessante Erscheinung im Jargon des westlichen Managements. Es anerkennt die Notwendigkeit periodischer Korrekturen bei laufenden Vorgängen oder Funktionen. Doch selten wird Feedback für ebenso wichtig gehalten wie die ursprüngliche Anordnung. In Wirklichkeit ist Feedback ein *Mittel zur Durchsetzung* der ursprünglichen Direktive.

Um voll an einer außengeleiteten Kultur teilhaben zu können, müssen selbstbestimmte Manager akzeptieren, daß Feedback die *ganze Richtung* der Organisation verändern kann. Sie müssen sich nach den Kunden richten und orientiert sein an der Erfüllung ihrer Wünsche, bevor es zu einer geschäftlichen Dauerbeziehung kommt.

Wichtige Veränderungen können sowohl von innen wie von außen kommen. Wieder einmal sehen wir, daß Kultur immer am »Startpunkt« eines Kreises steht (oder wo ein Manager seinen Ausgangspunkt hat, wenn er Veränderungen plant). Das Konzept der Organisation als ein offenes System, das innerhalb eines größeren Systems operiert, gibt sowohl selbstbestimmten wie außengeleiteten Orientierungen die Möglichkeit zur Weiterentwicklung.

<table>
<tr><th colspan="2">Praktische Tips für das Handeln in selbstbestimmten und außengeleiteten Kulturen</th></tr>
<tr><th colspan="2">Unterschiede erkennen</th></tr>
<tr><td>Selbstbestimmt</td><td>Außengeleitet</td></tr>
<tr><td>1. Häufiges Dominierenwollen, kann in Aggressivität gegen die Umwelt ausarten.
2. Streit und Standhaftigkeit bedeuten, daß man Überzeugungen hat.
3. Der Akzent liegt auf dem Ich, der Funktion, der eigenen Gruppe und Organisation.
4. Unzufriedenheit, wenn die Umwelt »unkontrollierbar« oder launisch erscheint.</td><td>1. Meist flexible Haltung, Bereitschaft zum Kompromiß und Stillhalten.
2. Harmonie und Zugänglichkeit, d. h. Sensibilität.
3. Der Akzent liegt auf dem »anderen«, d. h. Kunden, Partner, Kollegen.
4. Einverstanden mit Wellenbewegungen, Umbrüchen, Zyklen, wenn diese »natürlich« erscheinen.</td></tr>
<tr><th colspan="2">Tips für Geschäftsbeziehungen mit</th></tr>
<tr><td>Selbstbestimmten
(für Außengeleitete)</td><td>Außengeleiteten
(für Selbstbestimmte)</td></tr>
<tr><td>1. Mit »harten Bandagen« vorgehen ist ein legitimes Mittel, um die Beweglichkeit eines Gegners zu testen.
2. Es ist sehr wichtig, sein Ziel zu »gewinnen«.
3. Wie gewonnen, so zerronnen.</td><td>1. Sanftmut, Zähigkeit, Höflichkeit und viel, viel Geduld machen sich bezahlt.
2. Es ist sehr wichtig, »in Verbindung zu bleiben«.
3. Gemeinsam stark, allein schwach.</td></tr>
</table>

Als Manager oder vom Management Betroffener	
Selbstbestimmt	*Außengeleitet*
1. Einvernehmen erzielen über klare Zielvorgaben und sie sich zu eigen machen.	1. Es erreichen, daß viele Leute »unter einen Hut« kommen.
2. Sicherstellen, daß erreichbare Ziele mit erreichbaren Belohnungen verbunden sind.	2. Versuchen, die jetzige Führungslinie zu verstärken und die Arbeit der Mitarbeiter zu erleichtern.
3. Offen Widersprüche und Konflikte diskutieren, sie sind Zeichen für Engagement.	3. Den Leuten Zeit lassen und Gelegenheit geben zu stiller Konfliktbewältigung, sonst entsteht Beunruhigung.
4. »Management by Objectives« funktioniert, wenn jeder aus eigenem Antrieb für gemeinsame Ziele arbeitet, sofern diese beibehalten werden.	4. »Management by Environments« funktioniert, wenn sich jeder aus eigenem Antrieb an äußere Anforderungen anpaßt, auch wenn ein Wechsel stattfindet.

11 Nationalkulturen und Firmenkulturen

Wenn jemand eine Organisation aufbaut, wird er sich üblicherweise an Modellen oder Idealen orientieren, die ihm vertraut sind. Wie wir bereits im 2. Kapitel gesehen haben, ist eine Organisation ein subjektives Gebilde, und ihre Mitarbeiter suchen sich dort den Sinn, auf den sie durch ihre eigene kulturelle Prägung vorprogrammiert sind. Die Organisation gleicht anderen Dingen aus ihrem Erfahrungsraum. Sie kann für etwas gehalten werden, das der Familie gleicht, oder für ein unpersönliches System zur Erreichung bestimmter Ziele. Sie kann für eine Art Kreuzfahrtschiff gehalten werden oder für eine Rakete, die auf Kunden gerichtet ist und strategische Ziele. Kulturelle Präferenzen in all den in den vorhergehenden Kapiteln beschriebenen Dimensionen beeinflussen die Gestalt, die man Organisationen gibt, und die Bedeutung, die man ihnen beimißt.

Dieses Kapitel beschäftigt sich mit vier Typen von Firmenkultur und zeigt auf, wie Unterschiede zwischen Nationalkulturen die »Wahl« des jeweiligen Modells beeinflussen. Die Mitarbeiter haben eine gemeinsame Vorstellung von ihrer Organisation, und ihre Auffassung hat reale Auswirkungen auf die Entwicklung der Organisations- und Firmenkultur.

Verschiedene Firmenkulturen

Die Kultur einer Organisation wird nicht nur geprägt von Technologien und Märkten, sondern auch von den kulturellen Präferenzen ihrer Leiter und Mitarbeiter. Manche internationalen Konzerne haben Niederlassungen in Europa, Asien, Amerika oder dem Nahen Osten, die man nicht als solche erkennen würde, gäbe es nicht ein gemeinsames Logo und das Berichtswesen. Oft weisen sie fundamentale Unterschiede in der Logik ihrer Struktur und in der Bewertung ihres Beitrags zur gemeinsamen Tätigkeit auf.

Drei Aspekte der Organisationsstruktur sind besonders wichtig für die *Charakteristik einer Unternehmenskultur*:

① Die grundsätzliche Beziehung zwischen den Mitarbeitern und ihrer Organisation.
② Das vertikale oder hierarchische System der Autorität, das Vorgesetzte und Untergebene definiert.
③ Die allgemeine Auffassung der Mitarbeiter über die Existenz der Organisation, ihre Vorhaben und Ziele und ihre eigene Rolle dabei.

Bisher haben wir Kulturen innerhalb einzelner Dimensionen differenziert, z. B. Universalismus, Partikularismus oder Individualismus, Kollektivismus. Wenn man Organisationen betrachtet, muß man jedoch in zwei Dimensionen denken, wodurch vier Quadranten entstehen. Die Dimensionen, mit denen ich verschiedene Firmenkulturen unterscheide, sind *Egalität–Hierarchie* und *personenorientiert–aufgabenorientiert*.

Mit dieser Methode kann man vier Typen von Firmenkultur definieren, die beträchtliche Unterschiede aufweisen in der Art ihres Denkens und Lernens, wie sie Veränderungen vornehmen und motivieren, wie sie entlohnen und Konflikte lösen. Die Methode ist sehr nützlich zur Analyse von Organisationen, aber sie trägt in sich die Gefahr des Karikierens.

Wir neigen zu der Auffassung (oder auch dem Wunsch), daß alle Ausländer den Vorurteilen, den Stereotypen gleichen, die wir von ihnen haben. Daher liegt in unserer abstrahierenden Wahrnehmung von »Typen« die Versuchung, etwas zu sehr zu vereinfachen, was in Wirklichkeit sehr komplex ist.

Die vier Typen können folgendermaßen definiert werden:

1. Die Familie.
2. Der Eiffelturm.
3. Die Lenkrakete.
4. Der Brüter.

Diese vier Metaphern illustrieren Bezug und Einstellung der Mitarbeiter zu ihrer Organisation. Abbildung 11.1 faßt das von diesen Organisationen gegebene Erscheinungsbild zusammen.

Jedes dieser Modelle von Firmenkultur ist ein »Idealtyp«. In der Praxis zeigen diese Typen Mischformen mit oder Überlagerungen durch eine dominierende Kultur. Dennoch ist diese Aufteilung nützlich, um die Grundlage jedes Modells dafür zu erforschen, wie Mitarbeiter lernen, auf Veränderungen reagieren, Konflikte lösen, entlohnt werden, motiviert werden usw. Warum z. B. sind Normen und Prozeduren, die sich in einer Kultur anscheinend so gut bewähren, in einer anderen wirkungslos?

Die Familienkultur

Ich benutze die Metapher Familie für diese Kultur, die gleichzeitig *persönlich* ist mit engen direkten Beziehungen, aber auch *hierarchisch* in dem Sinne, daß der »Vater« der Familie weit mehr Erfah-

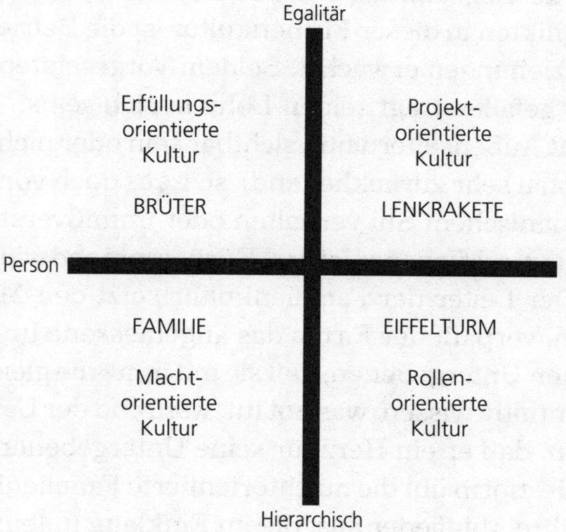

Abbildung 11.1: Firmenimage

rung und Autorität hat als seine »Kinder«, besonders wenn sie noch jung sind. Das Ergebnis ist eine *machtorientierte* Firmenkultur, in der der Leiter als eine Art fürsorglicher Vater betrachtet wird, der besser als seine Untergebenen weiß, was zu tun ist und was gut für sie ist. Diese Art Macht ist weniger furchteinflößend als vom Wesen her vertraut und (hoffentlich) wohlwollend. Die Arbeit des Unternehmens in diesem Kulturtyp wird sich gewöhnlich in einer Atmosphäre vollziehen, die in mancher Hinsicht die häusliche nachahmt.

Charles Hampden-Turner hat beschrieben, daß die Japaner innerhalb ihrer Firma Aspekte der traditionellen Familie wiederbeleben. Die Haupttugend des Geschäfts ist *amae*, eine Art von Zuneigung zwischen Personen verschiedenen Rangs mit deutlicher Nachsicht gegenüber den Jüngeren und umgekehrt Respekt vor den Älteren. Das Ideal ist immer, mehr zu leisten, als man durch den Vertrag oder eine Vereinbarung verpflichtet ist. Die idealisierte Beziehung heißt *sempai-kokai*, es ist die zwischen einem älteren und jüngeren Bruder. Beförderung aus Altersgründen bedeutet, daß typischerweise der ältere die Verantwortung trägt. Die Verbindung zur Firma ist langfristig und ergeben.

Eine starke Begründung für das Arbeiten, Engagement und Lösen von Konflikten in dieser Firmenkultur ist die Befriedigung, die aus solchen Beziehungen erwächst. Seinem Vorgesetzten (oder älteren Bruder) zu gefallen trägt seinen Lohn in sich selbst. Mag dieses Gefühlsmoment Außenseitern nun sichtbar sein oder nicht (die Japaner sind emotional sehr zurückhaltend), so ist es doch vorhanden, sei es nun nach japanischem Stil verhalten oder unmißverständlich bezeugt durch Stimme, Mienenspiel und Körpersprache wie nach italienischem Stil. Der Leiter der Familienkultur setzt den Maßstab und gibt den Ton an, verpaßt der Firma das angemessene Image und erwartet von seinen Untergebenen, daß sie mit ihm »die gleiche Wellenlänge« haben, intuitiv wissen, was not tut, während der Leiter wiederum zeigen kann, daß er ein Herz für seine Untergebenen hat.

In ihrer Bestform übt die machtorientierte Familienkultur ihren Einfluß *durch* ihre Mitglieder aus, die im Einklang miteinander handeln. Die Macht ist ihnen also nicht notwendigerweise übergestülpt, obwohl es so sein kann. Die Hauptsanktion ist der Verlust der Zuneigung und des Platzes in der Familie. Druck wird eher moralisch und sozial ausgeübt als finanziell oder mit Gesetzen. Viele Unternehmen mit familienähnlichen Kulturen stammen aus Nationen, die sich spät industrialisierten: Griechenland, Italien, Japan, Singapur, Südkorea, Spanien. Wo der Übergang vom Feudalismus zur Industriegesellschaft sehr schnell verlief, blieben viele Feudaltraditionen erhalten.

Firmenkulturen des Familienstils neigen zu *hohem Kontext* (siehe Kapitel 7), ein Terminus, der sich auf die große Zahl von Informationen und kulturellen Inhalten bezieht, die von ihren Mitgliedern *als gegeben* betrachtet werden. Je mehr dabei an Familiengeschichten, Traditionen, Sitten und Vereinigungen mitspielt, um so höher ist der Kontext, und um so schwerer ist es für Außenseiter, sich dazugehörig zu fühlen oder zu wissen, wie man sich angemessen verhält. Solche Kulturen schließen Fremde aus, ohne es ausdrücklich zu wollen, und verständigen sich untereinander in Codes, die nur von Mitgliedern verstanden werden.

Die Beziehungen und Bindungen neigen dazu, *diffus* zu sein (siehe Kapitel 7). Der »Vater« oder »ältere Bruder« ist in *allen* Situationen gegenwärtig, ob sie nun Kenntnis von dem Problem haben oder nicht, ob eine Sache bei der Arbeit geschieht, in der Kantine oder auf dem Heimweg, ja, selbst wenn ein Anwesender qualifizierter ist. Die allgemeine Zufriedenheit und das Wohlergehen aller Mitarbeiter wird als der eigentliche Hauptzweck der Familienstilgesellschaft betrachtet, sie kümmert sich um ihre Wohnverhältnisse, die Größe ihrer Familien und ausreichenden Lohn. In all diesen Bereichen kann das Unternehmen helfen.

Macht und Statusunterschiede werden als »natürlich« angesehen, als eine persönliche Eigenschaft der Leitenden und ohne Bezug auf ihre mehr oder weniger erfolgreich bewältigten Aufgaben, etwa so, wie Eltern Eltern bleiben, auch wenn sie bestimmte Pflichten vernachlässigen. Über der Macht des Führenden kann die des Staates stehen, des politischen Systems, der Gesellschaft – oder Gottes. *Politisch* ist Macht in dem Sinne, als sie weithin gestützt wird von Autoritäten, statt sich abzuleiten von Rollenanforderungen oder Aufgabenstellungen. Das bedeutet nicht, daß die Mächtigen unfähig sind und nicht ihre Arbeit leisten können, es bedeutet vielmehr, daß für das gute Funktionieren einer solchen Organisation die erforderlichen Kenntnisse und Fähigkeiten *zu* den Machtzentren geführt werden müssen, wobei gleichzeitig die vorhandene Struktur gerechtfertigt wird. Dazu das Zeugnis eines britischen Managers: »In Italien wurde ich meinem Partner von der Gegenseite vorgestellt, dem Leiter der Anwendungstechnik. Ich befragte ihn über seine Firma, seine Abteilung und woran sie arbeiteten. In wenigen Minuten hatte er mir ein Dutzend Namen genannt, verbunden mit seiner persönlichen Einschätzung ihres politischen Einflusses, ihrer Nähe zur Macht und ihren Geschmacksneigungen, Vorlieben und Meinungen. Fast nichts war von ihm zu hören über ihre Kenntnisse, ihre Fähigkeiten oder ihre Leistungen. Soweit ich sagen kann, hatten sie keine spezifischen Funktionen oder wenn, dann hatte sie mein Informant nicht für erwähnenswert gefunden. Ich war überrascht. Eine Konzeption über die Verteilung der Aufgaben oder ihre Bewältigung und Komplexität schien es nicht zu geben.«

Dem britischen Manager war nicht klargeworden, daß dieses »Familienmodell« in der Lage ist, mit komplizierten Vorgängen umzugehen, ohne sich dabei selbst als ein funktionales Mittel zu diesem Zweck zu verstehen. Im Familienmodell ist Autorität insofern nicht herausgefordert, weil man sie nicht an Aufgabenbewältigung knüpft, sondern an den zugeschriebenen Status. Zu einem wichtigen Element wird dabei, daß man Menschen an die Spitze stellt, die aufmerksam und verständig sind und handeln. Wenn Ältere mehr Autorität haben, dann müssen sie umfassend unterrichtet und loyal unterstützt werden, damit sie ihrem Status gerecht werden. Die Kultur sorgt dafür, daß ihre *eigenen Voraussetzungen gerechtfertigt sind.*

Bei meinen eigenen Untersuchungen habe ich getestet, in welchem Maße Manager aus verschiedenen Kulturen ihre Vorgesetzten »als eine Art Vater« betrachteten oder in welchem Maße sie meinten, diese Personen wollten allein »die Arbeit erledigt haben«. Die Ergebnisse zeigt Abbildung 11.2. Hier sehen wir eine der größten Spannbreiten in der Beantwortung der Frage zwischen einzelnen Nationen und eine deutliche Häufung von asiatischen Ländern am Beginn der Skala. Eine andere Frage, die Managern im Laufe dieser Untersuchung gestellt wurde, war die Bitte, sich ihren Betrieb als eine Art Dreieck, eine Pyramide, vorzustellen und sich eine Darstellung auszusuchen, die ihr am besten entspricht. Die steilste Pyramide wurde mit fünf Punkten bewertet, die niedrigste mit einem.

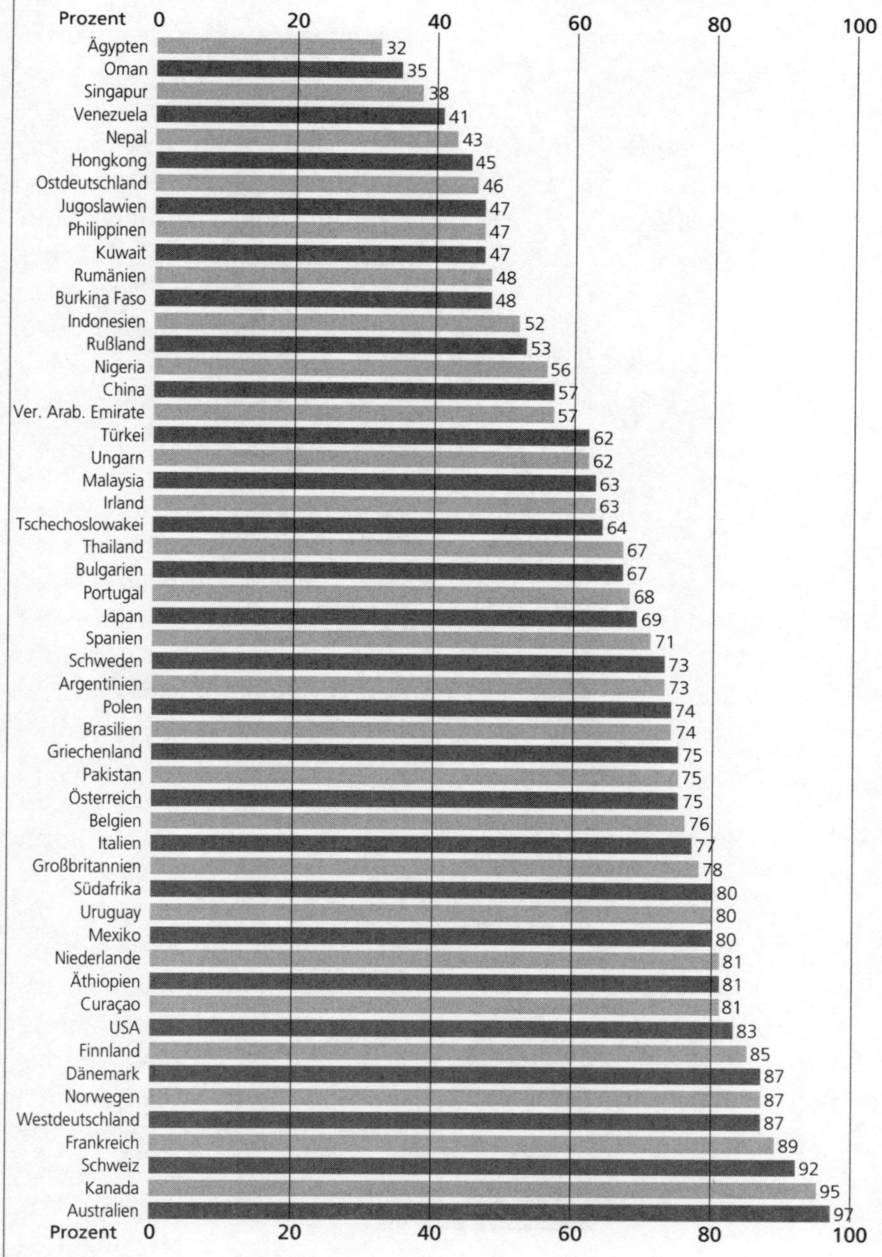

Abbildung 11.2: Was macht einen guten Manager aus?
Prozentsatz der Befragten, die »allein die Arbeit erledigt« sehen wollten

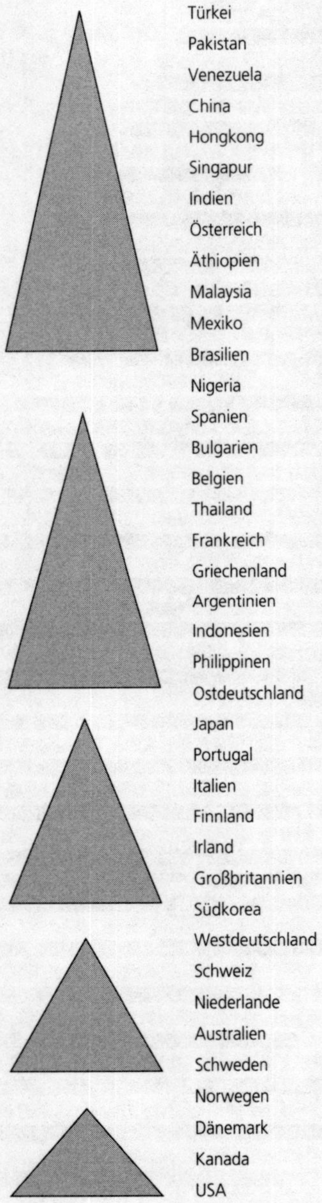
Türkei
Pakistan
Venezuela
China
Hongkong
Singapur
Indien
Österreich
Äthiopien
Malaysia
Mexiko
Brasilien
Nigeria
Spanien
Bulgarien
Belgien
Thailand
Frankreich
Griechenland
Argentinien
Indonesien
Philippinen
Ostdeutschland
Japan
Portugal
Italien
Finnland
Irland
Großbritannien
Südkorea
Westdeutschland
Schweiz
Niederlande
Australien
Schweden
Norwegen
Dänemark
Kanada
USA

Abbildung 11.3: Firmenpyramide

Die Skala der Nationen, wo der Vorgesetzte als eine Art Vater gesehen wird, entspricht ziemlich genau der Steilheit der Pyramiden in Abbildung 11.3. Die Familienkulturen der Türkei, Venezuelas und verschiedener asiatischer Staaten haben die steilsten Hierarchien, das Image verbindet die Verpflichtung zur Unterordnung mit relativer Dauerhaftigkeit der Beschäftigung. Fast alle diese Länder findet man auch im oberen Drittel der Abbildung 11.2.

Nicht der geringste Effekt der Familienkultur besteht darin, daß die Energien und Loyalitäten der Untergebenen zusammengefaßt werden, um den »Boß« allseitig zu stützen, so daß er buchstäblich auf den Wogen der Zuneigung schwimmt. Er gewinnt sein Machtgefühl und Selbstvertrauen von denen, die ihm folgen, sein Charisma wird genährt durch Leichtgläubigkeit und fast kindliches Vertrauen. Doch können geschickte Führungspersönlichkeiten auch diese Energien katalysieren und verstärken und die tiefsten Wünsche und Hoffnungen ihrer Untergebenen ansprechen. Sie vermeiden die Entpersönlichung eines Management by Objectives, denn Management by Subjectives funktioniert besser. Sie gleichen den Anführern von Bewegungen, die Emanzipation zum Ziel haben, wie etwa die amerikanische Bürgerrechtsbewegung. Solche Bewegungen haben vom Wesen her Strukturen vom Familientyp und geben ihren Anhängern sozialen Rückhalt in neuen Formen der Führung.

Familienkulturen haben Schwierigkeiten mit Projektgruppenorganisation oder Autoritätsstrukturen vom Matrixtyp, denn hier ist die Autorität geteilt. Ihre Funktion hat einen Chef und ihr Projekt einen anderen – wie kann man da jedem ungeteilte Loyalität erweisen? Ein anderes Problem besteht darin, daß die Forderungen der *eigentlichen* Familie mit einfließen können. Wenn jemand Ihr Bruder oder Vetter ist, kann er leichter mit Ihnen eng zusammenzuarbeiten. Daraus folgt, daß da, wo eine Kultur in einer bestimmten Rolle oder bei einem bestimmten Vorhaben Nepotismus als Korruption und als Interessenkonflikt ansieht, eine Familienkultur das vielmehr als Bekräftigung ihrer gängigen Normen betrachtet. Ein Mensch, der sowohl mit Ihrer Familie zu Hause als auch mit Ihrer »Arbeitsfamilie« verbunden ist, hat einen Grund mehr, Sie nicht zu hintergehen. Familien neigen dazu, dort ihre Stärke zu beweisen, wo der Universalismus schwach ist.

Eine niederländische Delegation war überrascht und schokkiert, als der brasilianische Eigentümer einer großen Verarbeitungsfirma seinen relativ jungen Revisor als den Hauptkoordinator eines 15-Millionen-Dollar-Joint-venture-Projekts vorstellte. Die Niederländer fragten sich, wie man einem erst frisch ausgebildeten Revisor eine so beträchtliche Verantwortung übertragen konnte – einschließlich der Verwaltung ihres eigenen Kapitals. Der Brasilianer erklärte, daß dieser junge Mann die bestmögliche Wahl unter 1200 Mitarbeitern darstelle, weil er der Neffe des Eigentümers sei. Wer könne mehr Vertrauen verdienen? Statt darüber zu klagen, könnten sich die Niederländer glücklich schätzen, daß er zur Verfügung stehe.

Das älteste Kind

Sehr oft benehmen sich Mitarbeiter in Familienkulturen wie »das älteste Kind«, das während der Abwesenheit der Eltern auf die Familie aufpaßt, aber diese Autorität sofort wieder verliert, sobald ein Elternteil zurück ist. Der amerikanische Manager einer Filiale in Miami, Florida, erlebte diese Art von Beziehung mit seinem venezolanischen Stellvertreter. Die Filiale verarbeitete und verpackte PVC. Der Fabrikationsvorgang erforderte einen hohen Standard der Qualitätskontrolle. Das Produkt mußte in genau vorgesehenen Verhältnissen gemischt werden, damit es gelang. Unregelmäßigkeiten im Mischverhältnis mußten bei ihrem Auftreten sofort gemeldet und der betroffene Vorgang unverzüglich abgebrochen werden, damit keine unverkäuflichen Produkte erzeugt wurden. Die Entscheidung zum Abbruch erforderte Spezialkenntnisse. Bereits ein Verzug von wenigen Minuten konnte extrem teuer werden. Es war daher besser für das Ganze, den Prozeß vorsorglich zu stoppen als zu spät.

Der venezolanische Vertreter wußte genau, wann das Produkt zufriedenstellend war und wann nicht. Als er während der Abwesenheit seines Managers die Verantwortung trug, brachte er jede Produktionslinie mit unzureichender Qualität sofort zum Halt. Sein Urteil war schnell und gewissenhaft. Als der Manager jedoch wieder da war, ging er zu ihm, berichtete über die Situation und bat um eine Entscheidung. In der Zwischenzeit war eine beträchtliche Menge des Produkts verdorben. Obwohl ihm häufig gesagt worden war, er solle in eigener Verantwortung handeln, sein Urteil werde respektiert und seine Entscheidung gelte, verfiel er doch immer wieder in die ursprüngliche Praxis.

Dies ist ein einfaches Beispiel für den Zusammenstoß zwischen der von dem Amerikaner vorausgesetzten Aufgabenorientierung und der Familienorientierung des Venezolaners. Der Amerikaner hatte die Aufgabe der Qualitätskontrolle für die PVC-Produktion delegiert. Aus seiner Sicht lag sie nun in der Verantwortung seines Beauftragten – ob er selber nun anwesend war oder nicht. Die Funktion wurde diktiert von den Erfordernissen des Produktionsprozesses. Aus der Sicht des Beauftragten jedoch wuchs seine Autorität, wenn er allein die Verantwortung trug, und war in dem Moment wieder eingeschränkt, wenn sein »Vater« zurück war. Entscheidungen konnten allein von der Person mit der größten Autorität getroffen werden, die jeweils *anwesend* war.

Eine bekannte Untersuchung von Inzerilli und Laurent[1], einem italienischen und einem französischen Forscher, zeigt, daß es unter italienischen, französischen und japanischen Managern eine viel größere Affinität gibt zu dem »Manager, der alles weiß«. Sie legten u. a. folgende Fragestellung zugrunde: »Ist es wichtig für einen Manager, daß er genaue Antworten parat hat auf die meisten Fragen seiner Untergebenen?« Wir alle wissen, daß es bei der Kompliziertheit heutiger Umstände für Manager immer schwerer wird, auch nur einen Teil dessen zu kennen, was ihre Mitarbeiter als Gruppe wissen. Doch kann die Unterstellung, daß Ihr Manager vielleicht *wirklich* alles weiß, erforderlich machen, daß Sie jede Einzelheit mit ihm besprechen müssen, wodurch das Aufsteigen der Information bis zur Spitze der Organisation gefördert wird.

Man muß sich davor hüten, die Familienmetapher als primitiv, anmaßend oder feudalistisch abzutun. Ihre Intimität kann vielmehr komplexe Informationen effektiv verarbeiten. Das Bedürfnis, daß Ihr »Vater« über ein großes Geschäft Bescheid weiß, kann zu wünschenswerteren Ergebnissen führen, als weder zu erwarten noch zu wünschen, daß Ihr »Boß« allzuviel weiß. Eine visionäre Führungsperson, die ihre Mitarbeiter zur Erreichung übergeordneter Ziele mobilisiert, bedarf des Vertrauens, der Treue und des Wissens. In allen drei Punkten kann das Familienmodell meist dienen.

Die Ergebnisse der in Kapitel 7 gestellten Frage, ob eine Firma sich um die Wohnverhältnisse ihrer Mitarbeiter kümmern solle (siehe Abbildung 7.6), zeigt auch solche Nationen, in denen die Familie ein natürliches Modell ist. In diesen Kulturen gibt es meist keine Begrenzung der Verantwortlichkeit des Unternehmens für seine Beschäftigten. Sie erstreckt sich auch auf die Frage, wo und wie sie wohnen. Japanische Arbeitgeber betrachten es als Teil ihrer Aufgabe, zu berücksichtigen, ob man verheiratet ist, wieviel Kinder man hat und ob man entsprechend mehr Einkommen benötigt. Die Firma kann behilflich sein, eine Wohnung zu finden, die Ausbildung der Kinder zu fördern, verbilligte Einkaufsmöglichkeiten anbieten, für Erholungsmöglichkeiten sorgen und sogar dazu ermuntern, gemeinsam mit Arbeitskollegen Urlaub zu machen. Die Grundeinstellung ist, daß, *je mehr die Firma für ihre Familien tut, desto mehr wollen ihre Familien, daß ihre Ernährer etwas für das Unternehmen leisten.*

Denken, Lernen, Verändern

Das Familienkulturunternehmen ist mehr an intuitiven als an rationalen Kenntnissen interessiert, sieht seine Aufgabe mehr in der *Entwicklung* der Leute als ihrer Einsetzung oder Ausnutzung. Persönliche Kenntnisse voneinander werden durch Erfahrung gewonnen. Wissen ist weniger hypothetisch und deduktiv, sondern beruht auf Erkenntnissen. Es wird das Gespräch bevorzugt, um Fragen zu klären und Einsichten über objektive Gegebenheiten zu gewinnen. *Wer* etwas tut, ist wichtiger, als *was* getan wird. Wenn man Japaner zu einem Treffen einlädt, wollen sie zunächst wissen, wer daran teilnimmt, bevor sie sich für die Einzelheiten der Tagesordnung interessieren.

Wandel im machtorientierten Familienmodell ist vom Wesen her eine politische Angelegenheit, braucht Schlüsselpersonen, um die Politik zu modifizieren. Bevorzugte Mittel dazu sind neue Visionen, charismatische Appelle, inspirierende Ziele und ein echter Bezug auf herausragende Leute. »Wandel von unten« ist nicht der Normalfall, es sei denn, daß Aufruhr so ernstlich die Führenden bedrängt, daß große Zugeständnisse gemacht werden müssen.

Lehrverhältnisse, Ausbildung, Gruppentraining und Mentorensystem sind wichtige Mittel, aber sie werden im Auftrag der Familie genutzt und bedeuten von sich aus keine Herausforderung der Autorität, sondern bekräftigen sie eher. Familienkulturen können schnell auf äußere Veränderungen reagieren, die ihre Macht berühren. Ihre politischen Antennen sind meist sehr sensibel.

Ein niederländischer Manager, der in dem französischen Zweig einer holländischen Unternehmensgruppe Veränderungen einleiten sollte, erzählte mir, wie beeindruckt er von der Präzision und Intelligenz der Reaktion der französischen Manager auf seine Vorschläge war. Als er drei Monate später wiederkam, mußte er feststellen, daß nichts geschehen war. Er hatte nicht gewußt, daß es notwendig gewesen wäre, auch das Managementteam zu verändern, die strategischen Vorschläge waren nichts anderes als eine Front, hinter der die Familie fortfuhr wie gewohnt.

Motivation, Entlohnung, Konfliktlösung

Weil Familienmitglieder ihre Beziehung zueinander positiv erleben, können sie mehr durch Lob und Anerkennung motiviert werden als durch Geld. Pay for Performance ist kaum das richtige für sie, auch nicht andere Motivationen, die familiäre Bande bedrohen. Sie neigen dazu, die Risiken unter ihren Mitgliedern zu »sozialisieren«, und können sich auf unsicherem Boden recht gut behaupten. Ihre Hauptschwäche zeigt sich dann, wenn interfamiliäre Konflikte notwendigen Wandel blockieren.

Konfliktlösung hängt oft vom Geschick der Führungsperson ab. Kritik wird selten öffentlich geäußert, geschieht dies, gerät die Familie in Aufruhr. Negatives Feedback findet indirekt statt und wird manchmal besonderen, »erlaubten« Anlässen vorbehalten. (In Japan kann man seinen Chef bei einer gemeinsamen Zecherei kritisieren.) Man achtet sehr darauf, daß herausragende Mitglieder der Familie nicht ihr Gesicht verlieren, denn in ihnen verkörpert sich der Zusammenhalt der ganzen Gruppe. Beim Familienmodell hat die Effizienz (die Sache richtig machen) geringere Priorität, aber Vorrang die *Effektivität* (die richtige Sache machen).

Die Eiffelturmkultur

In der westlichen Welt ist eine bürokratische Gliederung der Arbeit in viele verschiedene Rollen und Funktionen vorgegeben. Diese Gliederungen werden an der Spitze von einer Hierarchie koordiniert. Wenn jede Rolle so ausgeführt wird wie von dem System vorgesehen, dann werden die Aufgaben wie geplant erfüllt. Ein Aufseher kann die Erledigung mehrerer Aufgaben überwachen, ein Manager kann die Aufgaben mehrerer Aufseher oder Abteilungsleiter überwachen, und dies geht so weiter durch alle Stufen der Hierarchie.

Ich habe den Eiffelturm zu Paris als Symbol für diesen Kulturtyp gewählt, weil er steil, symmetrisch, schmal an der Spitze und breit an der Basis ist, stabil, starr und robust. Wie die formale Bürokratie, für die er steht, symbolisiert er auf besondere Weise das Maschinenzeitalter. Auch ist seine Struktur wichtiger als seine Funktion.

Diese Hierarchie ist sehr verschieden von der der Familie. Jede höhere Ebene hat die klare und sichtbare Funktion, die Ebenen darunter zusammenzuhalten. Man gehorcht dem Chef, weil es *seine Rolle* ist, Anweisungen zu erteilen. Der rationale Zweck des Unternehmens wird durch ihn an seine Untergebenen vermittelt. Er besitzt die legale Autorität, ihnen Anweisungen zu geben, und ihr Arbeitsvertrag verpflichtet sie ausdrücklich (oder sinngemäß), seinen Anordnungen zu folgen. Wenn sie dies nicht täten, könnte das System nicht funktionieren.

Der Chef im Eiffelturm ist nur zufällig eine Person. Vom Wesen her ist er eine Rolle. Würde er morgen tot umfallen, würde ihn irgend jemand anders ersetzen, und es würde nichts an den Pflichten der Untergebenen oder dem Unternehmensziel ändern. Der Nachfolger mag mehr oder weniger nett sein oder seine Rolle ein bißchen anders interpretieren – all das ist aber nebensächlich. Die Aufgabe ist eindeutig definiert, und ihre Bewältigung wird entsprechend dieser Definition bewertet. Dabei wird wenig dem Zufall oder den Wünschen einzelner überlassen.

Daraus folgt, daß sich Autorität von der Ausfüllung der Rolle ableitet. Trifft man seinen Chef auf dem Golfplatz, ist man nicht verpflichtet, ihm den Vortritt zu lassen, und er würde das vermutlich auch nicht erwarten. Die Beziehungen sind *spezifischer Art* (siehe

Kapitel 7), und der *Status ist askriptiv* (siehe Kapitel 8) und bleibt in der Firma zurück. Es handelt sich dabei jedoch nicht um eine persönliche Statuszuschreibung wie in der Familie. Status im Eiffelturm ist an die Rolle gebunden. So ist es unmöglich, ihn in Frage zu stellen. Auf diese Weise ist die Bürokratie im Eiffelturm ein *unpersönliches, rational-legales* System, bei welchem jeder bestimmten Spielregeln unterworfen ist, und zu diesen Spielregeln gehört eine Hierarchie, die sie aufrechterhält und durchsetzt. Der Chef hat nur Macht, insofern die Spielregeln ihm die Möglichkeit zum Handeln geben.

Karrieren im Eiffelturm werden stark durch berufliche Qualifikationen gefördert. An der Spitze deutscher oder österreichischer Betriebe, die typische Vertreter des Eiffelturmmodells sind, findet man oft den Titel eines Professors oder Doktors an der Bürotür. In Amerika ist das dagegen äußerst selten der Fall.

Fast alles, was die Familienkultur akzeptiert, wird von der des Eiffelturms abgelehnt. Persönliche Beziehungen könnten das Urteil trüben, Günstlingswirtschaft fördern und Ausnahmeregelungen und die klaren Grenzen zwischen Rollen und Verantwortlichkeit verwischen. Man kann nicht die Arbeitsleistung einer Untergebenen beurteilen, wenn man in sie verliebt oder auf ihre Loyalität für sich persönlich angewiesen ist. Die Anforderungen der Organisation sind logischerweise etwas anderes als Ihr persönliches Bedürfnis nach Macht oder Zuneigung. Solche persönlichen Dinge lenken ab und beeinflussen und verfälschen öffentliche Interessen.

Jede Rolle auf jeder Ebene der Hierarchie wird definiert und nach ihrer Schwierigkeit, Komplexität und Verantwortlichkeit bewertet und mit einem entsprechenden Gehalt ausgewiesen. Darauf folgt die Suche nach jemandem, der sie ausfüllt. Bei der Beurteilung von Bewerbern für diese Rolle wird die Personalabteilung jeden gleich und unvoreingenommen behandeln, wird die Fähigkeiten und die Eignung der Bewerber in Hinblick auf die Arbeitsplatzanforderungen prüfen und die Position an den vergeben, der am besten zu ihr paßt. Auf die gleiche Weise wird bei Mitarbeiterbewertungen und Beförderungen vorgegangen.

Ich habe den Einfluß der Rollenkultur im Gegensatz zu der mehr persönlichen Kultur getestet, indem ich die befragten Manager vor folgende Entscheidung stellte:

Zwei Manager unterhalten sich über die Organisationsstruktur ihres Unternehmens:

A sagt: »Der Hauptzweck einer Organisationsstruktur ist, daß jeder weiß, wer wem etwas zu sagen hat.«

B sagt: »Der Hauptzweck einer Organisationsstruktur ist, daß jeder weiß, welche Funktionen wo angesiedelt sind und wie die koordiniert werden.«

Welche dieser beiden Antworten trifft am besten den Sinn einer Organisationsstruktur?

Die Nationen, die lieber erst die Rolle und dann die Person sehen, vor allem die Nordamerikaner und Nordwesteuropäer, weisen große Mehrheiten für B auf (Abbildung 11.4). Hier ist die *Logik der Zuweisungen eindeutig rational und funktional.* Bei der Option A ist das offengelassen. Die Organisation legitimiert vorhandene Machtunterschiede.

Der Eiffelturm ist als Ganzes auf das Ziel ausgerichtet, und daher ist er relativ starr und hat Schwierigkeiten, in verschiedene Richtungen zu weisen. Erweist es sich beispielsweise für die Eiffelturmfirma notwendig, Zielsetzungen zu verfolgen, die nicht mit ihrer hierarchisch koordinierten Rollenzuweisung im Einklang sind, etwa die Erfindung neuer Produkte, dann wirkt die Struktur eher hinderlich. Andererseits ist sie wie geschaffen zur Ausstellung von Pässen oder um Versicherungsansprüche abzuchecken, wo die Spielregeln im voraus gelten und eine einheitliche Behandlung gesetzlich gefordert ist.

Innerhalb eines unserer Seminare gab der Leiter der strategischen Planungsabteilung einer bedeutenden deutschen Firma einen einstündigen Überblick über diesen Bereich seines Hauses. Er verwandte 45 Minuten auf die Darstellung der Organisationsstruktur seines Unternehmens und die verbleibenden 15 Minuten auf eigentlich strategische Themen. In der Mittagspause fragte ich ihn, warum er nicht 60 Minuten über strategische Aufgaben gesprochen habe. »Das habe ich doch getan« war seine Antwort. Für ihn *war* Struktur Strategie.

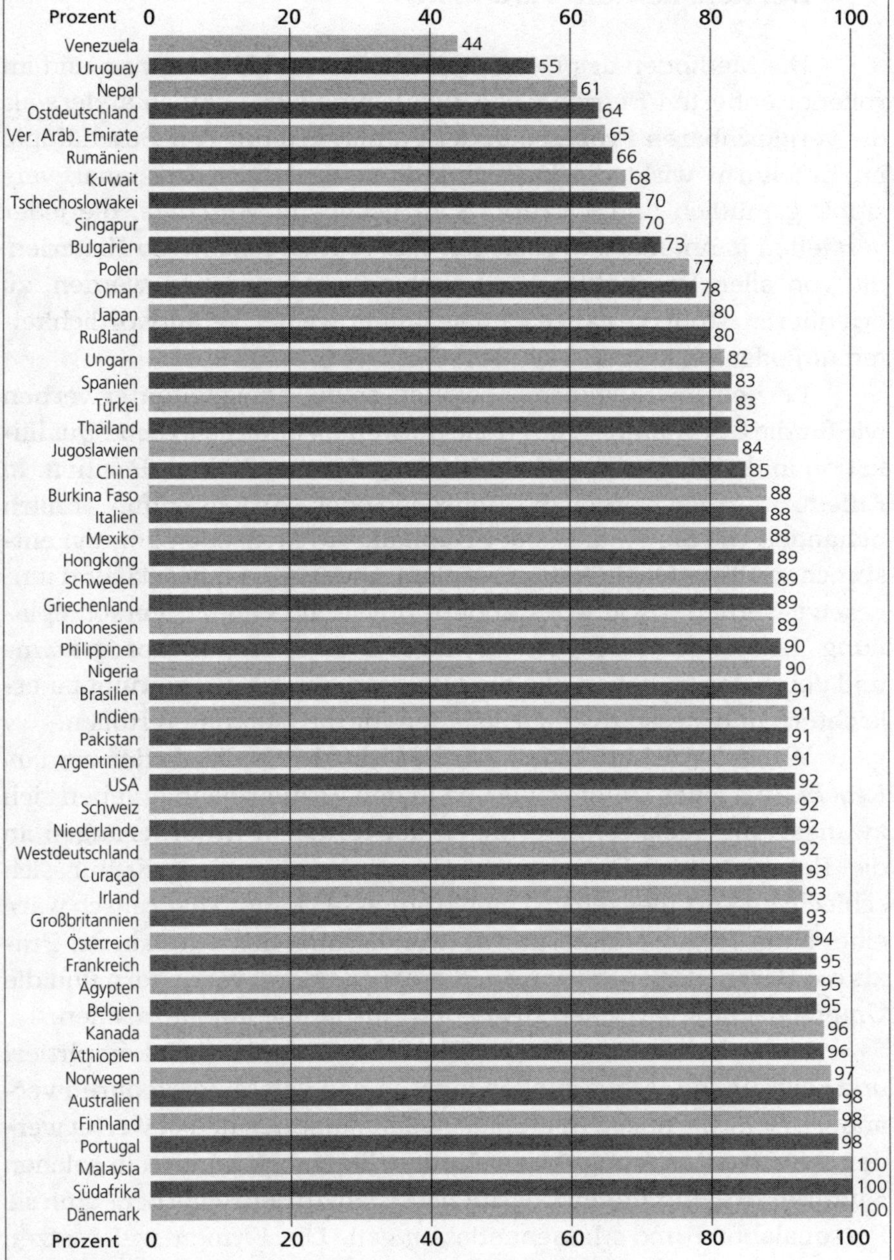

Abbildung 11.4: Der Zweck einer Organisationsstruktur
Prozentsatz der Befragten, die für die Funktion votierten

Denken, Lernen, Verändern

Die Methoden des Denkens, Lernens und Veränderns sind im rollenorientierten Betrieb des Eiffelturmmodells deutlich anders als die vergleichbaren Prozesse in der Familienkultur. Auf Beschäftigte im Eiffelturm wirkt die Familienkultur verworren, irrational, versippt, gemütlich und korrupt. Statt gegebene Vorgänge, die jeder verstehen kann, nachzuvollziehen und sich an objektiven Kriterien, die von allen Beschäftigten als verbindlich angesehen werden, zu orientieren, stößt die ganze Familie immer wieder Verantwortlichkeiten um oder verweigert sich dem Wettbewerb.

Lernen im Eiffelturm bedeutet, soviel Fähigkeiten erwerben wie für die Übernahme einer Rolle notwendig und zusätzliche Qualifikation in der Hoffnung auf die Eignung für eine höhere Position. In Eiffelturmfirmen werden die Menschen oder »Arbeitskräfte« ähnlich behandelt wie die Finanz- oder Kapitalkraft. Menschen können entsprechend ihrer Qualifikation verplant, angesetzt, eingesetzt und umgesetzt werden – wie jedes andere physische Objekt. Personalplanung, Leistungszentren, Bewertungssysteme, Trainingsprogramme und Job-rotation haben alle die Funktion, die Klassifizierung zu erleichtern und Ressourcen zu schaffen für die bekannten Rollen.

Wandel wird im Eiffelturm bewirkt durch die *Änderung von Regeln.* Aus jeder Umorientierung in den Firmenzielen ergeben sich zwangsläufig auch Veränderungen der formalen Anforderungen an die Beschäftigten. Dies ist der Grund, warum diese Kultur sich schlecht an Turbulenzen im Umfeld anpassen kann. Theoretisch wäre eine stetige Regelveränderung notwendig, aber das würde in der Praxis die Beschäftigten verwirren, die Arbeitsmoral verringern und die Unterscheidung zwischen Regel und Ausnahme unklar machen.

In der Eiffelturmkultur ist Wandel außerordentlich kompliziert und zeitraubend. Anweisungen müssen neu gefaßt, Prozeduren verändert, Beförderungen überdacht, Qualifikationen neu bewertet werden. »Restrukturierung« oder »Rationalisierung« können in solchen Kulturen zu gefürchteten Begriffen werden. In der Regel bedeuten sie Personalabbau und Massenentlassungen. Die Firmen widersetzen sich daher meist dem Wandel, und wenn er unausweichlich wird, ist er mit großen Umbrüchen verbunden.

Ein für die Einleitung von Veränderungen in einem deutschen Unternehmen verantwortlicher amerikanischer Manager beschrieb mir die Schwierigkeiten, die er dabei hatte, obwohl die deutschen Manager die neue Strategie gründlich ausdiskutiert und wesentliche Beiträge zu ihrer Formulierung gemacht hatten. Durch informelle Kanäle erfuhr er zufällig, daß er versäumt hatte, die Strukturänderungen und Arbeitsbeschreibungen zu formalisieren. In Ermangelung eines neuen Organigramms war diese Eiffelturmfirma zu einem Wandel nicht in der Lage. Wie der bereits früher erwähnte niederländische Manager, der ähnliche Probleme im Umgang mit einer französischen »Familienfirma« hatte, hatte er vorausgesetzt, daß, wenn man Einigkeit erzielt habe über eine intellektuelle Entscheidung, die anschließende Ausführung sich von selber verstehe. Beide Manager kamen selber aus aufgabenorientierten »Lenkraketenkulturen« (siehe die folgenden Seiten).

Motivation, Entlohnung, Konfliktlösung

Beschäftigte im Eiffelturm sind idealerweise gründlich und penibel. Sie werden unruhig, wenn es an Ordnung und Berechenbarkeit mangelt. Pflicht wird bei den rollenorientierten Mitarbeitern großgeschrieben. Es ist ein Pflichtbewußtsein, das aus sich selbst heraus entwickelt und weniger auf eine besondere Person bezogen wird.

Konflikte werden als etwas Irrationales betrachtet, als Entartungen im ordentlichen Gang der Dinge, als Beeinträchtigungen der Effizienz. Kritik und Beschwerden werden auf typische Weise kanalisiert und mit noch mehr Regeln und Feststellungsverfahren beantwortet.

»Familie« und »Eiffelturm« im Konflikt

MCC, die Firma, bei der Mr. Johnson beschäftigt ist, dessen Probleme wir im Verlauf unserer Untersuchung verfolgt haben, ist im weitesten Sinne eine *aufgabenorientierte* Gesellschaft. Viele der Schwierigkeiten Johnsons sind dadurch entstanden, daß er auf Kollegen traf, deren Erwartungshaltung an ein Unternehmen viel enger an das Familienmodell angelehnt war. (Fortsetzung und Ende der Geschichte von Mr. Johnson wird am Schluß dieses Kapitels stehen.)

Ein anderes Beispiel für das, was geschieht, wenn sich diese beiden Modelle begegnen, ist die Geschichte von Heinz, dem Manager eines großen deutschen multinationalen Unternehmens, einem erfahrenen und sehr erfolgreichen Mann, der beauftragt worden war, einer kolumbianischen Firma für Verpackungsmaterial aus den roten Zahlen zu helfen. Alle unparteiischen Beobachter, die kolumbianische Regierung eingeschlossen, stimmten darin überein, daß eine Modernisierung und ein professionelleres Management nötig wären. Heinz wollte den Betrieb durch die Einführung neuer Produktions- und Qualitätsstandards effizienter und profitabel machen.

Die nach Heinz wichtigste Person in der Firma war Antonio, ein Kolumbianer, der nach Beendigung der Mission von Heinz dessen Aufgabe übernehmen sollte. Nach fast einjähriger Arbeit in Kolumbien kam Heinz zu dem Ergebnis, daß trotz all seiner Bemühungen die Arbeit der Fabrik sich nicht wesentlich verbessert hatte.

Die folgenden Passagen sind Auszüge aus dem Report eines Unternehmensberaters (von Leonel Brug zusammengestellt) und mit Heinz und Antonio getrennt geführten Interviews.

Antonios Geschichte: Antonio hat eine hohe Meinung von Heinzens technischen und organisatorischen Fähigkeiten. Er leugnet nicht die Notwendigkeit der Effizienzsteigerung und daß man noch mehr Arbeit in den Produktionsprozeß stecken muß. Heinz ist genau der richtige Mann für diese Aufgabe.

Antonio jedoch ist schockiert über den von Heinz eingeschlagenen Weg, seine Methoden und Vorstellungen bei den Kolumbianern durchzusetzen. Er spricht davon, man wolle sie in Roboter verwandeln, Heinz enthumanisiere die ganze Organisation.

Antonio meint, Heinz sei besessen von Zeit und Geld. Die Menschen zählten dabei nicht. Er schreit Arbeiter an, die länger Pause machen, als sie dürften, und vergißt dabei, daß sie die Woche zuvor ohne Sonderbezahlung Überstunden geleistet haben, ohne zu müssen, aber freilich auch ohne Dank. Er scheint nicht zu merken, daß

Pünktlichkeit nicht möglich ist. Wir haben Leute, die zu Fuß zur Arbeit kommen, wenn der Bus ausgefallen ist, und er fährt sie an, wenn sie zum Tor hereinhumpeln. Antonio findet es erstaunlich, daß sie trotzdem zur Arbeit kommen.

Es gab den Fall zweier Männer, die einen Fluß durchwateten, um zur Arbeit zu kommen, als Hochwasser die Brücke weggerissen hatte, und dennoch wollte Heinz ihren Lohn kürzen. Antonio weigerte sich, das zu tun. Er sagte Heinz: »Schau, sie hatten den Willen, zur Arbeit zu kommen, hier geschätzt zu werden. Andernfalls wird die Abwesenheitsrate noch viel höher, als sie schon ist.«

Die Geschichte von Heinz: Heinz erklärt, daß bei seiner Ankunft im Betrieb das reinste Chaos herrschte. Es gab keine Ordnung, keine Regeln, keine Disziplin und keine Verantwortung.

Er klagt darüber, daß Antonio immer Ausreden erfinde. Jede Sache ist ein Sonderfall oder ein außergewöhnlicher Umstand. Wie ein Kindermädchen läuft Antonio herum und will wissen, warum die Beschäftigten unglücklich oder durcheinander sind. Er predige Antonio immer, er solle sie doch auf ihren eigenen Beinen stehen lassen.

Die Arbeitnehmer denken, sie können zur Arbeit kommen, wann es ihnen paßt, ungeachtet der Tatsache, daß sie wissen, daß die Produktion nicht eher beginnen kann, als bis sie einigermaßen vollzählig sind. Sie warten nur darauf, daß etwas schiefgeht, und dann werden sie auf eine Weise aktiv, als ob sie heroische Gesten der Selbstaufopferung vollbringen würden. Er hat ihnen wiederholt gesagt, daß es nicht nötig ist, daß sie länger bleiben, sondern daß sie rechtzeitig zur Arbeit erscheinen.

»Ihre Ausreden sind farbiger als ein Wildwestroman. Wenn man ihnen zuhört, kommen sie letzten Endes nur deshalb zur Arbeit, weil sie uns mögen. Und sie haben sich nur deswegen verspätet, weil ihre Brüder eine Verabredung versäumten oder eine Brücke eingestürzt ist oder sonst irgend etwas. Wir haben hier jeden Tag ›Szenen aus dem Dorfleben‹.«

Heinz erklärt, er habe Antonio gesagt, daß er keineswegs die Arbeitnehmer tyrannisieren oder schinden wolle, er will nur, daß sie sich an Abmachungen halten, an Termine und Vorgaben. Er glaube nicht, daß das zuviel verlangt sei.

Zu diesem Beispiel muß jedoch bemerkt werden, daß Heinz der Vertreter einer ausgefeilten Eiffelturmkultur ist und Antonio der einer ziemlich einfachen Familienkultur. Würde das Problem sich einer hochentwickelten Familienkultur, wie sie manche japanischen Unternehmen verkörpern, stellen, könnte der Ausgang ganz anders aussehen.

Doch schließen sich die Kulturen keineswegs grundsätzlich einander aus. »Familien« können die strengen Regeln eines »Eiffelturms« übernehmen und beachtliche Konkurrenten werden. Die besten Kombinationen ergeben sich immer jenseits der Stereotypen und einfachen Gegensätze.

Die Lenkraketenkultur

Die Lenkraketenkultur unterscheidet sich sowohl von dem Familien- wie auch vom Eiffelturmmodell dadurch, daß sie *egalitär* ist, aber sie unterscheidet sich auch von der »Familie« und ähnelt dem »Eiffelturm« dadurch, daß sie *unpersönlich* ist und *aufgabenorientiert*. In gewisser Hinsicht könnte man sagen, sie ist ein »Eiffelturm« im Flug, in Bewegung. Doch während die Eiffelturmkultur sich als ein Mittel begreift, ist die Lenkraketenkultur zweckbestimmt. Alles ist darauf ausgerichtet, die *strategische Absicht zu verfolgen und das Ziel zu erreichen.*

Die Lenkraketenkultur ist an Aufgaben orientiert, die normalerweise von Teams oder Projektgruppen in Angriff genommen werden. Sie unterscheidet sich von der Rollenkultur dadurch, daß die Arbeitsaufgaben ihrer Mitglieder nicht im voraus festgelegt sind. Sie müssen »all das, was erforderlich ist«, tun, um eine Aufgabe zu erledigen, aber *was* erforderlich ist, ist oft noch unklar und muß erst herausgefunden werden.

Die »National Aeronautics and Space Administration« (NASA) war Pionier bei dem Einsatz von Projektgruppen, die an Raumsonden arbeiteten, die Lenkraketen glichen. Man brauchte etwa 140 verschiedene Arten von Ingenieuren, um ein Landemodul für den Mond zu bauen, und ihr Beitrag war gerade dort entscheidend, wo man nicht alle Probleme vorhersehen konnte. Weil jeder Spezialingenieur mit jedem eines anderen Faches harmonisch zusammenzuarbeiten hatte, mußte die ideale Synthese erst im Verlauf der Arbeit gefunden werden. Dabei konnten kaum Hierarchien entstehen. Jeder war Experte auf seinem Gebiet. Wie das Ganze funktionieren sollte, mußte unter Beteiligung *aller* herausgefunden werden. Alle waren *gleich* (oder wenigstens annähernd gleich), denn ihr relativer Beitrag war noch nicht bekannt.

Solche Gruppen haben Leiter oder Koordinatoren, die für die Teil- oder Endfertigung verantwortlich sind, doch können diese Generalisten weniger Kenntnisse haben als die Spezialisten jeder Disziplin und müssen alle Experten mit gebührendem Respekt behandeln. Die Gruppe ist egalitär, denn sie kann auf die Hilfe jedes einzelnen Experten angewiesen sein, wenn es gilt, eine Kurskorrektur für das Erreichen des gemeinsamen Zieles vorzunehmen. Das Ziel ist bekannt, aber die möglichen Flugbahnen sind noch ungewiß. Raketenkulturen ziehen häufig Profis an und sind interdisziplinär. In einer Werbeagentur beispielsweise können ein Werbetexter, ein Grafiker, ein Mediafachmann, ein kommerzieller Filmagent und ein Budgetfachmann zusammen an einer Kampagne arbeiten, bis sie vom Kunden akzeptiert ist. Alle spielen ihren Part, aber welcher Part letztendlich ausschlaggebend ist, das bestimmt der Kunde.

Lenkraketenkulturen sind teuer, weil Profis teuer sind. Gruppen existieren in der Regel nur auf Zeit, die Beziehungen untereinander sind im Fluß wie das Projekt und überwiegend instrumental, um das Projekt zum Abschluß zu bringen. Die Beschäftigten werden in einigen Tagen oder Wochen wieder anderen Gruppen angehören, die andere Vorhaben verfolgen, und können viele verschiedene Mitgliedschaften haben. Diese Kultur kennt keine emotionale oder wechselseitige Verpflichtung, sondern ist ein typisches Beispiel der *neutralen* Kultur, wie sie in Kapitel 6 beschrieben wurde.

Das ausschlaggebende Kriterium für menschlichen Wert in der Lenkraketenkultur ist, was der einzelne leistet und in welchem Maße er zu dem gemeinsam erhofften geschäftlichen Erfolg beiträgt. In der Praxis beteiligt sich jedes Mitglied an der Problemlösung. Der relative Beitrag des einzelnen mag dabei nicht so deutlich sein wie in der Eiffelturmkultur, wo jede Rolle festgelegt ist und Ergebnisse quantifiziert werden können.

In der Realität finden wir die Lenkraketenkultur gewissermaßen als Aufsatz einer Eiffelturmorganisation, um ihr Dauer und Stabilität zu geben. Das ist, was man eine *Matrixorganisation* nennt. Man ist mit einem Strang (Eiffelturm) mit seinem funktionalen Chef, sagen wir der Elektrotechnik, verbunden und mit einem anderen Strang (Lenkrakete) dem Leiter seines Projekts verantwortlich. Das schafft eine doppelte Verantwortlichkeit, einmal gegenüber dem Chefingenieur in bezug auf Ingenieurqualitäten und gegenüber dem Projektleiter in bezug auf eine tragfähige, selbstdisziplinierte, effektive Zusammenarbeit. Das Projekt muß gelingen, und die elektronischen Installationen müssen exzellent sein. Zwei Autoritäten dirigieren den am Projekt Beteiligten in verschiedene, wenn auch nicht miteinander unvereinbare Richtungen.

Denken, Lernen, Verändern

Die Lenkraketenkultur ist *kybernetisch* in dem Sinne, daß sie auf ihr Ziel ausgerichtet ist und dabei Rückkopplungssignale benutzt; daher ist sie auch eher zirkular als linear. Doch ändert die »Rakete« selten, wenn überhaupt, ihren Sinn im Hinblick auf ihr Ziel. Die Steuerung dient dabei als Korrektiv und ist konservativ, weder aufgeschlossen für neue Ziele noch für neue Mittel.

Lernen heißt hier, mit Leuten zurechtzukommen, schnell das Eis zu brechen, in einem Team den Platz einzunehmen, der gerade offen ist, eher praktisch orientiert zu sein als theoretisch, eher problemorientiert als disziplinorientiert. Anerkennung findet man öfter durch Gleichgestellte und Mitarbeiter als durch Vorgesetzte.

Veränderungen kommen schnell auf die Lenkraketenkultur zu: Weitere Ziele tauchen auf, neue Gruppen werden gebildet, alte werden aufgelöst. Leute, die von Gruppe zu Gruppe wechseln, springen dabei oft von Job zu Job, so daß eine hohe Mobilität herrscht und die Berufs- und Projektloyalitäten stärker sind als die Loyalität zum Unternehmen.

Die Lenkraketenkultur ist in vieler Hinsicht die Antithese zur Familienkultur, in der die Bindungen eng sind, von langer Dauer und emotional verankert.

Motivation, Entlohnung, Konfliktlösung

In dieser Kultur ist Motivation weitgehend *verinnerlicht.* Das bedeutet, daß die Mitglieder eines Teams mit Engagement und Identifikation um das Endergebnis ringen. Im Falle des Apple von Macintosh galt das Engagement der Entwicklung eines »wahnsinnig großen Apparates«. Das in Entwicklung befindliche Produkt ist das übergeordnete Ziel, hinter dem die Konflikte und Animositäten der Teammitglieder zurückstehen müssen. Obwohl es ein großes Maß an Partizipation gibt, gibt es doch keine weitgefächerten Verpflichtungen. Der Konsens über das Endziel muß breit genug sein, um alle, die daran mitarbeiten, voranzutreiben.

Diese Kultur neigt zum *Individualismus*, denn das erlaubt einer großen Vielfalt unterschiedlich spezialisierter Menschen, auf Zeit zusammenzuarbeiten. Die Szenerie der Gesichter befindet sich in stetigem Wandel. Nur der Verfolg des einmal eingeschlagenen Weges bleibt konstant. Das Team ist das Vehikel des gemeinsamen Engagements seiner Mitglieder, aber es selber ist disponibel und wird aufgelöst, wenn das Projekt beendet ist. Seine Mitglieder sind geschwätzig, eitel und intelligent; ihre Zusammenarbeit ist Mittel, nicht Selbstzweck. Man muß sich nicht besonders nahe kommen und mag das sogar vermeiden. Management by Objectives ist die gemeinsame Sprache, und die Bezahlung erfolgt nach Pay for Performance.

Die Brüterkultur

Die Brüterkultur basiert auf der existentiellen Vorstellung, daß Organisationen für die Erfüllung der Ziele des einzelnen zweitrangig sind. So wie nach dem Motto eines Existenzphilosophen »das Sein dem Wesen vorangeht«, so »geht das Wesen der Organisation voran«. Wenn Organisationen trotzdem toleriert werden, dann müssen sie ihre Existenz rechtfertigen als *Brutstätten für Selbstausdruck und Selbsterfüllung.* Die hier gebrauchte Metapher »Brüter« (*Incubator*) sollte nicht verwechselt werden mit dem Begriff von »business incubators«. (So bezeichnet man im Amerikanischen Dienstleistungsorganisationen, die für in Entstehung begriffene Betriebe oder Kleinfirmen Routinearbeiten und -dienstleistungen, Arbeitsausstattung, Versicherungen, Büroraum usw. bereitstellen, so daß diese ihre Gesamtkosten während der meist kritischen Anfangsphase gering halten können.)

Die Logik dieser »Firmenbrutkästen« und des kulturellen Brüters ist ziemlich ähnlich. In beiden Fällen geht es darum, einzelne von Routinearbeit zu befreien zugunsten kreativerer Tätigkeiten und die auf die Selbsterhaltung verwandte Zeit zu minimieren. Der »Brüter« ist sowohl *persönlich* wie *egalitär*. Tatsächlich hat er so gut wie immer keine Struktur, und die Infrastruktur, die er anbietet, dient allein der persönlichen Bequemlichkeit: Heizung, Licht, Textverarbeitung, Kaffee usw.

Kritisch jedoch sind die Rollen anderer Menschen im »Brüter«. Sie werden gebraucht zur Bestätigung, Kritik, Entwicklung, dem Aufspüren von Hilfsquellen und zur Mithilfe bei der Ausarbeitung des innovativen Produkts oder Services. Diese Kultur wirkt wie eine Art Resonanzboden für innovative Ideen und sucht intelligente Antworten auf neue Initiativen. Typische Beispiele dafür sind die Firmenneugründungen im Silicon Valley in Kalifornien, in Silicon Glen in Schottland und an der Route 128 rund um Boston. Meist handelt es sich um sehr improvisationsfreudige Firmen oder um Neugründungen durch ein kreatives Team, das sich kurz vor dem Durchbruch von einem größeren Arbeitgeber getrennt hat. Da es sich dabei um Individualisten handelt, fühlen sie sich so nicht mehr von Unternehmensloyalitäten eingeengt und wählen wohlüberlegt die »freie Wildbahn«, wenn sie das Gefühl haben, ihre »Eier seien bald ausgebrütet«. Größere Organisationen freilich fühlen sich auf diese Weise allmählich unterminiert.

Kulturelle Brüter findet man nicht nur unter kleinen, innovativen Firmen. Es können auch Ärzte in einer Gruppenpraxis sein, Rechtsanwälte, Unternehmensberater, Sachverständige oder jede andere Gruppe von Profis, die zwar vorwiegend allein arbeiten, aber mit anderen eine gemeinsame Infrastruktur und den Erfahrungsaustausch schätzen. Manche Autoren sehen im »Brüter« das Organisationsmodell der Zukunft. Andere sehen im Niedergang von Silicon Valley den Beweis dafür, daß diese Kultur keinen langen Bestand hat und nichts anderes als eine vorübergehende Phase beim Aufbau einer

Organisation aus dem Stand heraus ist. Wieder andere verweisen auf die Seltenheit von Brüterkulturen außerhalb der »Enklaven des Individualismus« in Amerika, Großbritannien und der englischsprechenden Welt.

Gerade weil Brüter nur eine *minimale Struktur* aufweisen, haben sie auch eine *minimale Hierarchie*. Eine Autorität, die von Individualisten akzeptiert wird, ist rein persönlicher Natur. Es sind die anregende Kraft der Ideen und die Inspiration durch kreative Vorstellungen, die andere zur Mitarbeit animieren.

»Brüter« operieren oft, wenn nicht immer, in einem Milieu intensiver *emotionaler* Verbundenheit. Dieses Gefühl der Verbundenheit bezieht sich jedoch weniger auf die Personen als solche, sondern auf die weltverändernde gesellschaftsrettende Natur der unternommenen Arbeit. Der Personalcomputer etwa soll die »Macht zum Menschen zurückbringen«, Gentechnik soll Erntegut verbessern, Leben retten, die Wirtschaft neu beleben und ist eine Odyssee ins noch Unbekannte, wobei »die Reise selbst der Lohn ist«.

Brüterkulturen leben von der Erfahrung der Kreativität und der Innovation. Aufgrund der engen Beziehungen, des gemeinsamen Engagements und übergeordneter Ziele kann es beim »Brüter« in seiner besten Form überaus ehrlich zugehen, effektiv, befriedigend, therapeutisch und vergnüglich, alles dies ist ein Ergebnis der engen persönlichen Kontakte und der intensiven Zusammenarbeit.

Da die Zugehörigkeit freiwillig ist, oft gegründet auf und genährt durch Hoffnung und Idealismus, kann sie zur prägendsten und intensivsten Erfahrung eines Lebens werden. Doch so etwas läßt sich nur schwer wiederholen oder unendlich fortsetzen, wenn das Projekt erst dann Erfolg hat, wenn Fremde eingestellt werden müssen und die besondere Beziehung der Gründer zueinander schwindet. »Brüter« sind typischerweise in ihren Dimensionen begrenzt durch die »Kontrollbreite« des Leiters. Es wird schwierig, spontan und informell zu kommunizieren mit mehr als 75 bis 100 Leuten.

Denken, Lernen, Verändern

Im »Brüter« kann Wandel schnell und spontan erfolgen, wenn die Mitglieder aufeinander eingestimmt sind. Roger Harrison[2] hat diesen Vorgang mit einer improvisierenden Jazzband verglichen, wo ein selbstgewählter Leader etwas Neues ausprobiert und die Band folgt, wenn ihr das Thema gefällt, oder das Thema ignoriert, wenn es keinen Anklang findet. Alle Teilnehmer haben die gleiche Wellenlänge, suchen einfühlsam und gemeinsam nach der Lösung eines alle betreffenden Problems. Da kein Kunde irgendein Ziel vorgegeben hat, ist das Problem selber *offen für eine Neudefinition*, die gesuchte Lösung wird daher meist allgemein sein, gerichtet auf ein Universum von Anwendungsmöglichkeiten.

Amerikanische Firmennewcomer mit Brüterkultur überleben selten das Ausreifen ihrer Produkte und ihrer Märkte. Diese Kultur ist erfindungsreich, aber *geänderten Anforderungen nicht gewachsen.* Die »großen Gestalter« der neuen Produkte aber bleiben die Helden des Unternehmens, noch lange nachdem sich der Schwerpunkt auf Kundendienst und Marketing verlagert hat.

Motivation, Entlohnung, Konfliktlösung

Motivation zeigt sich oft dadurch, daß man mit ganzem Herzen und vollem Einsatz mit anderen zusammen »siebzig Stunden die Woche mit Genuß« arbeitet, wie es in den frühen Tagen auf den T-Shirts der Computerfirma Apple stand. Man wetteifert miteinander bei der Gestaltung von etwas Neuem. Jeder möchte dabei »seine Hände im Spiel« haben. Man kümmert sich wenig um die persönliche Absicherung, und es gibt wenig Streben nach Vorteilen oder Macht außerhalb des sich entfaltenden kreativen Prozesses. Hat das Ganze Erfolg, dann fällt für jeden genug davon ab. Ist das nicht der Fall, geht der »Brüter« ein.

Im Gegensatz zur Familienkultur ist beim »Brüter« Führung durch Leistung begründet, nicht zugeschrieben. Man folgt denen, deren Fortschritte einen am meisten beeindrucken und deren Ideen funktionieren. Machtkämpfe, die die Gruppenarbeit behindern, werden vermieden. Konflikte werden entweder durch Absplitterung gelöst oder indem man die vorgeschlagenen Alternativen testet, um zu erfahren, was wirklich besser funktioniert.

Welche Länder, welche Kulturen?

Wie schon mehrfach erwähnt existieren selten die »*reinen* Typen«. In der Praxis werden diese Modelle mit einer dominierenden Kultur verquickt oder von ihr überlagert. Dennoch ist in verschiedenen Nationalkulturen der eine oder andere dieser Typen eindeutig in der Firmenwelt vorherrschend. Wenn wir die Hauptcharakteristiken der vier Typen auflisten, fällt es leicht, sie auf die nationalen Kulturdimensionen zurückzubeziehen, über die in den vorhergehenden Kapiteln geschrieben wurde. Die folgende Aufstellung zeigt, wie unterschiedlich in den vier Modellen der Bezug der Beschäftigten ist, wie unterschiedlich ihre Auffassungen sind von Autorität, Denken, Lernen, Wandel, wie Motivation auf verschiedene Weise bewirkt und Kritik und Konfliktlösung behandelt werden.

Der ursprünglich benutzte, 79 Punkte umfassende Fragebogen, mit dem wir unsere Hauptdatenbasis zusammengestellt haben, war nicht darauf angelegt, die vier Firmenkulturen statistisch zu erfassen, obwohl er nebenbei auch Fragen enthielt, deren Beantwortung Auskunft gibt über die Einstellung zu den oben beschriebenen Familien- und Eiffelturmkulturen (die Ergebnisse finden sich in den Abbildungen 11.2 bis 11.4). Vor zwei Jahren jedoch hat CIBS mit der Sammlung neuen Datenmaterials über Firmenkultur mit Hilfe einer ähnlichen Methode begonnen. Es wurden sechzehn Fragen formuliert, die sich auf allgemeine Konzepte beziehen wie Egalitarianismus contra Hierarchie, Ausmaß des Formalismus, verschiedene Formen der Konfliktlösung, Lernen usw. (Beispiele dafür werden in Anhang 2 mitgeteilt). Die Befragten werden gebeten, zwischen vier möglichen Beschreibungen für ihre Firma zu wählen, die auf die Machtpriorität der »Familie«, die Rollendominanz des »Eiffelturms«, die Aufgabenorientierung der »Lenkrakete« und die Personenorientierung des »Brüters« abzielen. Die Untersuchung steckt noch in den Anfängen, das Datenmaterial enthält derzeit 3000 beantwortete Fragebögen, und

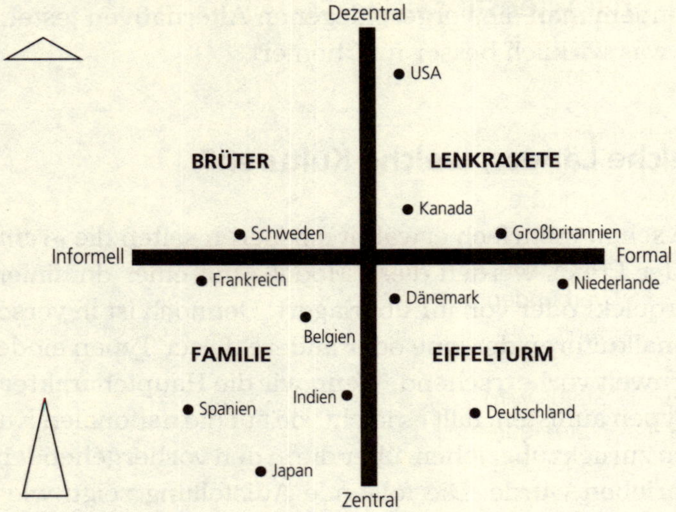

Abbildung 11.5: Nationale Trends der Firmenkultur

wir haben bis jetzt nur signifikante Aussagen für zwölf Länder. Dabei ergeben sich jedoch kräftige Unterschiede.

Abbildung 11.5 zeigt eine Zusammenfassung der bisherigen Ergebnisse. Die höchsten Werte für »Lenkraketenfirmen« zeigen sich in Amerika und Großbritannien, die höchsten für »Familienfirmen« in Frankreich und Spanien. Schweden ist an der Spitze bei »Brüter«- und Deutschland bei »Eiffelturmfirmen«.

Der Leser sollte jedoch bei der Interpretation mit Bedacht vorgehen. Kleinere Firmen, gleich, *wo* sie arbeiten, ähneln immer mehr den Familien- und Brüterformen. Große Unternehmen brauchen zum Zusammenhalt eine Struktur und weisen daher meist eine Nähe zu den Eiffelturm- oder Lenkraketenformen auf. In unserem Datenmaterial finden sich relativ wenig Antworten aus kleineren Firmen, so daß diese unterrepräsentiert sind. In Frankreich beispielsweise neigen kleinere Unternehmen zur »Familie« und größere zum »Eiffelturm«. In Amerika können »Lenkraketengesellschaften« große Unternehmen dominieren, den Urtyp des »Brüters« jedoch findet man im Silicon Valley, ebenso wie in Großbritannien im Silicon Glen.

Charakteristiken der vier Firmenkulturen				
	Familie	*Eiffelturm*	*Lenkrakete*	*Brüter*
Beziehungen zwischen den Beschäftigten	Diffuse Beziehung zum organischen Ganzen, mit dem man sich verbunden fühlt.	Spezifische Rolle in einem mechanistischen System notwendiger Interaktionen.	Spezifische Aufgaben in einem kybernetischen System, das auf gemeinsame Zielvorgaben orientiert ist.	Diffuse, spontane Beziehung, die aus einem gemeinsamen kreativen Prozeß erwächst.
Einstellung zur Autorität	Status wird Vaterfiguren zugeschrieben mit machtvoller Nähe.	Status wird übergeordneten Rollen zugeschrieben, die Macht haben, aber distanziert sind.	Status erreichen Mitglieder der von Projektgruppen aufgrund ihres Beitrags zur Durchsetzung der Ziele.	Status gewinnen einzelne wegen ihres kreativen Potentials.
Methoden des Denkens und Lernens	Intuitiv, ganzheitlich, verschlungen und fehlerkorrigierend.	Logisch, analytisch, vertikal und rational effizient.	Problemorientiert, professionell, praktisch, interdisziplinär.	Prozeßorientiert, kreativ, ad hoc, inspirativ.
Einstellung zu Menschen	Mitglieder der Familie.	»Menschenmaterial«.	Spezialisten und Experten.	»Mitschöpfer«.
Methoden der Veränderung	»Vater« ändert den Kurs.	Man ändert Regeln und Verfahren.	Wenn das Ziel sich ändert, wird das Ziel verändert.	Improvisieren und sich abstimmen.
Methoden der Motivation und Entlohnung	Innere Befriedigung durch Akzeptanz und Achtung. Management by Subjectives.	Beförderung auf eine bessere Position, zu einer größeren Rolle. Management by Job description.	Bezahlung oder Beteiligung für Leistung und Problemlösung. Management by Objectives.	Teilhabe am Vorgang der Erschaffung neuer Realitäten. Management by Enthusiasm.

Kritik und Konfliktlösung	Die »andere Wange hinhalten«, das Gesicht der anderen wahren, nicht das Machtspiel verlieren.	Kritik prangert Irrationales an, wenn keine Methoden zur Konfliktschlichtung vorhanden sind.	Konstruktiv, auf die Aufgabe bezogen, dann werden Fehler zugegeben und schnell korrigiert.	Man muß kreative Ideen bringen, nicht sie verhindern.

Johnsons letztes Gefecht

Wir haben vier große Typen von Firmenkultur definiert, die in enger Beziehung zu den nationalen Unterschieden stehen, die wir in den vorhergehenden Kapiteln beschrieben haben. So wie nationale Kulturen untereinander Konflikte haben, die zu gegenseitigem Mißverständnis und Mißtrauen führen, so kollidieren auch Firmenkulturen miteinander. Der Versuch, eine Familienkultur mit einer Matrixkultur »zusammenzuwürfeln«, kann zu Wut und Bestürzung führen. Mit Untergebenen im »Eiffelturm« vertraulich umzugehen, kann möglicherweise als unanständiger Antrag gedeutet werden. Die Bitte, mit einem guten Freund in der gleichen Gruppe arbeiten zu dürfen, ist in der Lenkraketenkultur ein subversiver Akt. Seinen Chef »Kumpel« zu nennen und ihm auf den Rücken klopfen wird einen vom »Eiffelturm« herunterwerfen, während in einem »Brüter« der Vorschlag, Arbeitsblätter zu führen, dagegen mit lautem Pfeifen quittiert würde. (Wenn man wirklich Normen kennenlernen will, *dann soll man sie brechen.* Das Lesen dieses Kapitels kann als weniger schlimme Alternative dienen.)

Wie dem auch sei: Diese Typen gibt es, und sie müssen unbedingt respektiert werden.

Wirklich erfolgreiches Management nimmt von allen seine Anregungen und sorgt unermüdlich für Ausgleich. Zu diesem Prozeß werden wir im letzten Kapitel kommen.

Zuvor jedoch gilt es, Abschied zu nehmen von Mr. Johnson.

Wieder in St. Louis, berichtete Mr. Johnson dem Management von MCC über die Einführung von Pay for Performance. Es hatte breiten Widerstand dagegen gegeben. Wo man es versucht hatte, in einigen Ländern Südeuropas, des Nahen Ostens und Asiens, deuteten die ersten Ergebnisse auf einen Mißerfolg hin. Der Managementkreis hörte schweigend zu. Die Atmosphäre war ausgesprochen kühl. »Schön«, sagte der CEO. »Und wie wollen Sie nun mit diesen Problemen fertig werden, Bill? Ich glaube, wir brauchen keinen Personalmanager, um zu wissen, daß es die unterschiedlichsten Menschen und Meinungen auf der Welt gibt.«

Johnson merkte, daß er nun nichts mehr zu verlieren hatte. So artikulierte er ein Unbehagen, das sich schon viele Monate in ihm aufgestaut hatte: »Ich weiß, wir machen Maschinen. Aber ich frage mich manchmal, ob wir diese Beschreibung auch auf die gesamte Firmenorganisation übertragen sollten. Es handelt sich um Menschen, keine Mikroprozessoren oder integrierte Schaltkreise, die man ersetzen kann, wenn sie nicht funktionieren.« – »Ich wollte, wir *könnten* mehr wie ein Computer arbeiten«, unterbrach ihn der Finanzmanager. »Wir stellen qualifizierte Leute ein, damit sie tun, was wir ihnen sagen, und so funktionieren, wie man es ihnen beigebracht hat. Entweder sie handeln danach, oder wir nehmen jemand anders. Was ist falsch daran?«

Der CEO versuchte die Wogen zu glätten: »Da bin ich anderer Ansicht. Ich verstehe dieses Unternehmen mehr als einen *Organismus*. Wenn man nach Barcelona geht und dort Köpfe rollen läßt, braucht man sich nicht zu wundern, wenn der Körper stirbt. Wenn wir aus einigen Niederlassungen die ›rechten Hände‹ entfernen, können wir für die Zukunft keine gute Arbeit erwarten. Was ich aber nicht verstehen kann, ist, warum Bill sie nicht zur Einsicht bringen kann, daß wir alle *ein* Organismus sind und daß die Hände und Füße nicht in alle Himmelsrichtungen auseinandergehen können.«

Plötzlich brachen alle Enttäuschungen der letzten Monate hervor. Für einen Augenblick hatte Johnson gedacht, der CEO würde ihn unterstützen, aber es blieb bei der sattsam bekannten Botschaft: Laßt die ganze Welt mit uns im Gleichschritt gehen.

»Was ich in den letzten acht Monaten erfahren habe, ist weit entfernt von einem gleichmäßig laufenden Computer oder einem lebenden Organismus, wie Sie es meinen. Ich werde Ihnen sagen, was wirklich los ist. Die Geschichte habe ich neulich meinen Kindern vorgelesen. Es ist wie in dem verrückten Krokketspiel von *Alice im Wunderland*, wo sie spielen muß mit einem Flamingo als Schläger, bücklingmachenden Kellnern als Tore und Igeln als Bälle. Der Flamingo verdreht seinen Hals, um Alice zu beobachten, die Tore laufen davon, und die Bälle krabbeln weg. Das Ergebnis von allem ist Chaos.

Andere Kulturen sind kein Maschinenteil noch Organe eines supranationalen Körpers. Es sind *verschiedene* Wesen, alle mit ihrer *eigenen* Logik. Wenn wir sie gefragt hätten, was für ein Spiel *sie* spielen, und uns hätten die Regeln erklären lassen, dann hätten wir vielleicht gemerkt, wann wir tatsächlich einen Schläger in der Hand haben oder sogar den Igel in die richtige Richtung laufen lassen.«

Wurde Mr. Johnson befördert, oder übertrug man ihm die Aufgabe, sich um das Wohl der Pensionäre von MCC zu kümmern?

Ich vermute, er betreibt irgendwo eine kleine, aber schnell expandierende Unternehmensberatung, die auf interkulturelles Management spezialisiert ist.

12 Unterwegs zu einem wirklich interkulturellen Management

Dieses Buch hat nationale Unterschiede aufgedeckt, von denen es eine Vielzahl gibt. Die dabei gefundenen Spielarten haben eine solche Bandbreite und Tiefenwirkung, daß sie den am Anfang formulierten Zweifel noch erheblich zu verstärken scheinen, ob universelle oder allgemeine Prinzipien des Managens überhaupt anwendbar und nützlich sind.

Die Folgerung aus den hier vorgestellten Untersuchungen ist, daß man die universellen Dinge auf einer *anderen* Ebene findet. Auch wenn man keinen universell anwendbaren Rat geben kann, der ungeachtet der jeweiligen Kultur überall gilt, wenn sich überdies herausgestellt hat, daß Grundregeln der wirtschaftlichen Organisation weitgehend kulturelle Axiome Amerikas sind, so gibt es doch *universelle Probleme und Probleme der menschlichen Existenz.*

Jedes Land und jede Organisation in jedem Land sieht sich diesen Fragen ausgesetzt:

- der Beziehung *zu den Menschen,*
- dem Bezug *zur Zeit,*
- der Beziehung *zwischen Mensch und natürlicher Umwelt.*

Wenn sich auch Nationen in ihrer Einstellung zu diesen Fragen deutlich unterscheiden, so doch nicht in der Notwendigkeit, *Antworten* darauf zu finden. Die Menschen sind sich überall in dem einen gleich, daß sie sich denselben Herausforderungen ihrer Existenz stellen müssen.

In diesem Schlußkapitel beschäftigen wir uns mit einigen spezifischen Problemen, denen internationales Management gegenübersteht. Sie entstehen unter den Aspekten der Struktur, der Strategie, der Kommunikation und der Personalwirtschaft und bedürfen eines gemeinsamen Lösungsansatzes.

Meine Forschungsmethode benutzt Geschichten, Szenen, Situationen und Fragen, die zwei Moral- und/oder Managementprinzipien zueinander in Konflikt bringen. Es ist der Wissenschaftler, der die Manager zwingt, das eine Prinzip über das andere zu stellen.

In der Realität hat jeder der befragten Manager, deren Reaktionen unser Datenmaterial ausmachen, erklärt, was sein erster oder zweiter »Grundstein« war bei der *Errichtung eines moralischen Überbaus*. Einige beispielsweise meinten, man müsse einem universalen Gesetz (Universalismus) Priorität geben und sich im Einzelfall danach richten. Andere meinten, man müsse seiner emotionalen Verbundenheit mit bestimmten Menschen (Partikularismus) Priorität geben und, von dieser Verpflichtung ausgehend, universale Prinzipien entwikkeln. Nur wenige aber haben die jeweilige Alternative ganz von sich gewiesen. Wie die Graphiken der Abbildungsbeispiele zeigen, kommt es selten vor, daß ein nationales Ergebnis eine fast hundertprozentige Zustimmung zu einer der alternativen Prioritäten aufweist.

Es gibt noch einen anderen wichtigen Punkt, bei dem sich die Manager weltweit gleichen. Von welchen Prinzipien auch immer sie ausgehen, die wirtschaftlichen Umstände und die Organisationserfahrung machen es erforderlich, daß sie die von uns diskutierten Antithesen zu einem Ausgleich bringen. Man kann nur dann wirtschaftliche Fortschritte erzielen, wenn soviel Besonderheiten wie möglich von Regeln erfaßt werden können, auch wenn Ausnahmen gesehen und berücksichtigt werden müssen. Man kann nur dann effektiv denken, wenn sowohl die spezifischen wie die diffusen Gesamtheiten, die Segmente und die Integrationen einbezogen sind. Ob man nun von Haus aus ein Individualist ist oder ein Kollektivist, es müssen die einzelnen fähig sein, sich selber zu organisieren, und das Kollektiv ist nur soviel wert wie die physische und psychische Kondition und das Wissen jeden Mitglieds.

Es kann fragwürdig sein, Status an Leistung zu binden, aber gleichermaßen fragwürdig, Strategien, Projekte und neue Initiativen von Leuten zu unterstützen, die bisher noch nicht durch irgendeine Leistung ausgewiesen sind, mit anderen Worten, ihnen Status zu verleihen in der Hoffnung, es würde den Erfolg erleichtern. Jeder sollte gleiche Rechte und Chancen haben, doch bringt jede Form von Wettbewerb auch eine Hierarchie relativen Ansehens hervor. Achtung vor Alter und Erfahrung kann Jungen und Unerfahrenen sowohl Halt geben wie sie entmutigen. Hierarchie und Egalität sind in jeder Kultur miteinander kompliziert verwoben. Es ist wahr, daß Zeit sowohl eine vorübergehende Folge von Ereignissen ist als auch ein Moment der Wahrheit, ein »Jetzt«, von dem aus Vergangenheit, Gegenwart und Zukunft neuen Sinn gewinnen. Wir müssen akzeptieren, daß wir Einflüssen aus der Tiefe unserer eigenen Überzeugungen, aber auch aus der Welt um uns herum ausgesetzt sind. Letztlich ist *Kultur die Weise, in welcher diese Antithesen zum Ausgleich gebracht werden*, auch wenn jede Nation ihren eigenen verschlungenen Pfad zu ihren eigenen Vorstellungen von Integrität sucht.

Meine persönliche Überzeugung ist, daß wirtschaftliche Tätigkeit in dem Maße Erfolg hat, wie dieser Ausgleich gelingt, daher gilt es, möglichst viel zu lernen von der Erfahrung, wie andere zu ihrer Position gelangt sind.

Probleme des interkulturellen Managements

Ich bin nicht der erste, der diese Unterschiede behandelt hat. Geert Hofstede[1] beschäftigte sich damit in seiner Arbeit über die Geschäftspolitik von IBM, gleichfalls Inzerilli und Laurent[2] in ihrer vergleichenden Untersuchung italienischer und französischer Manager mit solchen aus Amerika, Japan und dem übrigen Europa. Als wir von Kapitel zu Kapitel die Erfahrungen des Mr. Johnson von MCC verfolgten, konnten wir das feststellen, was auch die genannten Forscher herausgefunden haben, daß nämlich die bevorzugten amerikanischen Lösungsmethoden keineswegs immer auch die Probleme anderer Nationen lösen helfen. Da Amerika »Hauptlehrmeister« der Managementtheorie ist, ist diese Information von kritischem Belang für alle Studenten der Wirtschaftspraxis.

Die Matrixorganisation z. B. ist ein sehr geschickter Kompromiß zwischen der Anforderung, nach Disziplin und Funktion organisiert zu sein, und der Anforderung, die Projekte, Produktentwicklung und spezielle Nachfrageprofile stellen. Während dieses Modell amerikanische und nordwesteuropäische Unternehmensprobleme löst, steht es im Widerspruch zu und ist unvereinbar mit dem Familienmodell, das in Kapitel 11 beschrieben wurde, so daß etliche italienische, spanische, französische und asiatische Firmen nach einer anderen Lösung suchen müssen.

Peter Druckers »Management by Objectives« ist die mit Recht berühmte Aufhebung eines amerikanischen Dilemmas, das aus gutem Grund von anderen mentalitätsverwandten Nationen übernommen wurde. Der Konflikt zwischen Egalität und Hierarchie, zwischen dem einzelnen und dem Kollektiv wird dadurch aufgehoben, daß die einzelnen dazu gebracht werden, daß sie sich freiwillig der Erfüllung der Hauptziele des Kollektivs und der Hierarchie verpflichten. Frei ausgehandelte Verträge verbinden die Person mit der Gruppe. Das ist gut so – aber so nicht gut für Nationen, die die Leistung der einzelnen als Bestandteil ihrer Beziehung zum Chef betrachten und hervorragende Leistungen auf die ganze »Familie« oder das Bezugssystem beziehen.

So ist auch Pay for Performance ein Lösungsversuch für das Problem Leistung–Askription. Warum soll Status und finanzielle Belohnung nicht entsprechend ihrer Leistung auf die Beschäftigten verteilt werden? Wiederum: Dies hat große Attraktivität für jene, bei denen Leistung an erster Stelle steht, aber nicht für jene, wo zuallererst der askriptive Status steht und die versuchen, die emotionalen »Väter« des Erfolges eines Untergebenen zu sein. Im Detail haben wir dieses Problem in Kapitel 8 behandelt. Da es aber für unser Thema so wichtig ist, sei es hier mit einer zusätzlichen Anekdote illustriert:

Eine amerikanische Computerfirma führte Pay for Performance sowohl in Amerika wie im Nahen Osten ein. In Amerika funktionierte das gut, und im Nahen Osten sorgte es für einen schnellen Anstieg der Verkaufszahlen – bis ein drastischer Rückgang auftrat. Nachforschungen ergaben, daß wohl die Gewinner unter den Verkäufern im Nahen Osten besser verkauft hatten, aber die große Mehrheit schlechter. Der allgemeine Wille der Kollegen zum Erfolg war durch den Wettbewerb ernsthaft gefährdet. Es sanken sowohl die allgemeine Arbeitsmoral als auch die Verkäufe. Mißstimmung breitete sich aus. Als die Chefs merkten, daß einige Verkäufer mehr verdienten als sie selber, sank auch der hohe individuelle Leistungswille.

Doch der wichtigste Grund, sich wieder von diesem System zu trennen, war die Entdeckung, daß die Kunden mit Produkten überladen worden waren, die sie nicht weiterverkaufen konnten.

Zentralisation contra Dezentralisation

Wer über Kulturgrenzen hinweg Management betreibt, muß sich vor allem anderen die Frage stellen, bis zu welchem Grad er *zentralisieren* soll, wobei er bei fremden Kulturen Regeln und Prozeduren einführt, die als Provokation empfunden werden können, oder ob er *dezentralisieren* soll, womit er jede Kultur ihren eigenen Weg gehen läßt, ohne selber lebensfähige zentrale Vorstellungen zur Verbesserung zu entwickeln. (Weil es keine globale Lösung gibt, und die lokale die »beste Methode« ist.) Wenn man radikal dezentralisiert, muß man sich allerdings fragen, ob dann eine Zentrale überhaupt noch Sinn hat und ob es sich überhaupt für Unternehmen lohnt, in verschiedenen Ländern zu agieren.

Einige Unternehmenskulturen erleichtern Dezentralisation mehr als andere. Will man diesen Prozeß durchsetzen, muß man delegieren. Bei den in Kapitel 11 beschriebenen vier Modellen ist dies möglich in der Eiffelturm- und der Lenkraketenkultur, doch weniger leicht im Familienmodell, wo die »Eltern« »Eltern« bleiben. Es gibt viele Geschichten über die Schwierigkeiten japanischer Manager bei der Dezentralisierung und der Delegation an Ausländer. Die »Familie« verständigt sich in Form einer hausinternen Osmose von innerem Engagement und gemeinsamen Ritualen, die Ausländer nur schwer mitvollziehen können. Unternehmenspolitik wird meist über die Telefonverbindung mit Tokio gemacht, denn das stillschweigende Verständnis unter japanischen Insidern ist sehr schwer auf andere zu übertragen.

Wie die meisten unserer Fallbeispiele und Anekdoten gezeigt haben, ist ein Mißverständnis viel häufiger als ein Dialog. Dennoch sind Zentralisierung und Dezentralisierung wie alle anderen in diesem Buch beschriebenen Bereiche von ihren Möglichkeiten her positive Vorgänge. Ein biologischer Organismus entwickelt sich zu einer höheren Stufe von Ordnung und Komplexität durch größere Differenzierung und stärkere Integration. Je mehr Abteilungen, Sparten, Funktionen und unterschiedliche Aktivitäten ein Unternehmen ausmachen, desto größer ist die Aufgabe und desto wichtiger die *Koordination der ganzen Vielfalt*. Paul Lawrence und Jay Lorsch[3] haben Ende der sechziger Jahre nachgewiesen, daß sowohl überzentralisierte (überintegrierte) wie überdezentralisierte (überdifferenzierte) Firmen zu einer signifikanten Leistungsschwäche neigen. Differenzierung und Integration müssen zur Synergie oder zum Ausgleich gebracht werden. Das Unternehmen mit der am besten integrierten Vielfalt ist es, das an die Spitze gelangen wird.

Konzernmanagement wird oft von einer ausländischen Niederlassung dadurch ad absurdum geführt, daß man zwar tut, was die Zentrale fordert, aber in Wirklichkeit einen »firmeninternen Regentanz« vollführt; die örtlichen Manager wissen, daß das dem Regen völlig egal ist. Wenn die Zentrale etwa eine Aufstellung über die Qualifikationen und Gehälter jedes Beschäftigten haben möchte, um beide miteinander zu vergleichen, dann soll sie sie kriegen. Dabei kann es schon vorkommen, daß die Qualifikationen so gehalten sind, daß sie den gezahlten Gehältern entsprechen. Wenn diese perfekt abgefaßten Aufstellungen in der Zentrale eintreffen, kann die sich in dem Bewußtsein sonnen, weltweit alles »unter Kontrolle« zu haben, obwohl das natürlich eitle Illusion ist. Das Politiklehrbuch sagt: »Es sollen keine Schmiergelder gezahlt werden« – aber in einigen Ländern werden sie trotzdem bezahlt. Freundschaftliche Beziehungen ohne Geschenke gibt es nicht.

Das Problem Zentralisierung–Dezentralisierung wird oft erfahren als Gegensatzpaar Konsistenz–Flexibilität im Rahmen einer »Corporate Identity«, einer Unternehmensidentität. Ist es für Shell wichtiger, erfolgreiche Geschäftsbeziehungen auf den Philippinen aufzubauen, indem man Bauern bei der Schweinezucht hilft, oder soll die Strategie eines Energieunternehmens dazu dienen, Kontinuität zu wahren? In der Praxis hat die Schweinezucht mitgeholfen, die Ölpipelines vor Anschlägen kommunistischer Untergrundkämpfer zu bewahren. Und wenn man irgendwo in Nigeria nach Öl bohrt, warum soll man dabei nicht auch Wasser finden und einige verzweifelt benötigte Wasserbrunnen bauen?

Beispiele dieser Art zeigen, wie subtil die Beziehung zwischen

Zentralisation und Dezentralisation ist. Es ist keineswegs so, daß jede andersgeartete Tätigkeit vom eigentlichen Geschäftszweck ablenkt, bloß *weil* sie anders ist. Wasserbrunnen und Schweinefarmen können genau den Unterschied ausmachen, der zwischen dem Zustandekommen oder Verlust eines Geschäftes in unterentwickelten Ländern liegt. Gerade *weil wir alle so verschieden sind, haben wir soviel miteinander auszutauschen.* In Dingen der Kultur wie in der Beziehung der Geschlechter kann der Unterschied die Hauptursache der Anziehungskraft bilden. Italienisches Design und niederländische Ingenieurskunst können, wie wir gesehen haben, zu gegenseitigem Konflikt, sie können aber auch zu einem himmlischen Produkt führen.

Das Ideal ist daher, auf solche Weise zu differenzieren, daß Integration effektiver wird, oder die Tätigkeiten so zu dezentralisieren, daß eine immer breitere Vielfalt vom »zentralen Nervensystem« Ihrer Organisation koordiniert wird. In Fragen der kulturellen Vielfalt steckt immer auch eine *Herausforderung*. Wenn man ihr aber richtig begegnet, erwachsen daraus wertvolle Verbindungen.

Qualität statt Quantität bei der Dezentralisierung

Die Frage ist nicht, *wie stark* dezentralisiert werden soll, sondern *was* dezentralisiert und was der Zentrale letztendlich vorbehalten sein soll.

Eine Firma ohne zentralisierte Information hat letztlich keinen Zusammenhalt, das heißt aber nicht, daß nicht an Ort und Stelle Entscheidungen getroffen werden können. Unbestritten können technische Spezifizierungen, etwa die Regeln, Standards und Verfahrensweisen bei der Arbeit von Ölraffinerien, zentral entschieden werden; welche Produktpalette aber hergestellt wird, kann national entschieden werden, angepaßt an die Veränderungen der Nachfrage. Preisgestaltung kann ebenfalls eine lokale Entscheidung sein, um flexibel auf Mitbewerber oder die Produktionsauslastung zu reagieren. Finanzentscheidungen fallen normalerweise der Zentrale zu, können aber entsprechend ihrem Umfang auch lokal getroffen werden.

Nationale Gesellschaften zahlen oft einen Standardsatz für Unkosten an die Zentrale und erhalten dafür »kostenfrei« juristische, finanzielle, planerische und personelle Dienstleistungen. Diese Regelung stärkt die Rolle zentralisierter Funktionen. Wenn man schon dafür bezahlt, dann kann man das auch nutzen.

Alternativ kann der Zentralstab den nationalen Gesellschaften auf Wunsch Beratungsservice gewähren. Bei diesem System werden nicht nachgefragte Stabsleistungen schrumpfen, eine Lösung, die Dezentralisierung begünstigt.

Internationale und transnationale Unternehmen

Der Themenkomplex Zentralisation und Dezentralisation ist ausführlich von Christopher Bartlett und Sumantra Ghoshal[4] im Zusammenhang mit ihrer Analyse von globalen contra transnationalen Unternehmen erörtert worden. Nach ihrer Definition sind sowohl globale als auch multinationale Firmen vom Wesen her zentralistisch, ihre Niederlassungen sind an die Hauptfirma oder das Mutterland, wenn auch nicht notwendigerweise sehr streng, angebunden und weniger an andere Firmen oder Nationen der Unternehmensgruppe. Bei solchen Unternehmen findet man selten viele Ausländer im Topmanagement, und der Mythos von der universellen Anwendbarkeit von Managementtechniken ist vergleichsweise stark ausgeprägt.

Im Gegensatz dazu erkennt man bei internationalen und transnationalen Unternehmensstrukturen den deutlichen Versuch, das Dilemma zwischen Zentralisation und Dezentralisation zu überwinden. Jede von ihnen versucht auf ihre eigene Weise Vielfalt zu managen und Wettbewerbsvorteile daraus zu ziehen, daß man in verschiedenen Ländern mit besonderen Kapazitäten vertreten ist. Mein Buch richtet sich an jene, die bereits auf internationaler oder transnationaler Ebene arbeiten oder es vorhaben.

Beide Formen beschreiten unterschiedliche Wege beim Ausgleich zwischen Zentralisation und Dezentralisation. Das internationale Unternehmen nimmt von seinem Zentrum aus Einfluß auf Regionen und Länder, wobei es sich die Rolle der Koordination vorbehält, während das transnationale Unternehmen auf ein Zentrum verzichtet zugunsten polyzentrischer Einflüsse aus verschiedenen Bereichen des Netzwerks.

Das *internationale* Unternehmen, wofür Shell, ABB, Ericsson und Procter & Gamble Beispiele sind, bricht mit der Vorstellung, daß nationale Organisationen wie Speichen eines Rades seien. Nationale Organisationen haben legitime Beziehungen untereinander auf der Basis dessen, was von Kunden nachgefragt wird und von welcher Stelle im internationalen System dieser Nachfrage am besten entsprochen werden kann. Die Rolle der Zentrale besteht dann weniger in der Instruktion oder Bewertung, sondern eher in der Koordination, damit gewährleistet ist, daß andere Länder davon profitieren, wenn ein Land eine vielversprechende Richtung eingeschlagen hat. Die Zentrale hilft dabei und unterstützt möglicherweise andere Länder bei der Verfolgung dieser Initiative.

Internationale Unternehmen haben oft ein Topmanagementteam, das ein Mikrokosmos des gesamten Systems ist, mit deutschen, niederländischen, französischen, italienischen und japanischen Vorstandsmitgliedern in der Unternehmenszentrale, wenn beträchtliche Geschäftsaktivitäten in diesen Ländern angesiedelt sind. Sie sind dort nicht als Auslands»delegierte« oder »Repräsentanten«, sondern vollgültige Mitglieder eines multikulturellen Managements, so daß beispielsweise die italienische Niederlassung nicht nur ihren kulturellen Part innerhalb des Unternehmens spielt, sondern unmittelbar im Koordinationszentrum vertreten ist.

In dem Maße, wie sich Unternehmen von einer multilokalen zu einer internationalen Form weiterentwickeln, spielt die Zentrale weniger die Rolle eines Polizisten und mehr die eines Beraters. So spricht die Shell International Petroleum Company nicht von einem »Hauptquartier«, sondern von »Zentralbüros« (aufgeteilt zwischen London und Den Haag). Sie hat keinen CEO oder ein Kontrollzentrum, sondern ein Komitee von geschäftsführenden Direktoren, die neben ihren zentralen Aufgaben auch regionale Verantwortung haben. Funktionale und regionale Leiter werden Koordinatoren genannt, ihre Autorität kommt von dem Umstand, daß sie wissen, *was* verschiedene Funktionen, Regionen oder Nationen tun.

Das *transnationale* Unternehmen ist eher polyzentrisch als von einem Zentrum aus koordiniert. Es besteht aus verschiedenen Zentren mit spezialisierten Leistungen, die Autorität und Einfluß immer dann ausüben, wenn es im Interesse der Aufgaben der Organisation ist. Der schwedische Professor Gunnar Hedlund sieht dies als immer stärker hervortretendes Kennzeichen einiger schwedischer Organisationen, wie beispielsweise IKEA und Ericsson. Bartlett und Ghoshal betrachten Transnationalität mehr als eine in die Zukunft weisende Orientierung denn als bereits bestehende Realität, bei der Unternehmen wie Philips und Matsushita führend sind. Der amerikanische Wissenschaftler Jay Ogilvy[5] hat davon gesprochen, daß *Heterarchien* an die Stelle von Hierarchien treten werden.

All diese Voraussagen über die zukünftige Form eines erfolgreichen transnationalen Unternehmens gehen von einer flacheren Firmenstruktur aus, die auf einer Vielzahl von spezialisierten Fachbereichen basiert. Wenn beispielsweise ein Unternehmen ein neues internationales Sportwagenmodell konzipiert, dann kann die Elektronik aus Japan stammen, Motor und Aufhängung aus Deutschland, das Design aus Italien, das Fiberglasgehäuse aus den Niederlanden, die Mahagoniveredelung aus Großbritannien, und die Endmontage kann in Spanien vorgenommen werden. Nationale Marketingabteilungen werden unterschiedliche Verkaufstaktiken einsetzen, wobei sie untereinander im Erfahrungsaustausch stehen und von ihren neuesten Managementerfahrungen profitieren. Jedes Glied in dieser »Wertzuwachskette« übt Autorität aus, was den Bereich seiner eigenen Kultur betrifft.

Der amerikanische Politikwissenschaftler Robert Reich[6] meinte, es spiele eigentlich keine Rolle mehr, wer die Firma besitze, ob die Anteilseigner Amerikaner, Europäer oder Asiaten seien. Entscheidend sei, wo innerhalb des transnationalen Netzwerks der größte Wertzuwachs stattfinde. Je nach der Qualität ihres Beitrags zu dieser »Wertkette« werden einzelne Länder prosperieren oder stagnieren. In der Wirtschaft der Zukunft ist Wissen Macht, und Einfluß kommt von überall dort, wo Wissen herrscht.

Im transnationalen Unternehmen kann von jedem Land Einfluß ausgeübt werden auf ein anderes oder mehrere und dabei soviel Mehrwert wie möglich geschaffen und in den »Kreislauf« eingebracht werden, der zum Ausgleich der kulturellen Kräfte führt. Wichtig für Transnationalismus ist, daß er den *zirkularen Ausgleichsprozessen folgt*, wie sie am Ende der Kapitel 3 bis 10 skizziert wurden.

Man kann durchaus italienischen Partikularismus mit deutschem Universalismus verbinden oder amerikanischen Individualismus und selbstbestimmte Kreativität mit japanisch schneller kollektivistischer Ausnutzung neuer Produkte und außengeleiteter Begabung zur Betreuung von Kunden. Wenn sich Länder darauf spezialisieren, was sie am besten können, dann kann ein darauf gründender transnationaler Kreislauf sich als unschlagbar erweisen.

Als einzige Frage bleibt dann, *wie die transnationale Organisation die völlige Atrophie ihres Zentrums überleben kann.*

Personalmanagement der Zukunft

Unsere Analyse kultureller Unterschiede hatte ein Hauptthema, das der »Human Resources«, des Personalmanagements. Bei der Suche nach Führungsnachwuchs für die leitenden Managementpositionen der Zukunft scheinen die großen Unternehmen derzeit (Rezession beiseite gelassen) etwas im Nachteil zu sein. Die Einstellung, daß es am besten sei, »Macht« zu erreichen, indem man sich in großen Organisationen hocharbeitet, ist im Augenblick etwas aus der Mode gekommen. Man fragt mehr nach Selbständigkeit, vor allem, wie es scheint, in Nordwesteuropa, und die Anziehungskraft internationaler Stellenausschreibungen liegt wohl mehr in den Erfahrungs- und Entdeckungsmöglichkeiten einer Vielzahl von Kulturen. Der Nachwuchs möchte seine Karriere in den internationalen und transnationalen Unternehmen der Zukunft selber planen können. Manche Karriere-»leitern« dürften eher dem »langen Marsch« ähneln.

Firmen, die erfolgreich das Dilemma Zentralisation gegen Dezentralisation bewältigen, müssen gelernt haben, wie man seine Beschäftigten (besonders die »Überflieger«) international rotieren läßt, wie man in verschiedenen Sprachen arbeitet und wie man an vielen Punkten der Erde Entscheidungen trifft und Breitenwirkung erzielt.

Sind einmal die seltenen Exemplare der intelligenten Manager gefunden, wird die zukünftige transnationale Organisation alles daransetzen, sie weiter zu trainieren in interkulturellem Bewußtsein, was damit beginnt, daß man lernt, ein kulturelles Problem zu erkennen, das, wie wir gesehen haben, oft nicht bemerkt wird, weil es angeblich kein Problem ist, sondern nur »die Borniertheit von Südeuropäern gegenüber Motivationsmethoden« sei. Leute, die sich amerikanischem Alleinanspruch verweigern, werden als traditionell, wenig geschäftstüchtig oder sogar altmodisch angesehen.

Zugang zu Informationsnetzen

Ich habe einmal in Thailand ein Seminar veranstaltet, das einem Unternehmen 1,5 Millionen Dollar sparte. Das war noch nicht einmal das Ergebnis irgendwelcher Einsichten, die ich vermittelte. Ein französisches Vorstandsmitglied, das neben einem thailändischen Vorstandsmitglied der gleichen Firma saß, erfuhr, daß dieses im Begriff war, einen Pilotbetrieb zu errichten, der in vielem dem gleichen würde, den der Franzose gerade fertiggestellt hatte. Dies als Indiz für das häufig anzutreffende Versagen interner Firmenkommunikation.

Die Entwicklung der Informationstechnik bringt neue Probleme mit sich. IT hat ihre eigenen seltsamen Formen von Absolutismus. Nimmt man die hohe Kapazität, die Schnelligkeit und die beträchtlichen Kosten von Computern, so wirkt sich ihre Indienststellung so aus, daß eine große Menge an Information schnellstmöglich geschaffen wird, um dadurch die Bytekosten zu senken.

Daher ist es ein beliebtes Spiel, jede statistische Einzelheit über eine Niederlassung zu wissen, bevor sie das selber entdeckt hat. Ich habe von Tochtergesellschaften gehört, die schon beim Frühstück – wegen der Zeitzonenunterschiede – angerufen worden sind mit der Beschwerde, daß die Verlustrate an Zinn in der Konservenfabrik auf 50 Prozent gestiegen sei.

Eine solche Haltung kann schlimme Folgen für die interkulturelle Kommunikation haben und der Entwicklung internationaler oder transnationaler Strukturen entgegenwirken. Der Leiter einer nationalen Tochtergesellschaft wird – zum Teil – dafür bezahlt, daß er ohne Aufsicht seinen eigenen Verstand gebraucht. Wenn man von einer ausländischen Tochtergesellschaft einen kulturell eigenständigen Beitrag erwartet, kann man sie nicht täglich überprüfen. Information hat *vor allem und zuerst* an jene zu gelangen, deren Tätigkeit sie betrifft, mit einem Vorsprung vor der Mitteilung an die Zentrale. Das aber schafft Zeit, um lokale Antworten zu finden und Maßnahmen zu ergreifen.

Eine Firma wird so lange eine zentralisierte, globale Befehlsorganisation bleiben, wie Informationen als Machtmittel eingesetzt werden. Da Information davon abhängt, was ihr eingespeist wird, kann sie leicht ein verzerrtes Bild geben. Zweigunternehmen, die wegen nicht erfüllter Vorausplanungen gemaßregelt werden, werden ihre nächsten Prognosen niedriger halten. IT kann eine Illusion von Kontrolle vermitteln, die keiner näheren Prüfung standhält.

Die in internationalen und transnationalen Strukturen national operierenden Unternehmen kommunizieren miteinander auf eigenen Wunsch und weil die parallellaufenden Aktivitäten anderer Firmen auf benachbarten Märkten Chancen und Ressourcen eröffnen. Die IT-Philosophie in solchen Strukturen besagt, daß jede nationale Firma Freiraum hat für wichtige Initiativen ohne vorherige Konsultation, aber das Netzwerk über alle ihre Aktionen auf dem laufenden halten muß. Sie hat *lokale Autonomie*, aber kein Recht zur Geheimhaltung dessen, wie sie ihre Autonomie tatsächlich gebraucht. Alle interessierten Parteien müssen wissen, was getan wurde.

Eine gute Software, um das Netzwerk immer auf dem aktuellen Stand der Information zu halten, ist das *Highlightsystem*. Jede interessierte Filialfirma oder zentralisierte Funktion kann darin jene Aktivitäten einspeisen, die sie betreffen. Dies ermöglicht neuen Projektgruppen die Chance des Zugriffs auf die größtmögliche Zahl konvergierender Forschungslinien oder Aktivitäten. Das Gütezeichen der internationalen oder transnationalen Struktur sind Querverbindungen zwischen einzelnen Aktivitäten, die zum Vorteil des ganzen Netzwerks miteinander verbunden werden können. Man erinnere sich, daß in dieser Struktur Filialen mit Filialen verbunden sind. Wie Hunde auf der Fuchsjagd kann irgendeine die Spur aufnehmen, laut bellen und die anderen in die neue Richtung führen.

Software kann darüber hinaus kulturell mehr oder weniger kompatibel sein mit dem Denken der Manager. Diffuse Methoden des Denkens sind oft diagrammatisch und bildlich, Wortströme sind linearer, spezifisch und konsekutiv. »Fenster« erlauben allen Interessierten selektiven Zugang zur Information. Die Gestaltung der Software sollte ein Mikrokosmos der größeren Struktur sein und mit ihr übereinstimmen. Es gibt Software für Szenarien alternativer Zukunftsmöglichkeiten, für kreative Ideenverbindungen, für alternative Anwendungen von Schlüsseltechnologien und für Spin-offs.

In Zukunft wird es Software geben, die interkulturelle Kommunikation erleichtert durch den Vergleich individueller Antworten auf Problemfragen mit denen einer anderen Kultur.[7]

Folgerungen für die Geschäftsstrategie

Allzuleicht kann Kultur jede Hinbewegung zur Internationalisierung bremsen. Der Universalismus neigt zur Herstellung globaler Strukturen, in denen die Wertvorstellungen des Heimatlandes weltweit zelebriert werden. Individualismus kann multinationale Strukturen hervorbringen, die der Individualität jedes Volkes gerecht werden. Selbstbestimmtheit kann sowohl zu globalen wie multinationalen Strukturen führen, abhängig davon, ob das innere Leitsystem auf eine Mutterfirma orientiert ist (eine globale Struktur) oder eine nationale Gruppe (eine multinationale Struktur).

Egalitarität, Außenorientierung und Leistungsorientierung begünstigen Internationalisierung. Es ist bemerkenswert, daß sowohl die Niederländer wie die Schweden, die diese Eigenschaften zeigen, international recht erfolgreich sind. Firmenkulturen des Familienstils mögen in ihren Heimatländern florieren, lassen sich aber schwer auf das Ausland übertragen. Eiffelturmkulturen werden abgelehnt bei Nationen mit Familienstiltraditionen, besonders wenn die »Universalisten« ausländischer Herkunft sind. Auch Lenkraketenkulturen widersprechen der »Familienmentalität« wegen ihrer kurzfristigen Beziehungen und ihren »zwei Vätern«.

Die Grundfolgerung für die Geschäftsstrategie ist ein heilsamer Respekt vor den fundamentalen Denkweisen ausländischer Kulturen und den Idealvorstellungen, mit denen sie sich identifizieren. In der Regel hat eine »fremde« Kultur Wertvorstellungen, die in unserer eigenen negiert werden. Sie zu entdecken heißt, verschüttete Bestandteile unseres eigenen kulturellen Erbes wiederzufinden. So können uns Familienstilkulturen daran erinnern, daß Arbeit nicht notwendigerweise entfremdend und unpersönlich oder persönliche Selbstverwirklichung sein muß. Wir können von solchen Einsichten profitieren, auch wenn wir nicht unsere Verwandten auf die Gehaltsliste setzen oder uns wie Kinder fühlen, wenn der Chef erscheint. Internationale und transnationale Strukturen erlauben uns eine *Synthese der Möglichkeiten aller Kulturen bei Vermeidung ihrer Exzesse.* »Familien« sind durchaus in der Lage, Unabhängigkeit zu unterstützen und Leistung zu ermutigen. Interkulturelles Management zeigt bisher unbekannte Wege zum angestrebten Ziel auf.

Das einzige strategische System, das gegenüber einem genuin internationalen Unternehmen offen ist, ist die von Michael Goold[8] beschriebene *strategische Kontrolle.* Bei ihr wird Strategie weder von der Zentrale festgelegt, noch ist sie Gegenstand strikter Finanzparameter, sondern wird der Zentrale durch die nationalen Firmen eingespeist. Sie schlagen vor – und die Zentrale koordiniert, kritisiert, genehmigt und unterstützt. Das Ergebnis ist ein *multikulturelles Beziehungsgeflecht.*

Eine internationale oder transnationale Struktur begibt sich eines großen Teils ihrer eigenen Kraft, wenn sie bestimmten nationalen kulturellen Neigungen keinen Spielraum gibt. Strategien verändern sich mit nationalen Kulturen. So sprechen selbstbestimmte, universalistische, spezifische, leistungsorientierte (typischerweise meist englischsprachige) Kulturen oft so, als befänden sie sich in militärischen Feldzügen, überschütten ihre Kunden mit einem Trommelfeuer von Geschäfts»sachen« und sind immer dabei, Märkte »zu erobern« und »zu besetzen«. Ganz anders außengeleitete, partikularistische, diffuse und askriptive Kulturen (typische Vertreter sind Japan und die »vier kleinen Drachen«): Sie artikulieren sich, als wollten sie ihre Kunden mit einer Serenade beglücken, bevor sie mit ihnen ins Bett steigen. Das Wort »Strategie« führen sie nicht im Munde, aber dennoch haben sie eindeutig ihre Methode der Koevolution mit den Kunden.

Individualistische Kulturen mit einem konsekutiven Zeitverständnis wie die amerikanische und britische haben in der Regel kurzfristige Geschäftsstrategien. Kollektivistische Kulturen mit einem synchronen Zeitverständnis wie die deutsche oder japanische verfolgen in der Regel langfristige Strategien.

Wenn eine internationale oder transnationale Struktur gegen

den Willen von Betroffenen nicht gestattet, Prämien für mehrere Jahre zurückzustellen, übersieht sie das Geheimnis asiatischer und deutscher Wirtschaftsstärke. Innerhalb der internationalen oder transnationalen Struktur geht ein Mikrokosmos internationalen Wirtschaftswettbewerbs weiter. Man wäre schlecht beraten, würde man nicht zur Kenntnis nehmen, wer Gewinner ist und warum, und man würde versäumen, die Lehre daraus zu ziehen.

Lokale Freiheiten: Personalpolitik/Entlohnung

Die *Arbeitsbewertungsmodalitäten* bieten eine interessante Methode, die universellen Wertvorgaben aus dem Zentralbüro mit lokaler Flexibilität und den Vorstellungen nationaler Kulturen zu verbinden. Die Muttergesellschaft gibt all das vor, was ihr förderungswürdig erscheint, überläßt es aber den national operierenden Firmen, im gegebenen Rahmen Prioritäten zu setzen. Shell beispielsweise hat bis vor kurzem mit dem HAIRL-System der Grundbewertung gearbeitet. Die Initialen stehen für Hubschrauber (die Fähigkeit, einen großen Überblick von höherer Warte aus zu gewinnen), Analysebegabung, Imagination oder Vorstellungskraft, Realitätssinn und Leitungsbegabung. Interessiert daran, ob all diese Grundwertungen in verschiedenen Shell-Firmen gleich wichtig sind, baten wir in verschiedenen Seminaren die Teilnehmer, für sich selber eine Reihenfolge zu bestimmen. Wir kamen zu folgendem Ergebnis:

Niederlande	*Frankreich*	*Deutschland*	*Großbritannien*
Realitätssinn	Imagination	Leitung	Hubschrauber
Analyse	Analyse	Analyse	Imagination
Hubschrauber	Leitung	Realitätssinn	Realitätssinn
Leitung	Hubschrauber	Imagination	Analyse
Imagination	Realitätssinn	Hubschrauber	Leitung

Mir scheint, es gibt keinen triftigen Grund, warum alle Nationen gleiches Gewicht auf alle Werte legen sollten. Wenn die Niederländer Realitätssinn vorziehen, soll man sie gewähren lassen. Sie finden das meiste Öl, wenn sie dort bohren, wo es wirklich ist, und nicht, wo sie es sich vorstellen. Prioritätenwahl bei der Bewertung sagt viel darüber aus, wie Kulturen voneinander abweichen.

Es ist das Thema dieses Buches, daß alle Kulturen beides sein müssen, universalistisch *und* partikularistisch, individualistisch *und* kollektivistisch, askriptiv *und* leistungsorientiert, selbstbestimmt *und* außengeleitet. Der Unterschied besteht in ihren Prioritäten, von wo aus sie »starten«. Ich habe die Komplementarität der Werte betont. Einen Individualisten nach dem kollektivistischen Singapur zu schikken kann dazu beitragen, daß der Kollektivismus mehr Verantwortung für die einzelnen entwickelt, und das Gegenteil würde geschehen, wenn man einen Singapurer nach Amerika entsendet.

Wir sollten nicht vergessen, daß die unterschiedlichen Prioritäten nicht alle gleich erfolgreich sind. Beim Studieren verschiedener Wertprioritäten in verschiedenen Kulturen gelangt man zu vitalen Erkenntnissen, wie man seine eigenen Angelegenheiten besser bewältigen kann.

Es ist durchaus vorstellbar, eine allgemeinverbindliche Regel zu haben, daß Erfolg entsprechend seiner Bedeutung belohnt werden soll, aber die Art der Ausführung der nationalen Firma zu überlassen. Unsere Fallstudie über MCC bekräftigt diese Auffassung. Diese Firma war nicht imstande zu akzeptieren, daß, auch wenn sie eine zentrale Philosophie über Pay for Performance vertrat, sie die Ausführung hätte dezentralisieren müssen.

Überall in der Welt schätzen Manager dieses Prinzip, die Schwierigkeit ist nur, daß alle etwas anderes unter »Pay« und wieder etwas anderes unter »Performance« verstehen. Es ist vollkommen verständlich, wenn jemand in einer kollektivistischen Kultur versucht, auch die Teammitglieder von seinen erfolgreichen Anstrengungen profitieren zu lassen. Sie erhalten das Geld, das er verdienen half, er gewinnt Respekt, Sympathie und Dankbarkeit, was nicht das Schlechteste ist. Daß ein sehr Erfolgreicher in einer individualistischen Gesellschaft gewissermaßen Lohn von Kollegen abzieht, ist ebenfalls verständlich.

Für kollektivistische und individualistische Kulturen heißt die Lösung, Gruppenprämien und Einzelprämien in Übereinstimmung mit ihrer eigenen Beurteilung und Ergebnisermittlung zu gewähren. Und schließlich werden in keiner Kultur Gehälter nur als Bonus für individuellen Einsatz bezahlt, ein Teil von ihnen ist immer festgelegt, daher handelt es sich dabei um relative Akzentverlagerungen. In einem wirklich internationalen oder transnationalen Unternehmen ist es Sache jeder Nation, die *optimale Kombination zwischen Einzel- und Gruppenprämie* herauszufinden und vor allem *erfolgreiches* Handeln besser zu belohnen.

Wenn dies geschieht, wird man überrascht sein. Sind einzelne in der westlichen Kultur nur deshalb kreativ, weil das u. a. sich in Geld auszahlt oder weil sie von Partnern dazu ermutigt werden? Eine Antwort darauf könnte aufschlußreich sein.

Hierarchische oder egalitäre Lohnstrukturen können ebenfalls zur Angelegenheit der nationalen Firma gemacht werden. Relativ gleiche Bezahlung kann die Zusammenarbeit fördern. Relativ ungleiche Bezahlung kann den Wettbewerb unter den Beschäftigten fördern. Wieviel von jedem ist am besten? Die Firma sollte einen fixen Anteil ihres Umsatzes nehmen, den sie entsprechend verteilt. Nationale Firmen sollten ferner die Vollmacht haben, niedrigere Durchschnittsgehälter zu zahlen, um ihre Preise kundenfreundlicher zu gestalten und damit eine Strategie des »wachsenden Marktanteils« verfolgen zu können. Die Auffassung, daß jeder zuallererst durch Geldzahlung motiviert würde, muß revidiert werden. Wer auf den langfristigen Vorteil von Lohnkontrollstrategien setzt, sollte vom Gegenteil überzeugt werden. Firmenkulturen auf der Basis der Familienvorstellung müssen sich nicht so stark um das Lohnniveau kümmern. Wer aus Prinzip wegen der Anerkennung durch andere arbeitet, kann – wie die Japaner gezeigt haben – einen heftigen Kostenwettbewerb liefern. Pay for Performance tendiert eher dazu, teuer zu werden.

Besonders wenn die Leute arm sind, kann eine Gruppen- oder Kollektivorientierung entscheidend sein für den Durchbruch. Eine Gruppenbonusmethode, wie sie von Shell Nigeria angewendet wurde, bestand aus einer Wasserbohrung und einem Wasserversorgungssystem für die Stadt, in der die Beschäftigten leben, zum materiellen Vorteil ihrer Wohnungen und ihrer Nachbarschaft und als Statusgewinn innerhalb ihrer Gemeinschaft. Es leuchtet ein, daß eine solche

Lösung viel wertvoller für die einzelnen Beschäftigten ist, als das Geld, das dieses Projekt kostete, zwischen ihnen aufzuteilen.

Der einsichtsfähige Manager

Andere Kulturen sind fremd, ungewohnt, oft sogar schockierend. Es ist unvermeidlich, daß man im Umgang mit ihnen Fehler macht und sich häufig ratlos und verwirrt fühlt. Die eigentliche Frage ist, wie schnell man bereit ist, aus Fehlern zu lernen, und wie ernsthaft man sich bemüht, ein Spiel zu verstehen, bei dem »perfekte Abläufe« eine Illusion bleiben, und wo der Lohn erst nach einer schwierigen Reise durch unbekanntes Territorium winkt.

Wer andere Kulturen (neben der eigenen) entdecken will, braucht ein gewisses Maß an Bescheidenheit und Sinn für Humor, denn es gleicht der Bereitschaft, ein dunkles Zimmer zu betreten, anzuecken und über unvertraute Möbelstücke zu stolpern, bis der Schmerz im Schienbein einen daran gemahnt, wo etwas steht. Weltkultur besteht aus einer Myriade unterschiedlicher Wege, sich die Integrität zu erschaffen, ohne die man weder das Leben noch Geschäfte führen kann.

Es gibt keine universellen Antworten, aber es gibt universelle Fragen und Probleme, und das ist der Punkt, an dem wir alle anfangen müssen.

Anhang 1:

Technische Aspekte der Trompenaars-Datenbank

(von Peter B. Smith, University of Sussex)

Der Hauptzweck der ständig erweiterten Trompenaars-Datenbank besteht darin, Licht in die unterschiedlichen Managementsubkulturen zu bringen, die man quer durch die verschiedenen Nationalkulturen findet.

Um ihre Stärken und Schwächen zu erkunden, ist es wichtig, möglichst genaue Analysen auf der Ebene von Nationalkulturen durchzuführen und sich weniger auf individuelle Variationen innerhalb einzelner kultureller Gruppen zu konzentrieren. Diese Methode bietet gleichermaßen Vor- wie Nachteile.

Der entscheidende Vorteil liegt darin, daß die Hochrechnung der Einzelantworten am ehesten die überwiegende Meinung eines Volkes widerspiegelt. Der Nachteil ist, daß die Meinung eines Landes uns keine verläßliche Auskunft darüber gibt, welche Wertvorstellungen und Orientierungen jeder einzelne Mensch in diesem Lande hat.

Die Genauigkeit der Einschätzung von Durchschnittscharakteristiken der Manager in einem bestimmten Land hängt von vielen einzelnen Faktoren ab, wie zum Beispiel: der relativen Zahl der Befragten, der Homogenität der untersuchten Einzelkultur, der Breite der Befragung, der Relevanz und Bedeutung der gestellten Fragen usw.

Die anschließende Auswertung ist auf die 47 Nationalkulturen beschränkt, aus denen derzeit 50 oder mehr Antworten vorliegen. In dem gegenwärtig verfügbaren Datenmaterial von 14 993 Antworten finden sich zwei Länder mit über 1000 (Großbritannien und Niederlande), 35 mit über 100 und zehn mit 50 bis 100 Antworten.

Die regionale Verteilung unserer Untersuchung ergibt folgendes Bild:

Nordamerika	5,0 Prozent
Südamerika	4,7 Prozent
Europa	57,3 Prozent
Afrika	4,5 Prozent
Australien/Neuseeland	1,8 Prozent
Asien	7,0 Prozent
Andere (einschl. Naher Osten, Karibik)	19,6 Prozent

Sechs der Trompenaars-Skalen wurden aus einer Serie gezielter Fragen entwickelt, wobei jede für eine der untersuchten Dimensionen aussagekräftig sein soll. Ihre Verläßlichkeit sei hier nach Cronbachs Alpha-Methode bewertet.

Tabelle 1 zeigt die Verläßlichkeit jeder dieser Skalen. Die verbleibende Skala, Zeitorientierung (ZEITOR), beruht nicht auf einer Reihe selbständiger Fragenkataloge und kann mit dieser Methode nicht gewertet werden.

Tabelle 1: *Verläßlichkeit nach Cronbachs Alpha-Methode*

	79 Items	57 Items
Universalismus–Partikularismus (UNPA)	0,75 (4)	0,76 (3)
Individualismus–Kollektivismus (INKO)	0,52 (6)	0,72 (5,2×)
Neutral–affektiv (NEAF)	0,64 (5)	0,63 (3,3×)
Spezifisch–diffus (SPDI)	0,61 (5)	0,61 (6,4×)
Leistung–Askription (LEAS)	0,77 (6)	0,78 (4,1×)
Selbstbestimmt–außengeleitet (SEAU)	0,86 (28)	0,77 (10)

Nachdem es zunächst einige Kritik gab über die für die Auswertung – des ursprünglich 79 »Items« (Fragenkomplexe) umfassenden Katalogs – benötigte Zeit, wurde eine 57-Items-Version entwickelt. Beibehalten wurden die aussagekräftigsten Fragen; neue Skalen wurden für die weniger typischen Fragen angelegt. Einige Fragestellungen wurden neu gefaßt (25 Fragen bezogen sich auf Themen außerhalb der Skalen, hingen aber eng mit zugrundeliegenden Konzepten zusammen). Der Koeffizient der Verläßlichkeit des 57-Items-Fragebogens wird in der rechten Spalte aufgeführt, ebenso die Anzahl der gestellten Fragen. Mit einem Stern wurden neue Fragestellungen gekennzeichnet.

Die Aufstellung zeigt, daß die Aussagekraft der Skalen von mäßig bis hervorragend reicht. Auf der Basis des 79-Items-Katalogs liegt der Wert für Individualismus–Kollektivismus unter dem normalerweise erwarteten Niveau, eine Feststellung, die übereinstimmt mit den Schwierigkeiten anderer Forscher, hier zu verläßlichen Werten zu kommen. Auf der Basis von 57 Items ist die INKO-Skala statt aus sechs aus fünf Items gewonnen worden, davon waren zwei neu. Der Verläßlichkeitsfaktor stieg, und der Aussagewert erhöhte sich.

Eine zweite Frage an die Datenbank ist, in welcher Beziehung zueinander die Dimensionen stehen. Tabelle 2 zeigt, daß es eine ganze Zahl von Querverbindungen zwischen etlichen Dimensionen gibt.

Tabelle 2: *Korrelationen zwischen den Dimensionen*

	UNPA	INKO	SPDI	NEAF	SEAU	LEAS
ZEITOR	.00	–0.26	0.26	–0.25	–0.16	0.17
UNPA		0.43[a]	0.25	0.28	0.36[b]	0.47
INKO			0.06	0.21	0.17	0.29[b]
SPDI				–0.35[b]	–0.09	0.24
NEAF					0.24	–0.05
SEAU						0.53[a]
N = 47.						
a P < 0.01						
b p < 0.05						

Die Tatsache, daß einige dieser Korrelationen ganz wesentlich sind, bedeutet aber nicht schon, daß die Trennung der verschiedenen Dimensionen nicht notwendig sei. Signifikante Korrelationen von Länderwerten zwischen z. B. Universalismus und leistungsorientiertem Status zeigen lediglich, daß beide Orientierungen in einer bestimmten Nationalkultur hoch rangieren, nicht aber auch, daß sie deshalb von allen vergleichbaren Menschen oder Organisationen vertreten werden.

Eine dritte Möglichkeit zu prüfen, wie repräsentativ die nationale Meinung in jeder Dimension ist, bestünde darin, die in jedem Land Befragten in Bezug zu dem jeweiligen demographischen Profil zu setzen. Es gibt Daten über Alter, Geschlecht, Ausbildung, Branche, augenblicklich ausgeübten Beruf und religiöse Bindung. 65 Prozent der Befragten sind männlich und 35 Prozent weiblich. Die größte Managementberufsgruppe findet sich im Bereich der Fabrikation (über 1500 Befragte), gefolgt von Marketing und Personalwesen mit jeweils fast 1200 Befragten. Man kann Analysen der Kovarianz benutzen, um die Landesmeinung entsprechend der Unterschiede zum demographischen Profil besser herauszuarbeiten. Geschieht dies, wird man nur geringe Änderungen im Meinungsbild feststellen. Die zuvor in diesem Buch beschriebenen Rangordnungen bleiben im wesentlichen dieselben.

Jede der zuvor beschriebenen Analysen befaßt sich mit der Frage der Verläßlichkeit des auf Länder bezogenen Meinungsbildes. Eine andere wichtige Frage betrifft den Prognosewert. Es ist nicht möglich, dies aufgrund des in der Datenbank vorhandenen Materials zu bewerten. Die Grundvoraussetzung, um den Prognosewert genauer festzustellen, wäre die Formulierung von Hypothesen in bezug auf ökonomischen Erfolg innerhalb verschiedener Nationalkulturen und auf Typen des Mißverständnisses und der Fehlkommunikation, wie sie häufig zwischen Mitgliedern verschiedener Nationalkulturen auftreten.

Anhang 2:

Beispiele aus den sechzehn Fragen zur Unternehmenskultur

Frage 9: Kritik
In ihrer Organisation wird Kritik
a) auf die Aufgabe bezogen, nicht auf die Person;
b) nur auf besonderen Wunsch ausgesprochen;
c) meist negativ ausgesprochen und hat oft die Form der Blamage;
d) vermieden, weil die Menschen einander nicht verletzen wollen.

Frage 11: Konflikt
In Ihrer Organisation wird Konflikt
a) kontrolliert durch Intervention von höherer Seite, oft sogar gefördert zwecks Machterhalt;
b) unterdrückt durch Bezugnahme auf Regeln, Prozeduren und Definitionen der Verantwortlichkeit;
c) gelöst durch eine ausführliche Diskussion seiner Bedeutung für die jeweilige Arbeitsaufgabe;
d) gelöst durch die offene und rückhaltlose Diskussion persönlicher Notwendigkeiten und der angesprochenen Wertfragen.

Frage 13: Hierarchie
In Ihrer Organisation sind Hierarchien
a) überflüssig, weil jeder für seine eigene berufliche Entwicklung arbeitet;
b) notwendig, weil die Leute wissen müssen, wer wem etwas zu sagen hat;
c) bestimmt durch die Macht und Autorität der betroffenen Personen;
d) nur von Belang, wenn sie der Aufgabenerfüllung dienen.

Antworten
Die möglichen Antworten beziehen sich auf Firmenmodelle wie folgt:

Frage 9
a) Lenkrakete
b) Familie
c) Brüter
e) Eiffelturm

Frage 11
a) Familie
b) Eiffelturm
c) Lenkrakete
d) Brüter

Frage 13
a) Brüter
b) Familie
c) Eiffelturm
d) Lenkrakete

Anhang 3:

Das »Centre for International Business Studies«

Das *Centre for International Business Studies* (CIBS), dessen leitender Direktor Fons Trompenaars ist, ist eine internationale Consultingfirma, die Unternehmen bei der Bewältigung der Probleme interkulturellen Managements hilft. CIBS befaßt sich vor allem mit der Managementberatung von Organisationen, wie sie mit unterschiedlichen Managementpraktiken in verschiedenen Kulturen umgehen können. Zusätzlich bietet CIBS Wirtschaftsberatung, Seminare, Workshops und spezielle Themenarbeit bei folgenden Komplexen:

- kulturelles Bewußtsein,
- interkultureller Erfahrungsaustausch,
- interkulturelles Management,
- interkulturelle Kommunikation und Zusammenarbeit,
- länder- und regionenbezogene Information (z. B. Zusammenarbeit mit den Niederlanden und anderen europäischen Ländern),
- Zugang finden zu Japan,
- Organisationskultur und Effektivität,
- Förderung interdisziplinärer Arbeitsbeziehungen,
- kulturelle Aspekte bei Firmenkäufen und -übernahmen.

Weitere Informationen erhalten Sie über folgende Adresse:

CIBS
Amsterdamseweg 498
1181 BW Amstelveen
Niederlande
Telefon 00 31/20/6 40 33 11
Fax 00 31/20/6 40 31 51

Quellennachweis

Kapitel 1

1. *Schein, E.,* Organisational Culture and Leadership, Jossey-Bass, San Francisco, 1985.
2. *Collingwood, R. G.,* Essay on Metaphysics, Gateway, Chicago, 1974.

Kapitel 2

1. *Hofstede, G.,* Culture's Consequences, Sage, London, 1980.
2. *Crozier, M.,* The Bureaucratic Phenomenon, University of Chicago Press, 1964.
3. *Parsons, T.,* The Social System, Free Press, New York, 1951.
4. *Shutz, A.,* On Phenomenology and Social Relations, University of Chicago Press, 1970.

Kapitel 3

1. *Geertz, C.,* The Interpretation of Cultures, Basic Books, New York, 1973.
2. *Kluckhohn, F./Strodtbeck, F. L.,* Variations in Value Orientations, Greenwood Press, Connecticut, 1961.

Kapitel 4

1. *Stouffer, S. A./Toby, J.,* »Role Conflict and Personality«, American Journal of Sociology, LUI-5, 1951, S. 395–406.
2. *Zurcher, L. A./Meadows, A./Zurcher, S. L.,* »Value Orientations, Role Conflict and Alienation From Work; a Cross-Cultural Study«, American Sociological Review, No. 30, 1965, S. 539–548.
3. *Hampden-Turner, C.,* Charting the Corporate Mind, Basil Blackwell, 1991.

Kapitel 5

1. *Parson, T./Shils, E. A.,* Towards a General Theory of Action, Harvard University Press, Cambridge, Mass., 1951.
2. *Hofstede, G.,* Culture's Consequences, Sage, London, 1980.
3. *Tönnies, F.,* Community and Society (trans. C. P. Loomis), Harper & Row, New York, 1957.
4. *Smith, A.,* The Wealth of Nations.
5. *Weber, M.,* The Theory of Social and Economic Organisation, Free Press, New York, 1947.
6. *Simmel, G.,* The Sociology of Simmel (trans. K. H. Wolff), Glencoe, Illinois, 1950.
7. *Bell, D.,* The Cultural Contradictions of Capitalism, Basic Books, 1976.
8. *Bell, D./Nelson, B.,* The Idea of Usury, Chicago University Press, 1969.
9. *Lawrence, P. R./Lorsch, J. W.,* Organisation and Environment; Managing Differentiation and Integration, Irwin, Homewood, Illinois, USA, 1967.
10. *Hampden-Turner, C.,* Charting the Corporate Mind, Basil Blackwell, 1991.

Kapitel 7

1. *Lewin, K.,* »Some Social-Psychological Differences between the US and Germany« in Lewin, K., ed., Principles of Topological Psychology, 1936.
2. *Feiffer, J.,* Hold Me, Knopf, 1968.
3. *Parsons, T./Shils, E. A.,* Towards a General Theory of Action, Harvard University Press, Cambridge, Mass., 1951, S. 128–133.
4. *Dean, L. R.,* »The Pattern Variables: Some Empirical Operations«, American Sociological Review, No. 26, S. 80–90.

Kapitel 8

1. *McClelland, D.,* The Achieving Society, Van Nostrand, New York, 1950.
2. *Laurent, A.* (s. Kapitel 11,1).

Kapitel 9

1. *Kluckhohn, F./Strodtbeck, F. L.,* Variations in Value Orientations, Greenwood Press, Connecticut, 1960.
2. *Durkheim, É.,* De la Division du Travail Social, 7me édition, 1960.
3. *Hall, E. T.,* The Silent Language, Anchor Press, Doubleday, New York, 1959.
4. *Carroll, R.,* Cultural Misunderstandings; the French-American Experience, University of Chicago Press, Chicago/London, 1987.
5. *Cottle, T.,* »The Circles Test; an investigation of perception of temporal relatedness and dominance«, Journal of Projective Technique and Personality Assessments, No. 31, 1967, S. 58–71.
6. *Buber, M. (Kauffman, W., ed.),* I and Thou, Scribners' Books, New York, 1970.
7. *Shell International,* Group Planning Department, London (persönliche Recherchen).

Kapitel 10

1. *Rotter, J. B.,* Generalised Expectations for Internal versus External Control of Reinforcement, Psychological Monograph 609, 1966, S. 1–28. (Mit Beiträgen des CIBS.)
2. *Ellul, J.,* The Technological Society, Vintage, New York, 1964.
3. *Moscovici, S.,* Essai sur l'Histoire Humaine de la Nature, Flammarion, Paris, 1977.
4. *Mintzberg, H.,* The Structure of Organisations, Prentice-Hall, Englewood Cliffs, New Jersey, 1979.
5. *Argyris, C.,* Strategy Change and Defensive Routines, Pitman, London, 1985.

Kapitel 11

1. *Inzerilli, G./Laurent, A.,* The Concept of Organisational Structure, Working Paper, University of Pennsylvania and INSEAD, 1979; »Managerial Views of Organisational Structure in France and the USA«, International Studies of Management and Organisations, XIII, 1–2, 1983, S. 97–118.
2. *Harrison, R.,* »Understanding Your Organisation's Character«, Harvard Business Review, May–June 1972.

Kapitel 12
1. *Hofstede, G.*, Culture's Consequences, Sage, London, 1980.
2. *Inzerilli, G./Laurent, A.*, »Managerial Views of Organisation Structure in France and the USA«, International Studies of Management and Organisations, XIII, 1–2, 1983.
3. *Lawrence, P. R./Lorsch, J. W.*, Organisation and Environment; Managing Differentiation and Integration, Irwin, Homewood, Illinois, 1967.
4. *Bartlett, C./Ghoshal, S.*, Managing Across Borders, Hutchinson Business Books, London, 1990.
5. *Ogilvy, J.*, Global Business Network, Ameryville, California (persönliche Recherchen).
6. *Reich, R. B.*, The Work of Nations: preparing ourselves for the 21st century, Knopf, 1991.
7. *Centre for International Business Studies*, Amstelveen, Netherlands.
8. *Goold, M.*, Strategic Control, The Economist Books/Business Books, London, 1990.

Danksagung

Dieses Buch ist das Ergebnis über zehnjähriger Arbeit. Viele Menschen, denen ich in dieser Zeit begegnete, haben mir dabei geholfen. Dem möchte ich gerecht werden, indem ich sie in chronologischer Folge nenne, wie es meinem konsekutiven Zeitverständnis entspricht.

Beruflich bin ich *Frits Haselhoff* zu größtem Dank verpflichtet: für seine Einsichten in Management und Strategie, seine Hilfe bei der Erlangung einer Studienförderung und als Doktorvater bei meiner Promotion in Philadelphia. Dank schulde ich auch *Geert Hofstede*, der mich mit der Thematik des »interkulturellen Managements« vertraut machte. Wenn wir auch nicht immer übereinstimmen, so hat er doch einen wichtigen Anteil an der Erforschung dieses Gebietes und ist derjenige, der die Augen des Managements für dessen Bedeutung geöffnet hat.

Dank auch *Erik Bree, Albert Schipperijn* und *Rei Torres* von der Royal-Dutch/Shell-Gruppe als Sponsoren bei der Finanzierung und der Bereitstellung von Forschungsmöglichkeiten während der schwierigen ersten Jahre meines Projektes.

Sehr dankbar bin ich auch den beiden Gurus meines beruflichen Lebens. Der eine ist *Hasan Ozbekhan*, der mir die Prinzipien der Systemtheorie auf solch umfassende und stimulierende Weise vermittelte, daß die meisten Einsichten und Überlegungen, auf denen dieses Buch basiert, auf dem unmittelbaren Einfluß seines überragenden Geistes basieren. Der zweite ist *Charles Hampden-Turner*, der mir dabei half, das Nachdenken über Kultur zu einem Weg der Problemlösung zu entwickeln. Sein kreativer Geist hat mich immer wieder ermuntert, bereits existierende Vorstellungen in neuen Bereichen zu erproben. Er hat einen wichtigen editorischen Anteil am

Zustandekommen dieses Buches, wobei er immer das respektierte, was ich hier mitzuteilen versuche.

Sehr verpflichtet bin ich *Giorgio Inzerilli* für seine wissenschaftlich gründliche, gelegentlich provokative Anwendung profunden anthropologischen Wissens auf die Welt des Managements. Die Weise, wie er den Zusammenhang herstellt zwischen Praxis und Theorie, war von großer Bedeutung nicht nur für dieses Buch, sondern auch für die Art, wie meine Kollegen und ich Seminare gestalten. Viele der verwendeten Beispiele gehen direkt oder indirekt auf ihn zurück. Er gab mir auch den Anstoß zu dem Versuch, die sieben Dimensionen der Kultur zu definieren.

Dankbar bin ich auch *David Wheatley* von Employment Conditions Abroad, der half, effektivere Beziehungen mit Klienten zu entwickeln. David ist einer der wenigen Menschen, denen ich unbesorgt die Darstellung der wichtigsten Elemente dieses Buches anvertrauen würde.

Vielen Dank auch meinen Kollegen *Erwin van den Heuvel, Oscar van Weerdenburg, Leonel Brug* und *Eveline Vermeulen* im Centre for International Business Studies für ständige Unterstützung und positive Kritik.

Dank auch *Marleen Dekker* (für schnelle Übersetzung), *Kevan Hall* (für den Text über den Problemzirkel), *Ronnie Vansteenkiste* (für viele Hinweise), *Vincent Bakker* (für die wichtigen ersten Schritte zu diesem Text), *Peter Williams* (für die Entwicklung des Computerprogramms zur Interaktion) und *Bill Daniels* (für die Entwicklung des Train-the-Trainer-Programms).

Dem Verlag *The Economist Books* danke ich für seine Unterstützung, besonders *Sarah Child* und *Lisa Adent* taten mehr, als man gemeinhin erwarten kann.

Für ihre Geduld mit mir danke ich schließlich *Cens, Lisa, Faye und Gaia.*

Fons Trompenaars

Register

Titel der englischen Originalausgabe: Riding the Waves of Culture. Originalverlag: The Economist Books, London. Übersetzt von Werner Grau. Copyright ©1993 by The Economist Books, London.

Wenn Sie Fragen, Anregungen oder Beschwerden haben, rufen Sie uns bitte an: ECON Verlagsgruppe, Telefon 02 11/43 90 60, Fax 02 11/4 39 06 68.

Schutzumschlag: Klaus Detjen

Die Deutsche Bibliothek – CIP-Einheitsaufnahme

Trompenaars, Fons: Handbuch globales managen: Wie man kulturelle Unterschiede im Geschäftsleben versteht / Fons Trompenaars. Dt. von Werner Grau. – Düsseldorf; Wien; New York; Moskau: ECON Verl., 1993. Einheitssacht.: Riding the waves of culture ‹dt.›. ISBN 3-430-19135-1.

 Lektorat: Wolfgang Drescher. Gesetzt aus der Primus und Frutiger, Berthold. Satz: Dörlemann-Satz, GmbH, Lemförde. Grafiken: KOMBO. Papier: Papierfabrik Schleipen GmbH, Bad Dürkheim. Druck und Bindearbeiten: Bercker Graphischer Betrieb GmbH, Kevelaer. Printed in Germany. ISBN 3-430-19135-1.